传统历史文化与教育思维

孙 敏 著

东北林业大学出版社
Northeast Forestry University Press

图书在版编目（CIP）数据

传统历史文化与教育思维 / 孙敏著． --哈尔滨：
东北林业大学出版社．2020.8
　　ISBN 978－7－5674－2202－5

　　Ⅰ．①传… Ⅱ．①孙… Ⅲ．①传统文化－教育研究－
中国 Ⅳ．G12

中国版本图书馆 CIP 数据核字(2020)第 150840 号

责任编辑：	姚大彬
封面设计：	万典文化
出版发行	哈尔滨东北林业大学出版社（哈尔滨市香坊区哈平六道街6号邮编：150040)
印　　刷：	北京佳顺印务有限公司
规　　格：	185mm×260mm　　1/16
印　　张：	12.5
字　　数：	300千字
版　　次：	2020年8月第1版
印　　次：	2022年9月第2次印刷
定　　价：	78.00元

版权专有　　版权必究

前言

中华传统文化是新时代中国特色社会主义文化形成和发展的文化根基，是根植于华夏儿女内心，渗透于各个领域，影响着人们的认知和行为的民族文化。传统文化的发展越来越受到重视，中华传统文化与教育有着紧密的关联，基于传统文化自身的发展以及培养人才的需求，都迫切需要加强优秀传统文化教育。中华传统文化融入教育过程中，为教学提供丰富的教育资源，培养全面发展的人才，也有助于传统文化的可持续发展。

中华优秀传统文化积淀着丰厚的教育资源。传统文化中道德教育思维方式、道德教育内容、道德教育方法，为新时期教学理念的转变、教学内容的丰富、教学方法的拓展，提供了可以继承与借鉴的宝贵经验。在教学过程中，融入优秀传统文化教育资源，对构建教学新体系，提升教学效果，具有鲜明的价值指向。

在写作过程中，作者参阅了大量的国内外文献，并引用了有关专家及同行学术著作中的观点和材料，在此谨向被引用观点和材料的作者致以衷心的感谢和诚挚的敬意。如有不足之处，敬请读者批评指正。

目 录

第一章 绪论 ··· 1
    第一节 研究目的与意义 ··· 1
    第二节 研究思路与方法 ··· 4

第二章 传统文化的教育价值 ··· 7
    第一节 传统文化概述 ·· 7
    第二节 传统文化的教育价值内涵 ··· 13
    第三节 传统文化的教育价值特点 ··· 18
    第四节 传统文化的教育价值结构 ··· 21

第三章 传统文化的传承 ·· 26
    第一节 传统文化的主体思想——"天人合一" ··· 26
    第二节 传统文化的核心思想——"以人为本" ··· 39
    第三节 传统文化的处事原则——"贵和持中" ··· 46
    第四节 传统文化的价值取向——"崇德尚仁" ··· 51
    第五节 传统文化的发展革新——"进取包容" ··· 59

第四章 传统文化与教育融合 ··· 71
    第一节 传统文化与教育融合的必要性和可能性 ·· 71
    第二节 传统文化与教育融合的实践意义 ·· 86
    第三节 传统文化与教育融合的应用价值 ·· 89

第五章 传统文化与教育融合的问题剖析 ··· 95
    第一节 传统文化与教育融合的现实情境 ·· 95
    第二节 传统文化与教育融合的实践瓶颈 ·· 105
    第三节 传统文化与教育融合的问题解析 ·· 111

第六章 传统文化融入教育的原则 ······ 120
第一节 坚持马克思主义的正确指导 ······ 120
第二节 坚持社会主义核心价值观 ······ 128
第三节 坚持批判继承 ······ 137
第四节 坚持"高、实、严、新" ······ 144

第七章 传统文化融入教育的途径 ······ 150
第一节 传统文化融入教育的意识 ······ 150
第二节 注重传统文化的现代价值转换 ······ 157
第三节 加强对学习传统文化的引导 ······ 161
第四节 加强科研与教学能力 ······ 168
第五节 建设传统文化教育保障制度 ······ 172
第六节 打造传统文化与社会实践融合平台 ······ 180
第七节 让媒体联动成为传统文化融入教育的有效手段 ······ 183

参考文献 ······ 191

第一章 绪 论

第一节 研究目的与意义

关于中国传统文化，学界目前的研究不少，这方面的著作、教材和期刊，数量可谓浩若烟海。其中，关于中国传统文化具有现代性教育价值的研究也不在少数。这些研究从不同层面和角度阐释了中国传统文化在当今时代的教育及启发意义。但是在这些汗牛充栋的文献中，从宏观或者微观层面，解读中国传统文化现代化转变对当今教育所具有的价值和意义的研究较多，而有关传统文化与教育融合途径或机制的研究却相对匮乏，或者是说，在具体操作层面把传统文化的转化使用与教育教学紧密结合起来，整合校内外各类资源，落地操作的具体方式方法仍需要做进一步的深入探讨，这方面的选题算是一个相对较为薄弱的环节。

目前关于中国传统文化与现代思政教育相结合的研究，比较有代表性的主要有以下几个方面：

一、关于中国传统文化与教育创新

我国的教育，主要任务就是给予学生做人做事正确的指导，并以此为基础，培养出高素质的杰出人才，而中国传统文化中蕴含着丰富的做人做事的道理，这和目前很多学校正在从事的教育工作是基本符合的。这表明将中国传统文化进行现代化转化后，应用于当下的教育是非常有意义的。邓球柏在书中阐述了自己多年的教育经验，深入挖掘了《大学》、《中庸》、《孟子》、《老子》、《荀子》、《韩非子》、《周易》、《春秋繁露》等书中的教育理论，并对老子"无为救世"的教育理论、孟子"以仁为核心"的教育专门进行了讲述。这给我们提供了一个很好的参考思路，也就是将二者结合起来研究，并不割裂开来。这种思路既是对传统文化应用于教育实际效果的探索，也是对现代教育内容和形式进行的创新。

二、关于中国传统文化与当代教育

在这一点上，代表性的论文有以下一些，它们从不同的角度就中国传统文化与当代教育的创新结合进行了探讨，例如初文杰的《中国传统文化与当代教育》、曲洪志的《中国传统文化与新时期教育》、张祥浩与石开斌合著的《中国传统文化与教育的创新》等。其中，初文杰在其发表于2003年第7期《理论学习》上的《中国传统文化与当代教育》一文中，对传统文化中蕴含的可用于现代思政教育的内容进行了综述，并就二者融合过程中可能出现的问题进行了剖析，同时也给出了自己对于二者融合的一些见解，提出了一些可行性的策略。曲洪志发表于2004年第6期《马克思主义与现实》杂志上的《中国传统文化与新时期教育》一文则对比马克思主义理论与中国实际相结合的历史进程，分析了中国传统文化中存在的现代思政教育价值及其局限，提出了"新形势下的教育必须植根于民族的土壤，既要在现实的基础上积极探索研究，汲取传统的养分，充分挖掘传统文化的内涵，以切实增强教育的实效性，又要对影响人们思想建设的落后的传统文化进行严肃认真的清算，批判和改进其中的不良传统，开创新时期教育的新局面"的观点。发表于《东南大学学报》（哲学社会科学版）第10卷第5期上的张祥浩、石开斌等人的《中国传统文化与教育的创新》，充分肯定了中国传统文化在现代思政教育中的地位和作用。该文认为"在很长一个时期内，中国传统文化都被排除在教育之外。始于1978年的改革开放拓展了人们的视野，在经过哲学的反思以后，人们清醒地认识到中国传统文化教育是教育不可或缺的部分。在全面认识的基础上，加强中国传统文化的教育，是摆在教育工作者面前的艰巨任务"。这些研究成果全面地分析了中国传统文化和现代青年思政教育工作之间的关系及转化可能性，积极寻找将传统文化融入现代思政教育工作的途径和方法，力图在现有基础上进一步拓宽二者的结合点，为实现二者更进一步的融合增加助力、开拓思路。

三、关于儒、道文化的教育借鉴价值

我国的传统文化内容十分丰富，精深博大，尤其是其中源于儒家和道家的思想堪称是中国传统文化的精髓，有很多学者也在这方面做过深入的研究，并指出了儒家和道家的思想中对当代教育工作值得借鉴价值的地方，并就儒家和道家文化中所蕴含的教育价值意义与启示启发，结合教育工作开展的实际进行了多层次、多角度的阐释。

对于儒家相关的教育价值，近几十年来刊登和发表的相关论文主要有以下一些：《儒家文化对现代教育的启示》（郭建锋）、《教育对儒家德育思想的借鉴》（陈红娟）、《浅谈儒家思想对现代思想政治教育的影响》（李娜）、《论先秦儒家"比德"思想的教育意涵》（孙德玉、许露）、《论儒家文化的思想政治教育价值》（陈敏、鲁力）、《儒家仁学思想及其当代价值研究——基于现代思想政治教育视域的分析》（张江波）、《新儒家教育思想对现代学校教育的影响研究》（李慧民）等。

此外，有的论文是从儒家思想中的一个点出发来进行论述的，例如从《论语》出发的主要论文或著作有《〈论语〉学习思想对当前教育的启示》（刘小军）、《〈论语〉与〈理想国〉中的教育思想比较研究》（彭文龙）、《〈论语〉与教育》（邓球柏）；从《孟子》出发的论文有《孟子的德育方法及其对当代教育的启示》（唐贵明）、《孟子的性善论教育哲学思想对现代教育的启示》（黄博红）、《浅析孟子的教育思想及其当代价值》（谢广磊）；从《大学》《中庸》出发的论文有《〈中庸〉教育思想述论》（赵广平）、《论〈大学·中庸〉的精细化教育观》（陈欣）、《论〈中庸〉教育理论》（邓球柏）；从《周易》出发的论文有《论〈周易〉教育的主要内容和基本原则》（邓球柏）、《论〈周易〉的教育价值》（张卫良）；从《荀子》出发的论文主要有《荀子的教育环境理论及当代价值》（阳剑兰）、《荀子的"隆礼重法"思想对新时期教育工作的启示》（赵爱玲），等等。

关于道家的教育价值，近几十年来刊登和发表的相关论文主要有以下一些：《先秦道家思想与教育》（赵本学）、《道家伦理智慧价值及在教育中的运用》（崔景明）、《论道家文化对现代教育的启示》（周劭廉）。此外，有的论文也是从道家中的一个点出发来进行论述的，例如从《老子》出发的有《老子思想在学校教育中的价值》（左慧琴）、《老子"无为而治"思想与隐性教育》（陈芳等）；从《庄子》出发的有《庄子和谐思想及其对当代大学生教育的启示》（李中华）、《浅谈庄子的哲学思想及其对当代青年的启迪意义》（容敏），等等。

四、对中国传统的教育目的和意义

教育的主体与对象都是人，正因为教育工作离不开对"人"发生作用，而"人"的存在，离不开所在的文化环境，所以说教育的开展，与文化有着千丝万缕的联系。从某种意义上来说，思政教育要依托文化的内容和形式开展，通过这一载体，展示其文化特性。然而长期以来，中国共产党在其教育活动中，过于偏重政治性而忽视其文化性，进而使其实效性大打折扣，同时也阻碍了教育的全面深入发展。所以，教育要实现其自身的创新发展就必须"提升教育的实效性，需要我们在纠正以文化性否定或掩盖教育政治性之偏的同时，也要努力纠正忽视教育文化性之偏，切实提升教育的文化品位"。突显教育文化育人功能，在教育过程中不断推动文化的创新发展和弘扬传承，从而为培养文化创新型人才、推动人的全面发展和社会的和谐进步做出更大的贡献。

虽然教育概念的最终确立是在20世纪80年代，然而教育的实践活动却是古已有之。换言之，自阶级社会产生以来，教育就存在于其发展的每一个阶段，尤其在中国古代社会，它更是以文化渗透等方式在历朝历代潜移默化地发挥着重要的影响。

中国传统文化包罗万象，内容丰富，每一个身处其中的人都不能不受其影响。这种影响是潜移默化发生的，历经千年而依旧。每一个中国人，在思想观念、意识形态等方面，都是在这种精深文化的作用下产生的，同时因为内在的动力，又表现出某种共性的行为规范，展现出富有特色的民族统一性，从而维护了民族发展的完整性和延续性。时至今日，这种作用依然存在。所以想要培养符合中国特色社会主义建设工作所需的合格人才，离不开中国传统文化，必须从中汲取营养，吸收动力，提取资源，才能实现。

因此，如何进一步推动中国传统文化的现代化转变，加快与思政教育工作的结合，已经成为现在思政教育工作领域关注的重点问题之一。近年来已有学者在相关研究方面展开了探索性的研究，并取得了一些研究成果。不过由于这一方向的研究综合程度较高，需要研究者在两种甚至多种学科方面有一定的学术功底，需要研究者进行长时间的多种学科方面的专业能力和综合能力的训练，因此又是一项具有一定时间跨度的工作。

笔者对中国传统文化中可用于现代教育的内容进行整理和分析，侧重对二者共通的价值意义、存在问题与原因、途径方法以及中国传统文化中重要的教育资源等进行分析和整理，以期为新时期我国教育工作在这一方向更深入的创新发展做一些力所能及的基础性工作。对促进中国传统文化与教育的结合途径进行多层次探索，力图选择相关的传统文化内容充实到思政教育工作中去，进一步丰富教育的资源，创新教育的形式，全面推动当代青年思政教育工作的展开，为青年群体践行社会主义核心价值观注入新的动力，为我国实现文化强国建设目标提供理论依据和现实支持，对于增强当代青年的社会认同感和文化认同感，增强教育工作的实效性具有重要的实践意义。

第二节　研究的背景与现状

1993 年 11 月，北京大学组织了一个以"国学月"为名的活动，众多青年学生踊跃参加。在这个阶段，北京大学也播放了《中华文明之光》《中国传统文化讲座》两部电视系列片。这两部电视系列片对中国传统文化的理解很精辟，内容涉猎极广，格调高雅，既有古典风韵，又融合了现代手段，兼顾学术性、知识性和趣味性，且画面采用图片、实物、实景，形式生动活泼，使青年们在不知不觉中就受到了教育。

2009 年，北京大学团委也推出了纪念中国传统节日的主题图文展。到了 2010 年，活动继续深入，又推出了"古韵新知"中国传统文化主题图文展。两次文展的主旨就是普及传统文化，同时力求达到传统与现实统一的目的，突出了传统文化在现代教育中的价值和意义。

除北京大学外，其他高校也举办过类似的活动。例如 2006 年，复旦大学在全校开展了通识教育，而通识教育离不开中国传统文化教育。所以，我们平常强调的道德教育、爱国主义教育和传统文化教育是密不可分的。基于此，从 2005 年开始，复旦大学就成立了通识教育研究中心，复旦大学也成了国内早期建立通识教育的高校之一。

此外，东北师范大学、河北师范大学、河北科技大学、上海电力大学、湖南大学、武汉大学都进行了基于自身学校特色的探索。全力打造富有中国传统文化特色的学生第二课堂，也有效地提高了青年对于中国传统文化的认知水平，全面推动了当代青年人文素养和综合素质的养成。使传统文化在现代教育工作中发挥出了应有的作用，引领为价值典范、熏陶为校园氛围、内化为精神皈依、外化为自觉行动，充分挖掘优秀传统文化的内涵，通过宣传、教育、社会实践等方式，将青年对于传统文化的情感建立起来，把固有的民族意识激发出来，使他们树立社会主义核心价值观意识，从根本上实现学校立德树人的根本任务。

同时，通过比较近些年来教育与传统文化的对接上来看，我们发现各个学校的认识并不一致，还有很多比较典型的问题。例如，很多学校都缺乏传统文化教育的内容。现阶段，只有一小部分学校开设了传统文化课程，而且基本是选修课程，内容也只是一些概念化的、泛化的东西，内容的结构性和层次性不甚合理，而且也并没有找到二者相融合的契合点，政治性和文化性单独存在，不能合二为一，有明显的两张皮的倾向；另一个方面则表现为学校的传统文化教育没有对应的学校党政领导和相关管理、服务、教辅部门的推动和指导，有的也仅是一些停留在一般性号召和原则性要求的内容，做不到具体实用、操作性强；还有一个方面是各个学校在传统文化教育方面的师资是非常缺乏的，师资水平相对薄弱，有些学校虽然有一些中国传统文化方面的专业人员，但他们擅长的也只是传统文化学术研究，而不擅长普及性教育，不熟悉传统文化教育教学的规律，更无法将中国传统文化与当代教育工作相融合了。还有一点要说明的是，现有校园图书馆的传统文化类图书资料相对偏少，有的也是一些高深文化的知识和学术研究性刊物，学生阅读、理解、接受起来比较难，应该增加一些让学生乐于看、乐于读的普及性读物。事实上，整个社会上高质量的传统文化教育读本是比较匮乏的，需要加大对优秀传统文化认知和传播读本的设计与推动力度。

当然，造成以上这些原因的因素有很多，但总结起来可以归为两个：首先是人文教育的现状并不理想，需要加强学生文化素养教育。我国教育长期以来有一种功利化倾向，过于注重学生相关专业实践技能的培养、专业知识的积累和职业能力的提升，而对于与人文素养和思想道德修养提升相关的伦理教育、价值教育、理想信念教育在学校课程中并不多见，因而与之相关的传统文化教育就没有了生根发芽的土壤，传统文化教育在学生的学习内容占有率方面偏低，从在校期间的学习成绩考核到求职就业竞争方面，学生人文素养的衡量标准都算决定性的重要因素，从学生到专业教师都对传统文化的教育教学重视程度不够。其次是我国社会多元文化并存，传统文化受到了很大挑战。受到网络文化、娱乐文化、视觉文化的冲击，以及经济全球化，东西方思想汇集、碰撞、激荡的影响，有的学生认为学习传统文化是过时的、落后的、保守的，而只知一味地接受西方文化，却不能正确区分和看待西方文化的精华与糟粕，不能从传统文化中找到自己的成长养料，对传统文化缺乏应有的民族认同与自信。

另外，学者任燕指出，在五四新文化运动时期，社会上出现了批判中国传统文化的声音，尽管当时的目的是要破除旧体制，建立新体制，然而发展到后来，却违背了原有的初衷，发展成了全盘否定中国传统文化，无论精华还是糟粕。有的激进人士甚至要求中国"全盘西化"。这在很大程度上影响了中国传统文化的继承和发展。后来"文革"时期，中国传统文化再次遭到了巨大冲击，有很多优秀的文化精神在这时丧失了。"文化大革命"结束后，我国开始改革开放，经济被放在了首要的位置，传统文化很长时间也没有得到重视，因此国人在精神层面出现了一些信用缺失、污染严重等问题。而现在，中国经济快速发展，思想也需要跟上才行，因此有必要将中国传统文化重拾起来，在教育中，以培育和践行社会主义核心价值观为统领，将优秀的传统文化知识教育融入其中，引导青年学生树立正确的做人做事标准、正确的思想意识和精神面貌，感受优秀传统文化的精神力量，扩大他们的传统文化的知识面，优化他们的知识结构，从而进一步坚定社会主义信念，增强民族文化自信心，这可以说是目前教育的当务之急。

第二章 传统文化的教育价值

第一节 传统文化概述

一、"文化"概述

(一)"文化"含义的汉语古义考证

在中国,"文化"一词,古已有之。但最开始,"文""化"二字均为单独使用,并各有其含义。"文"字本义是指各色交错的纹理。如《说文解字》曰:"文,错画也,像交文。"其意思是说,"文"就是交错描画,由几种笔画交错而形成的图像就构成了文。又如《易·系辞》曰:"物相杂,故曰文。"意即几种不同的物质交错混杂在一起,就叫做文。再如《礼记·乐记》曰:"五色成文而不乱。"意即各种各样的颜色有规律而非杂乱无章地错落交织在一起,就形成了文。

在此基础上,"文"渐渐有了若干引申出来的意义。其一,它可以引申为诸如文字等的象征符号,如果进一步细化,还可以定义为文章、典籍等等。《尚书·序》曰:"古者伏羲氏之王天下也,始画八卦,造书契,以代结绳之政,由是文籍生焉。"意即古代的伏羲氏之所以能成为治理天下的大王,正始于他画八卦图,制造出文书和契约来代替结绳记事的统治方式,于是,文书典籍就产生了。可见,"文"在这里被引申为文书典籍之义。再如《论语·子罕》曰:"文王既没,文不在兹乎?"意即周文王虽然去世了,难道文王时代的礼乐制度就不存在了吗?也就是说,"文"在这里被引申为礼乐制度之义。

其二,引申为在伦理说基础上产生的,带有人为因素的加工、修饰、装点等意思,与"质""实"等对称。如《尚书》疏曰:"经纬天地曰文。"意即对天地进行改造、治理就叫作文。在这里,"文"即人为加工。又如《论语》曰:"质胜文则野,文胜质则史,文质彬彬,然后君子。"意即如果质地太过突出,超出了文的比例,则显得过于粗野。而如果文采强于质地那么就偏于浮夸,应该二者配合得当才好。就是将外在表现与内在本质配合得恰到好处,这才能够称得上是君子。在这里,"文"则取华丽文饰之义。

其三，在前两层意义上，"文"又被引申为美、善、德等之义。如《礼记》曰："礼诚而进，以进为文。"意即，礼仪形式简化而使礼仪本身更加精进，此精进即为"文"。郑玄注："文尤美也，善也。"意即文就是美，就是善。其四，"文"还被引申为与"武"对应的文治、文事、文职，与"德行"对应的文学艺能等。如《尚书》曰："王来自商，至于丰，乃偃武修文。"意即周王虽然是从好武之商朝而来，然而其到封地之后，仍然能够做到停止使用武力，修明文治。此外，条理义的"文"又被引申为自然现象的脉络或人伦秩序之义。用以表述自然界之脉络，组成"天文"、"地文"、"水文"等词。"天文"，即天道自然规律；"地文"，即地理、地质的发展变化规律；"水文"，即河流、湖泊、江海的发展变化规律。用以表述人伦秩序，则组成"人文"，"人文"指的是社会领域中的伦理规则，例如君臣、父子、夫妇等人与人之间的关系等，这些关系纵横交错，似乎交织而成一张无形的网，外表看起来，则带有各种纹理一般。

"化"，古字为"匕"，从二人，二人相倒背之形，一正一反，以示变化。本义为变化、改变、变易、生成、造化。如《说文解字》曰："匕，变也。"《庄子》曰："化而为鸟，其名曰鹏。"意即（巨鲸）变化为一只大鸟，其名字就叫作鲲鹏。在此，"化"即变成、变化之义。《易传》曰："男女构精，万物化生。"意即男女交配，生儿育女，各种雄性与雌性交配，就产生新的万事万物。在此，"化"即产生、生成之义。又如《礼记》曰："可以赞天地之化育。"意即可以帮助天地化生长育万物。在此，"化"即化生、生成之意。

由上可知，"化"本指二物相接，其一方或双方改变形态性质，进而生成一种新的事物。因此，"化"又被引申为教化、教行、迁善、感染、化育等诸义。如《周礼·大宗伯》曰："以礼乐合天地之化。"意即用礼乐来配合天地之道的教化。在此，"化"即教化之义。又如《黄帝内经》曰："化不可待，时不可违。"意即化育繁生不可替代，时令季节不能够违背。在此，"化"即化育之义。

"文"、"化"二字并联使用，则最早见于《周易·贲卦》："观乎天文，以察时变；观乎人文，以化成天下。"其意思是说：观察天象变化的规律，我们就可以考察到时令季节的变化；观察人间条理，就可以据此来教化世人，成就平治天下的业。而最先将"文"、"化"二字合为一词来使用的则是西汉的刘向，他说："凡武之兴，为不服也，文化不改，然后加诛。"其意思是说，凭借武力来征服人们，只是让大多数人懂得服从的道理，而对少数通过教化而仍然冥顽不化的人施以重刑，则一定能够取得良好的治理效果。可见，这里的"文化"之义是与武力相对应而言的人文教化之义。再如晋代束皙说："文化内辑，武功外悠。"意即对待国内的人民要通过人文教化来团结他们，对待外来侵略者要用武力征服他们。这里，"文化"仍为与"武力"对应的人文教化之义。可见上述两句话中的"文化"一词，均是作为动词来使用的，它是一种与武力征服相对应的社会治理方法和主张，指对人的性情、品德等精神方面的陶冶教化，属于精神范畴领域。它既与武力征服相对立，但又与之相联系，相辅相成，所谓"先礼后兵"，文治武功。此外，还有与宗教神性相对的"文化"一词，如南齐王融说："设神理以号俗，敷文化以柔远。"其意思是说，设置神坛利用神的道理影响风俗，发展文化以怀柔远处的民族，吸引他们来投靠自己。

由上可见，在中国古代，"文化"一词属精神领域的范畴，它是"文治"与"教化"的合称，其含义为"人文化成""文治教化"等。

（二）"文化"含义在中国近代的发展转变

日本是汉字文化圈的成员之一，在古代已接受并广泛使用包括"文化"在内的成批汉字词。19世纪中后期，日本进行了被称之为"明治维新"的社会变革，在此期间，日本大量翻译介绍西方学术，且多借助汉字词翻译西洋术语，其中，"文化"对译英语词"culture"便是一例。日本吸纳了西方"文化"一词的新义（培养自然的成长），在近代中国西学东渐时期，中国学者便借用了这一译法输入到中国，并对其概念进行了多方面的探讨。梁启超认为："文化者，人类心能所开释出来之有价值之共业也。""共业"本是一个佛教用语，意思是指人们活动过后，会留下无形的"魂影"，这种"魂影"无色无形，无法把握但是确实存在。此处借用这个词语，他强调的是文化是人们创造出来的某种有价值的精神存在，虽然看不到，但又能切实感受，如哲学、语言、文学、教育等学科，如宗教、道德等意识形态，如音乐、舞蹈等艺术形式，如制度、风俗等社会现象，都可以算作此列。梁漱溟也有一个类似的说法，把文化分成了精神生活、社会生活、物质生活三个方面的内容。应该说，这二位都把文化的内容进行了丰富，使其包含的范围更加广泛了。

可见，"文化"一词在近代发生了意义上的巨大变化。这样，"文化"一词在汉语古义的基础上，又注入了新内涵。即在近代中国，"文化"一词的基本意义已然不仅仅是"人文教化"、"文治教化"等了，而是转化为一切人类文明成果对人的教化与影响。

（三）文化的一般定义

综合"文化"一词的演变历史以及不同学者对"文化"概念的描述，我国《现代汉语词典》将"文化"一词定义为："人类社会历史发展过程中所创造的物质财富和精神财富的总和，特指精神财富，如文学、艺术、教育、科学等。"

对于"文化"的定义，业界上有广义和狭义的区分。广义文化包括物质文化和精神文化。物质文化既包括人类进行的物质生产活动，也包括因此产生的劳动产品。物质文化是由可以感知的、具有具体形状等实体特性的物品组成，它是整个文化体系的基础。物质文化的产生，是为了满足人们生存的需要，只有完成了生存需要的满足，人们才会有创造更高层次文化的需求。物质文化代表的是人与自然的关系，因为物质文化的产生，是人和自然相互作用的结果，是人们对自然进行认识、掌握、改造、利用的产物，是社会生产力水平的标志和体现。因而也包括科学技术、发明创造在内。例如中国的四大发明—火药、指南针、造纸术、印刷术，曾经对人类物质文明做出了巨大的贡献，也属于物质文化。

狭义文化主要是指精神层面的文化，它不同于物质文化的有形特点，主要包括制度文化、行为文化和心态文化。

1. 制度文化

为了维持人类活动的规范性和有序性，人们通过社会实践活动，总结和提炼出各种规则性要求，对人们的行为进行约束，这就是制度文化的产生。任何人都是生活在一定社会关系中的，这是人和动物的重要区别。所有人类的活动，都是在形成这种社会关系的前提下进行的，没有一个人能够独立完成社会活动。在这个过程中，为了让大家的行为都能符合社会关系要求，就产生了制度。这是处理人与人、人与社会之间关系的基本准则，生活于其间的人都要遵守。例如维护社会经济运行的经济制度（如中国封建社会中的土地制度、赋税制度等）、婚姻制度（如一夫多妻制、一夫一妻制等）、家族制度（如宗法制度等）、政治法律制度（如皇帝制度、官僚制度等）、文化制度（如文化专制制度、科举制度等）等。制度文化以特定的方式保证和促进家族、民族、国家、政治、经济、文化等社会活动的产生与发展。

2. 行为文化

顾名思义，行为文化主要是指人的行为举止活动等，是由人类在社会实践中约定俗成的习惯构成的。行为文化的表现形式多为民风民俗，具有比较鲜明的地方特色和民族特点，在日常行为活动中存在。一个民族如果没有自己独特的风俗习惯就不能称其为民族。行为文化最主要的表现就是风俗习惯，它包括衣、食、住、行等习俗，生产、交易习俗，婚丧嫁娶等活动，各种节日表达和庆祝方式，民族歌曲舞蹈等艺术形式等。通常情况下，我们根据行为文化划分不同的文化类型。例如，在汉民族中，有齐鲁文化、荆楚文化、川蜀文化、岭南文化、客家文化、吴越文化等区域文化，不同文化类型都有自己独特的风俗习惯和节日信仰等；少数民族也有各民族固有的行为文化，这些行为文化与他们所处的地域环境、生产方式、宗教信仰等有关。

3. 心态文化

心态文化是不同于上述两种文化而存在的，它最大的特点是无法直观地看到。其内容包括人们在社会活动中形成和延续的价值取向、审美意识、思维习惯等，这是文化的核心内容。它可以分为社会心理和社会意识形态两个层面。社会心理是人们的精神状况和思想状态，是人人具有的大众心态，例如情绪、要求、愿望等。而社会意识形态则是受到上述两种文化的影响，直接体现在人们的行为上，与行为是内外依存的关系。社会意识形态就是经过专业人士加工过的社会心理，比之前者更为体系化，通常用文学著作、艺术产品等形式展示出来并流传于后世。可以根据层次不同分为基层意识形态（如政治理论、法权观念）和高层意识形态（如哲学、文学、艺术、宗教）。

二、中国传统文化的基本内涵

"传统"由"传"和"统"两个字构成。在汉语中，"传"字本有传承、传递之义，"统"则指事物的连续状态，即一以贯之之义。《现代汉语词典》将"传统"的含义解释为："从历史上沿传下来的思想、文化、道德、风尚、艺术、制度以及行为方式等。它通常作为历史文化遗产继承下来，其中最稳固的因素被固定化，并在社会生活的各个方面表现出来。如民族传统、文化传统、道德传统等。"美国著名社会学家爱德华·希尔斯认为传统最基本的意义，说的就是那些代代传承下来的东西，也就是从以前传到现在的东西，它的决定标准是："传统是人类行为、思想和想象的产物，并且被代代相传。"当然希尔斯也强调了这种"世代相传"在逻辑上并没有强制性、规范性。也就是说，传统的这种"世代相传"并非由各个历史时代的统治阶级以一套规范性的东西强制其社会成员在思想、观念、行为等方面接受或践行，反而是由各个历史时代的特殊自然地理环境、经济形式、政治结构、意识形态等综合作用而自然形成、积累并流传下来的。所以，我们可以说，传统就是指由各个历史时代的特殊自然地理环境、经济形式、政治结构、意识形态等综合作用而自然形成、积累并世代相传直至今天的，且在当代仍时时刻刻对我们的社会和生活方式产生巨大影响、起着重要作用并表现于社会生活各个方面的总和。

由此可见，传统文化就是指在一个民族中，一直传承下来的能够反映这个民族精神面貌和精神风貌的东西，它是这个民族思想、观念形态的表征。传统文化不只是有形的物质文化，也包含无形的精神文化。例如人们的伦理观念、价值观念、心理特质，等等。世界上的每一个民族，都有自己从历史上流传下来的传统文化。著名学者庞朴先生在其《传统文化与文化传统》一文中指出："传统文化的全称大概是传统的文化（Traditional culture），落脚在文化，对应于当代文化和外来文化而谓。其内容当为历代存在过的种种物质的、制度的和精神的文化实体和文化意识。例如说民族服饰、生活习俗、古典诗文、忠孝观念之类，也就是通常所谓的文化遗产。"他认为传统文化具有时代性和民族性，他说："传统文化产生于过去，带有过去时代的烙印；传统文化创成于本民族祖先，带有自己民族的色彩。文化的时代性和民族性，在传统文化身上表现得最为鲜明。"

因此，就广义而言，中国传统文化说的就是中华民族在几千年的历史中流传下来的，并且至今较为稳定的能够反映中华民族整体特质和整体风貌的文化形态，是影响中华民族发展进程的一切物质和精神成果的总和。就狭义而言，中国传统文化特指在中华民族历史上绵延流传下来的能够在中华民族发展进程中发挥作用的，相对稳定的精神共性和心理状态、思维方式和价值取向的全部精神成果，也即中华民族传统意识、观念、心态和习俗的总和。本书中所说的中国传统文化特指后者。

中国传统文化的核心内涵表现在基本精神的四个方面：

一是自强不息的人生态度。古人在对个体生命和外部世界进行探索后，发现了人生的意义在于奋发图强的进取，唯有如此才能把有限的生命发挥出更大的意义，体现人生的存在价值。这种观念的产生，是在对人与自然关系的分析后得出。自然运行有它内在的规律，这种规律不以人的意志而转移，不管外界情况如何变化，它总是按照自身规律运行，表现出始终如一的生命力。对照自然的运行，体会到人的生存也应该具有这种始终向上的精神和内在动力，要永不停息地去争取、拼搏、奋斗。所以古人说：天行健，君子以自强不息。这正是对这种分析的总结。自强不息的人生态度，深深地影响了中华民族的民族心态和性格的发展，它是中华民族积极有为的人生态度的高度凝结，也是中华民族生生不息的内在原动力。正因为有了这种精神内核，中华民族才能一直延续发展而不止歇，不管经历何等的苦难、打击、破坏，都能够重整山河、再现辉煌。正是有了这种精神，一代又一代的中华儿女才能奋发有为、积极进取，不管是在封建时代，还是在屈辱的岁月，不管是在苦难的日子里，还是在战火纷飞的硝烟中，都能笑对苦难，都能坚强不息。

二是崇德重义的高尚情操。中国人历来重视个人道德品质的建立，在他们看来个人道德水平的发展，既是一个人安身立命的根本所在，也是应对一切难题的力量所在。不管是贵为皇亲国戚还是普通百姓，都非常重视个人高尚品德情操的培养。这种情操的内涵思想就是崇德重义的价值取向，德与义是胜于一切的存在。在中国的历史上，多少仁人志士好德而轻利，哪怕付出生命的代价，也要去追求个人道德的完满。为后世留下了许多光辉照人的形象。需要说明的是，崇德重义不仅仅体现在个人的行为方式上，更多的是体现在民族大义和民族气节上。

三是尚和持中的价值取向。"和"是儒家思想的重要内容，它代表的是一种为人处事的态度。"和"可以理解为和谐、和睦，指的是人与人之间要有良好的人际关系，指的是人与自然之间，要尊重自然规律，按照自然规律要求行事。这是人们认识世界和改造世界的思想依据。"中"就是求同存异，发现事物的多面性后，找寻能够保持稳定和谐的节点，确保各个部分的平稳。在处世上有儒家中庸之道的影子，要求强调平和与协调，不要过分强求、打破平衡。这就要善于对事物进行全面分析，找寻其中的共性和差异。"和"与"中"是价值取向发展的两个阶段，对待事物、处理事情要做到持中，不过分、不越位，才能达到"和"的效果。中和之道，是儒家思想在中华民族群体思想中发挥最大作用的一个内容，直至现在，仍然在发挥其作用。

四是求真务实的实干作风。中国传统文化的三大思想流派是儒释道三家，其中道家和佛家，更多侧重精神层面的追寻。而儒家思想的实用性和实践性更为突出，它提倡人们要保持积极入世的态度，关注社会发展，投入社会活动，要重视实干，通过自己的行动来推动或者改变事件发展。在历代王朝的推崇下，儒家思想始终保持着主流思想的位置，所以这种实干精神也因此得到了推广和重视，形成了中国人脚踏实地、吃苦耐劳的优良品质。不管在任何时间、地点，中国人往往都是实干派。这与中国长期是农耕社会有一定的关系，农业生产活动中，有投入就有产出，无投入就无产出，这是非常朴素的"不劳无获"的判断标准，所以必须以实际行动来维持生存。而作为当时的知识分子，虽然不参与劳动生产，但也是关注民生大计，参与解决国家社会的实际问题。

中国传统文化的延续性在世界民族文化中是独一无二的，它的这种延续性是在传统的基础上不断创新的变化过程。在中国传统文化发展的历程中，不同时代思想家和哲人们的每一次创新都是以传统为根基的，而每一次创新形成的思想文化成果又经过实践和时间的检验，构成传统文化的新的组成部分。所以中国传统文化的这种在自我创新中发展突破的特性为我们今天研究传统文化的现代价值和意义提供了方法论的启迪。

第二节　传统文化的教育价值内涵

世界上每一个国家都不可能离开传统文化而自行发展。在教育过程中，融合中国传统文化是时代使然，是国家和社会的发展使然。在教育中融合进中国传统文化，对于当代青年们有着极大的好处，可以提高和改变他们的精神风貌，使之成为一个正确的人、有用的人。

一、中国传统文化

中国这个地理概念，是在历史上经过渐次扩展而来的。很早的时候，华夏族在黄河流域建国，因为当时的科学条件所限，人们认为自己居住在天下之中，因此将自己的国家称为中国，而将周边的一些地区称为四方。《诗经·大雅·生民之什》说"民亦劳止，汔可小康。惠此中国，以绥四方"，《庄子·田子方》载"吾闻中国之君子，明乎礼义而陋于知人心"，都是这个意思。到了秦汉时代，中国大一统的王朝开始形成，中国的版图也经历了多次改变，但是基本的趋势还和现今相似。清朝时，中国疆域达到顶点，但在鸦片战争以后，由于清政府的懦弱无能，几次战争之后既割地又赔款，部分领土不得不割让出去。中华人民共和国成立后，我国和周边邻近国家签订了边界条约。中国的领土形状也逐渐成形，最终成为一个类似于雄鸡的版图。而我们所说的中国传统文化，也是在这个地理概念上的传统文化。

中国传统文化，其创造主体是中华民族，包括汉民族和其他55个少数民族。"中华"之名，其中的"中"即是上面所说的天下之中，而"华"则指华夏民族，夏朝的建立者就是华夏民族。"华"又有美丽的意思，因此"中华"也即"中国"之义。元人王元亮说："中华者，中国也。亲被王教，自属中国，衣冠威仪，习俗孝悌，居身礼仪，故谓之中华。"在历史的发展中，我国境内各民族联系日渐加深，文化共同体逐渐完备，中华文化日趋统一。到了近代，因为西方殖民主义的侵入，在对抗外敌的情况下，我国各民族的整体意识更加增强，自觉的民族观念也得以强化，因此"中华民族"也就指代了中国疆域内的所有民族。在全世界范围内，"凡遇他族而立刻有'我中国人'之一观念浮于其脑际者，此人即中华民族一员也"。中国的传统文化，就是中华民族做出的物质和精神文化的总和，在物质上有各种文化典籍、语言文字、声乐艺术，等等，在精神上则有崇德尚仁、贵和持中、以人为本等积极的思想观念，这些共同构成了中国传统文化的主要内容。

从时间的维度上来看，"传统文化"指的是文化在经过历史发展中传承下来的文化形式。我们现在的灿烂的文化，都是在前人的文化基础上发展出来的。因此我们说"传统文化"，就要有一种历史感，每一个传统文化，无论物质的还是精神的，都能在历史中找到它的发展轨迹。因此，研究中国传统文化，也要思考各种文化形式的起源及发展历程，研究各个历史时期的文化形态，并从中找到古人的价值观念和思维方式。这些古人在历史特定时期形成的文化，共同构成的也是中国的传统文化。

其次，"传统"的文化，是指那些在过去存在，在今天依然存在，并且有着借鉴和价值的文化。我国古人在长期的历史发展中，创造出了形形色色的文化，但不是所有的文化都传承了下来，有的文化因为不适应时代的发展被淘汰了，这就不是"传统"的文化。但有的文化经过创新完善后继续发展到今天，这才是真正意义上的"传统文化"。我们所讲的中国"传统文化"，就是那些能够一直保存到现在，或者是经历过创新、完善，并流传到今天的文化，例如我们现在很多的历史文物、经典典籍、思想观念，等等，这些文化至今仍存在于人们的生活中，并且对人们的生活和思想产生了重要的影响。

甚至，"传统"的文化也可以看成是文化的将来式，也就是说这些文化能对将来人们的生活、意识产生重要影响。"传统文化"是连接过去与现在的，并不是发展到现在有用就终结了，而是对将来也有着巨大的影响。我们现在的文化是历史上传承下来的，同样我们将来的文化也是现在传承过去的。从这一点来说，"传统"的文化就不只是仅存在于过去和现在，它也存在于将来。没有谁敢说现在的这些文化在将来就不会有巨大的影响的。传统文化是开放的、是创新的，我们现在的传统文化与教育的融合，就是一种创新，在创新之后，它又会变成一种有益于将来，并适合将来人们生活形态的文化，它会一直得以传承，又成为将来文化的一个重要部件。

二、教育价值是一种特殊的价值

价值在哲学范畴中，说的是人们用其来理解与把握世界和自己的一种特有的哲学思维方式、理论视野和解释原则，体现的是对客观世界对人的成长作用的探求。马克思认为："'价值'这个普遍的概念是从人们对待满足他们需要的外界物的关系中产生的，是人们所利用的并表现了对人的需要关系的物的属性，实际上表现的是物为人而存在。"从中可以看出，价值是来源于实践中的人们对主客体关系形成的认识，体现的是客体的特性、作用以及在发展变化中需要双方适应的状况。举例来说，我们吃的米饭能够满足生命活动的需要，因此米饭就具有价值，而舞蹈能够满足我们审美的需要，因此舞蹈也具有价值。同样，为了培养出社会发展所需要的人才，就要开展教育工作。所以，教育也是有价值的。任何价值都有一个关系范畴，教育也不例外，教育的功能和属性，就是要满足学生全面发展和社会进步的需要。

在如何理解"教育价值"内涵上，有两种观点：一种理解指教育活动本身所具有的价值，也就是在个体的成长发展过程中，教育活动是如何满足其发展需求，并且发挥出积极的主导作用的。指的是教育工作对个人的意义和作用。这是工作的现实意义，其存在就是要发挥这一价值的。

第二种理解指的是教育与经济价值、文化价值一样，是一种价值的存在。价值有着非常广泛的含义，指的是一方对另一方的满足关系，只要存在这种满足，那么前者就是有意义的、有价值的。这里把教育的价值纳入整体价值观念，说明它是具有这种满足关系的，是进行教育的主体方对接受教育的客体方需求的满足。换言之，一个人成长过程中，想要满足社会需求，达到现实对个体水平能力的认可，成为在社会发展存在中有意义有作用的人，就需要接受相应的教育，以便来适应社会要求。作为我们现行政治体制下的中国特色社会主义建设发展要求，就需要客体接受教育，来确定和明确个人政治立场，来融入现行政治体制。从这个角度来讲，教育工作是存在满足意义的，所以是有价值的。

与其他经济价值、文化价值不同的是，教育的价值具有特殊性。这种价值主要特点就是它满足的是人们对于教育的需求。这种价值的参与主体是教育工作范畴里的所有人，包括组织开展思政教育的人，如班主任、党务工作者、辅导员等，和接受教育的人，如青年学生等。从前者来看，又可以根据层次分为集体与个人，集体就是国家、社会层面的，来设定教育工作要求，希望通过这种教育活动，为自己提供合适的人才以供使用，达到自己的某种需要，比如维持集体的稳定、运转或者找寻主持集体的接班人等；个体就是思政教师的层面，既是教育活动的开展者，也是组织教育的实施者。作为思政教育客体来说，需要接受教育来提升自我思想道德素养，满足工作岗位需求。除了主客体双方，其他能够对人的教育产生积极影响的因素，都可以作为客体存在。这种存在是各种形式的，比如先进的科学理论可以武装人们的头脑，可以提升个人的境界，可以增强解决实际问题的能力。这就是有益的思政教育客体。有的还间接发挥作用，比如和谐的校园环境、良好的人际关系、有序的学习秩序，等等，都是可以间接对思政教育发挥作用的。

教育是一种特殊的文化活动，所以它也具有文化价值。而我们知道，只有具有价值，文化才有存在的可能性，这是因为价值是文化性质和作用的体现，是其存在合理的依据。我们常说"以文化人"，就是要用文化自身带有的价值观念来影响人们的思想意识，提升个人精神境界，塑造出比较完满的人格。在中国历史上，已经不同形式地存在着教育，不过是在不同阶段有不同的称呼。教育是对特定的文化成果进行传承和发扬，实现"以文化人"的目的。所谓教育，是指某个组织按照人们品德发展的规律，用特定的意识形态、思维方式、思想内容对其施加有目的有计划的影响，促使其养成既定的品德形态。本质上来说肯定是某个阶级运用自身价值观念影响成员，使成员的思想观念和行为规范符合阶级发展的要求。这与"以文化人"有共通之处，都是在运用自我的价值观去影响别人。教育活动必须是有效的，否则就失去了教育的意义，它应该能为某个层面的集体培养其所需要的人才。从这个目标上来说，它决定了"以文化人"的广度和深度。教育活动规律与文化运行规律有共通之处，前者是以教育为手段，选取含有阶级价值观念的文化进行传播，推动其发展成为社会主流思想，进而用这样的思想引导人们树立正确的人生观、世界观和价值观。从这个层面上来说，教育是一项特殊的文化实践活动。

三、中国传统文化的教育价值

将中国传统文化融入当代教育工作中，并在其中发挥重要的作用，是有助于推动教育创新体系发展的。二者集合以后，思政教育的价值可以高度概括为：发挥传统文化在人们塑造品德、完善心理、提升境界、追求超越方面的积极作用。这种结合能够满足人们的精神需要，对于教育学科也有积极的意义。中国传统文化中有很多积极的思想，例如崇德尚仁、进取包容、以人为本，对于我们的个人修养、个人素质的提升都有很大的作用，将其融入教育工作，有助于新时代青年全面素质的提升和社会的和谐发展。

应对来自国内外的多元化价值观念的冲击，需要发扬中国传统文化。中华民族延续千年，文化发展始终延绵不断，已经充分证明了传统文化顽强的生命力。进入新世纪以来，经济全球化发展日益迅速，在这种大背景的影响下，世界各国不仅仅在经济方面的联系更加紧密，在政治、文化等方面的往来也分外密切。在这种情况下，经济输出往往附带着文化和观念的输出，发展中国家在获得经济利益的同时，往往也会面临文化挑战。出于各种目的，发达国家利用经济交往渠道，不断地输出自己的价值观、文化观等，让对方尤其是青年人在意识形态建设上接收各种纷杂的信息。这种多元文化价值观的传播给当代青年人的思想发展带来了极大的冲击和影响。习近平总书记2014年2月在中共中央政治局第十三次集体学习时讲到，"牢固的核心价值观都有其固有的根本。抛弃传统、丢掉根本，就等于割断了自己的精神命脉。博大精深的中华优秀传统文化是我们在世界文化激荡中站稳脚跟的根基"。可见，他已经深刻意识到这个问题，并将之提升到了影响国家和民族发展的高度上来重视。从这个意义上来说，大力弘扬中华民族优秀传统文化，用优秀的思想观念帮助青年树立正确的思想观念和价值观，有助于提高应对多元价值观冲击的能力。

践行社会主义核心价值观，需要发扬中国传统文化。国家历史发展的历程不同，其所拥有的自然条件不同，经历的历史变化不同，由此产生的价值观念也有所不同，各有特点。作为价值观念来说，不管其有何种特色，必须要同这个国家和民族的历史文化情状相契合。人类历史的发展过程表明，对一个民族或国家来说，核心价值观应该是其共同认可，并具有最大力量的价值观念，应该是民族和国家全体成员共同的精神追求和行为准则。在党的十八大上，党中央明确提出了培育和践行社会主义核心价值观的根本任务。2014年5月4日，在北京大学师生座谈会上，习近平总书记提到"富强、民主、文明、和谐，自由、平等、公正、法治，爱国、敬业、诚信、友善，传承着中国优秀传统文化的基因，寄托着近代以来中国人民上下求索，历经千辛万苦确立的理想和信念，也承载着我们每个人的美好愿景。我们要在全社会牢固树立社会主义核心价值观。全体人民一起努力，通过持之以恒的奋斗，把我们的国家建设得更加富强、更加民主、更加文明、更加和谐、更加美丽，让中华民族以更加自信、更加自强的姿态屹立于世界民族之林"。社会主义核心价值观是中国共产党人深刻把握国家发展需求、民族发展需要和现阶段建设特点凝结而成的，高度概括了国家的价值目标、社会的价值取向和公民的价值准则。它把国家、社会、个体等不同层面的价值要求融为一体，充分展现了社会主义国家的本质要求，也是对中华民族传统文化优秀核心精神的概括。所以，学习中华优秀传统文化，有助于当代青年增加对社会主义核心价值观的理解和认同，并能将之贯彻到个人行为上，积极践行。

继承和弘扬中华优秀传统文化需要开展中国传统文化教育。中华民族曾经创造出享誉世界的灿烂文明，这种文明一度引领世界发展方向。但随着历史进程发展，青年一代对传统文化的理解和亲密大为减少，对其内容了解不多，对其意义体会不深。尤其是现代信息技术发达，传统纸媒已经不再是主流媒体，新型的电子化阅读方式已经成为当代青年阅读生活的主要形式，而且提供了更加丰富的休闲娱乐方式。所以，越来越多的年轻人把关注点集中在电子阅读、网上冲浪、微博微信等新兴媒体上。举个最简单的例子，青年人更热衷于观看国外电视剧、电影，对国产剧则不感兴趣。这虽然和国产剧制作质量不高有很大关系，但是也体现出当代青年人与传统文化接触渠道不畅通的情况，只能零散地甚至片面地接触传统文化。有关调查数据表明，当代青年阅读过传统四大名著的都已经非常少了。

而且所谓接触过的还往往通过电影电视而不是阅读获得。与之相对的则是，很多青年熟知国外节假日及相关风俗，每到节日，必要庆祝一番。对中国传统节日则毫无感觉，甚至完全不了解节日的历史发展及文化意义。面对这种情况，就必须要通过多种途径，让更多青年了解传统文化，学习传统文化，热爱传统文化，继承和弘扬中华优秀传统文化。

增强教育的育人功能需要发扬中国传统文化。在中华民族传统文化中，探究物质生活和精神生活的关系，并做出相应的行为转换方面的内容，占了较多的份额。古代学者认为，人和禽兽的区别，在于人有道德，具有高尚的精神追求，这种独特的理解，决定了先贤们的价值取向和行为习惯。在古人看来，"不义而富且贵，于我如浮云"，"一箪食，一瓢饮，在陋巷，人不堪其忧，回也不改其乐"，都是高尚的精神追求。中国优秀传统文化的精髓所在，突出表现在对理想和精神力量的追求上。在古人看来，道德理想是推动个体前进的精神动力。孔子推崇"杀身成仁"、孟子讲求"舍生取义"都体现了这一点。正是因为有了这种无私个人、心怀天下的理想主义情怀，无数志士仁人怀着"为天地立心，为生民立命，为往圣继绝学，为万世开太平"的理想追求，奋发图强，积极进取，在追求道义和理想的道路上上下求索，九死不悔。优秀传统文化的精髓内容还体现在对个人道德修养的重视上，古人重视人的道德品质的养成，并且重视道德教化的作用。古人认为，教化的作用就是让受众能够理解和接受伦理观念，达到上下和谐的境界。传统文化精髓还表现为重视人生境界和理想人格。在古人看来，人的境界有不同的等级。要不断追求更高层次，要"见贤思齐焉，见不贤而内自省也"。古人推崇理想人格，把"君子"、"圣人"作为自己的理想人格，要通过自我的不断修为，提升自己的境界以达到理想境界。

从我国教育的目的设定来看，是为了培养具有独立人格、崇高理想、坚定信念的社会主义事业建设者和接班人，是为民族崛起和国家发展注入新的动力。为了实现这样的目标，就要从博大精深的优秀传统文化中汲取智慧，重视培养德才兼备的人才。古人追求的理想境界和道德品格，与现代教育工作不谋而合，能够成为教育资源的重要来源。

第三节 传统文化的教育价值特点

特点是一个事物内在的属性，不同的特点使一个事物能和其他事物区分开来。如果能够认识到一个事物的特点，我们就可以更好地认识这个事物。因此对于中国传统文化的教育价值，我们也应该找到它的特点所在，从而能够将中国传统文化更好地融入教育中来。

一、典型的伦理型特征

与世界上的其他国家不同，中国传统有着典型的伦理特征，血亲意识是社会意识的主流。因此中国传统文化中的"六亲"（父子、兄弟、夫妇）"九族"（父族四、母族三、妻族二）等观念深入人心。血缘观念成为人们心理沟通和感情认同的基础，这种血亲宗法意识在社会上弥漫开来，孕育了一整套特别强调"忠"、"孝"的行为规范。"正心、诚意、修身、齐家、治国、平天下"，家国同构，重视人伦，传统文化充满人文精神。

二、具有顽强的生命力和发展创新性

中国传统文化是世界上唯一绵延不绝发展至今的文化类型，是在发展中一脉相承又汇入了我国各民族智慧而形成的具有强大生命力的文化体系。正如毛泽东所说：中国是世界文明发达最早的国家之一，中国有文字可考的历史达到了4000年之久。在世界的四大文明古国中，中国文明是唯一一个没有中断的文明。另外三个文明古国，无论是埃及、巴比伦还是印度，它们的文明状态在历史上都曾有过中断。中国从夏朝开始进入文明社会以来，中国文明就一直延续发展着，贯穿于整个中国的历史之中，显示出了它强大的生命力，这也是中国文明最为显著的特征之一。在中国文明的传承中，还经历了很多次的创新，在不同的时代，它都应变出符合这个时代特征的文化特质，其创新性是巨大的。因此可以说，中国传统文化是几千年中无数代人不断充实和完善起来的一种文化，来之不易。

三、兼具有历史性与永恒性

中国的传统文化教育自有永恒性，在五千年的历史长河中，它一直是中华民族的精神食粮，过去如此，未来也是如此。中国传统文化教育的这种永恒性是建立在中国传统文化的特质之上的。看一看历史就知道，几千年来中国传统文化一直未曾中断，不仅如此，还继往开来，在世界各地得到了广泛的传播，被各国普遍接受，奉为指导思想。有些东亚的国家，例如日本和韩国，国内的汉学氛围都很浓烈，在欧洲也备受推崇。伏尔泰称中国文化中的"己所不欲，勿施于人"为黄金法则。此外，中国传统文化具有永恒性，这体现在它能超越时间、空间、民族、种族和语言的限制。纵观全球，在历史的发展中，很多国家、文化、语言、文字湮没在岁月的长河里，但中国的文明却一直延续至今，表现出了强大的生命力。这些事实有力地证明，中国传统文化有着强大生命力，相对而言，是具有永恒性特点的文化，我们一定要好好地继承和发扬这种文化。

同时，中国的传统文化教育又是有历史性的。在不同的历史时期，因为人们需求的不同，它都呈现出不同的特质，从而以各种形式来满足人们的精神需求。例如在古代，没有马克思主义的指引，人们利用的是它的内驱力，而在马克思主义传入中国以后，它又和马克思主义完美地结合起来，二者相互促进、共同发展，都具有了相对永恒的生命力。任何一个事物的存在，都不是一成不变的，都要有一个不断发展完善、不断改进提升的过程。

中国传统文化也是如此，自它诞生之日起，它就体现出强大的包容性和开放性。这就要求我们在发扬传统文化的时候，要把握文化的时代特征，要重视文化的阶段特性，要把握文化与时俱进的特点。在现阶段，就要用新的时代价值标准来审视传统文化，挖掘具有时代意义的价值内涵和精神资源。

传统文化具有历史性和永恒性，这二者是相互统一的。永恒性蕴含于历史性之中，通过历史性表现出来。因为每一个时代的文化特征都不同，在教育中发挥的作用也不尽相同，但在每个时代，文化都发挥了以文化人的共同作用，都在提升人们的思想道德修养，培养人们的奋斗精神、爱国精神等方面发挥重要的作用。历史性也有赖于永恒性，没有永恒性作为基础，就不可能持续在历史上发挥作用，很快也就会遭到淘汰。

四、具有较强的融合性和凝聚性

多元化也是中国传统文化的一个主要特征。纵观中国历史可以发现，我国文化形式多样，早期有百家争鸣，后来出现了儒释道并存，但是几种派系并没有割裂开来，而是三教合一，逐渐地融合在了中华文化这个大系统中，这就决定了中华文化有着较强融合性的特点。不仅如此，中华文化还具有较强的凝聚性。中国地域广阔，民族众多，各个民族在历史上经历了几次大的融合，各民族、各地域在这种融合和凝聚中逐渐形成了以汉民族为主体，以中原文化为核心的文化氛围，形成同一性和多样性并行不悖的发展态势。再者，中华文化并不排斥外来的文化，佛教就是从国外传来的，但却在中华大地上生根发芽，并且与中华本土文化融合后茁壮发展了起来。还有西方的基督教、伊斯兰教，来自异域他乡的绘画、声乐、天文、地理等也都在中国得到了吸收和发展，虽然历史上也有过排斥的阶段，但最终它们都能在中华大地上扎下根来，成为中国传统文化的重要部分。由此可见，中国传统文化在发展过程中，不是分散和凌乱的，而是有着强大的融合性和凝聚性，各种文化汇集在一起，凝聚成了中华民族特有的精神文化，尤其是一些积极的思想，例如"天下为公"、"自强不息"等。正是因为有这种融合和凝聚的特质，中国传统文化才表现得绵延不绝、生生不息。

五、兼具民族性和世界性

在这个世界上，任何一个国家或民族都有自己的文化，这些文化并不是统一的，而是互相有所区分的，每个国家和民族的文化都有和其他国家或民族的文化相区分的特征。中国传统文化也一样，显示出鲜明的中华民族的独特特质。但是，中华文化又具有世界性，国家和民族的发展不是单独存在的，一定是在世界范围内不断的交往过程中向前发展的，在这个交往的过程中，文化也会在融合中发展，会吸收外来的优秀文化，完善自己固有的文化体系。在长期的发展中，各国文化就成了一个统一体的全球文化，也就是说具有世界性。中国文化的基础是民族性，但总体上又有世界性。在发展的过程中，中国的优秀文化也在向外输出，例如现在我国有很多的非物质文化遗产，就得到了很多国家人民的喜爱，被广泛地传播开来。有些传承下来的名言警句和文化典籍，也成了世界人民的行动准则和参阅经典。英国历史学家汤比因曾经说，他愿意做一个中国人，而且是公元一世纪的中国人。他认为当时的中国文化是最美的，中国古代文化和智慧将为未来世界文化的发展进一步做出积极的贡献。在他看来，中华传统文化中蕴含着无与伦比的伟大力量，这就是中华民族的文化力量，构成了中华民族的精神世界。

六、具有两面性

在几千年的历史传承中，中国文化长存不衰，其中有很多优秀的内容沉淀下来，值得我们传承和发扬。正如习近平总书记在讲话中指出："我们要善于把弘扬优秀传统文化和发展现实文化有机统一起来，紧密结合起来，在继承中发展，在发展中继承。"但是我们也应该看到，在中国历史上，封建社会占据了大部分时间，中国传统文化有很多在当时是应合封建社会而生的，而封建社会又过于强调专制和宗法制度，因此包含有一些糟粕。在对中国传统文化的继承和发展中，我们也要注意甄别，做到"取其精华，去其糟粕"，要以时代发展的要求为内在依据批判地予以继承。这对我们进行传统文化与当代教育的融合有着重要意义。例如我们在重温"天人合一"、"义利合一"以及"仁、义、礼、智、信"，"礼、义、廉、耻"，"忠孝"等传统文化观念时，要对其进行重新评价，结合新的时代特征赋予它们新的内容。比如，我们可以把那种充满极端主义的，完全强调子女对父母无条件单方面服从的旧式"孝道"转化为以父母子女相互理解、互相尊重为内容的新式"孝道"；可以在"礼"的观念中去除等级观念，代之以人与人之间真诚相待、文明相处、人人平等的礼貌行为；从"耻"的观念中去掉虚伪的、不正常的"面子"意思，而代之以现代化的新式道德观和以"八荣八耻"为内容的"社会主义荣辱观"。总之，我们应该深入研究中国传统文化，并结合当下的时代观念来看待，汲取优秀部分，扬弃糟粕部分，这样才能真正地使中国传统文化向前发展，并让中国文化走在世界文化的前列。

第四节 传统文化的教育价值结构

中国传统文化教育价值的结构，可以从两个方面来呈现，即它的内容结构和形态结构。

一、内容结构

从现阶段的情况来看，吸收优秀传统文化内容到教育中，已经成了必然的趋势和必需的选择。这不仅是时代发展的要求，更是我国思政教育特色所决定的。

2013年3月7日，习近平在中央党校建校80周年庆祝大会上指出："中国传统文化博大精深，学习和掌握其中的各种思想精华，对树立正确的世界观、人生观、价值观很有益处。学史可以看成败、鉴得失、知兴替；学诗可以情飞扬、志高昂、人灵秀；学伦理可以知廉耻、懂荣辱、辨是非。"2018年8月，习近平总书记在全国宣传思想工作会议上又强调，"中华优秀传统文化是中华民族的文化根脉……要把优秀传统文化的精神标识提炼出来、展示出来，把优秀传统文化中具有当代价值、世界意义的文化精髓提炼出来、展示出来"。习近平的讲话高屋建瓴，对当代教育继承传统、继往开来，具有很强的理论意义和现实意义。

回顾我党的教育历史，领导人们提出了很多科学的要求。例如毛泽东说要"身体好、学习好、工作好"。邓小平说要做"有理想、有道德、有文化、有纪律"的"四有"新人。习近平在北京大学师生座谈会上的讲话中提出"人才培养一定是育人和育才相统一的过程，而育人是本。人无德不立，育人的根本在于立德。这是人才培养的辩证法。办学就要尊重这个规律，否则就办不好学。要把立德树人的成效作为检验学校一切工作的根本标准，真正做到以文化人、以德育人，不断提高学生思想水平、政治觉悟、道德品质、文化素养，做到明大德、守公德、严私德。"以上这些要求都具有现实意义，给当代教育指明了方向，设立了标准。总的来说，教育是一个科学的发展体系，要让青年成为一个全面发展的人才，不只是有知识，还要有理想、有道德、有纪律，做人、做事全面发展，这是教育工作的根本任务，也是主要内容。

（一）道德教育价值是基础

教育的基础是道德教育。在社会和个体中，道德是最基本的发展需要。一个社会、一个个体没有道德是不可能长久存于世上的。因为社会、个体有对于道德的需要，因此也就产生了道德教育。在教育中，道德教育最为基本，中国传统文化中有很多道德层面的内容，这些内容对于任何时期的人来说都有很好的教育价值，"中华民族的优良道德传统，对于中国社会道德风尚的形成，对中华民族的团结、和谐发展，发生过并正在发生着非常重要的作用"。

（二）思想教育价值和政治教育价值是主导

教育中作为主导性的是思想教育和政治教育。思想教育可以帮助青年树立正确的思想路线，政治教育可以帮助青年树立正确的政治路线和政治信仰。教育就是思想教育和政治教育的综合，它能决定我们的思想和政治路线，防止走偏。正如习近平总书记指出的那样："中国传统文化博大精深，学习和掌握其中的各种思想精华，对树立正确的世界观、人生观、价值观很有益处。……学史可以看成败、鉴得失、知兴替，学诗可以情飞扬、志高昂、人灵秀，学伦理可以知廉耻、懂荣辱、辨是非。"

（三）心理教育价值和创新教育价值是拓展

教育拓展开来，表现的就是它的心理教育价值和创新教育价值。在社会中，一个人有好的道德和思想，可以说他很不错，但不一定说明他很优秀，也不一定能承担起建设社会主义的重任。要达到这个目的，就要求他有过硬的心理素质，他能够努力进取，全方位地发展自己。这是一个全民创新的时代，国家也迫切需要大批有创新精神的有为青年。人民有没有创新力，关系到一个国家的发展，也关系到人类的未来。创新是对传统做大胆的扬弃，重在创意、创建和创立。创新需要科学与人文的价值导向：求真、向善。求真，即贴近现实，追求真理；向善，即符合完美的人性，追求人类的终极关怀，体现符合多数人意向的道德情感，它是一种价值承诺，是教育信念确立的基础和前提。而中国传统文化就是有着巨大的创新性的。习近平总书记指出："世界上一些有识之士认为，包括儒家思想在内的中国优秀传统文化中蕴藏着解决当代人类面临的难题的重要启示。"现在这个社会，人们在物质和精神文明中都有了巨大的进步，尤其是物质的丰富是以前任何时候的人们都不敢想象的。但与此同时，社会上也出现了一些道德问题，有很多人崇尚奢华，不懂节俭，有的人有很强的个人主义，有的人不讲诚信，有的做企业的为了追求利益，不惜污染环境，这些问题已经严重影响到了社会的健康发展。而要从根本上解决这些问题，就需要纠正人们的思想意识，用中国传统文化中积极的力量，使人们认识到道德问题的危害。从这个层面上来讲，开发利用传统文化资源无疑是十分必要的。

价值结构与需求结构是一致的。有什么需要就会产生什么样的价值。价值的产生和发展是从主体的需求出发的，需求结构会决定价值结构的形态。人们对于教育的需求，在人们的需求结构中所处的层次较高，它是一种精神需要和自我实现的需要。而人们的素质是多方面的，既包含有思想素质、政治素质，也包含有道德素质、心理素质、创新素质等等。要提高人们的素质，也就产生了对应以上素质的需要。每一个主体都需要道德素质，因此可以把道德素质看成是基础需要。而其他的思想素质、政治素质虽然也是每个主体所需要的，但是它们体现了教育需要不同于德育需要、智育需要等其他需要的本质区别，因而称之为主导性需要。而心理和创新素质并不是每个主体的需要，因此从需要结构上来说，它们是一种发展性的需要。

二、形态结构

中国传统文化的教育价值从形态结构上来区分，可以分为以下几种类型。

（一）理想价值和现实价值

从条件和依据上，可以划分为现实价值和理想价值。现实价值是已经实现了的教育价值，是一种实然的状态。而理想价值是一种还有待于人们去实现的价值，是一种应然的状态。理想价值和现实价值是相辅相成的，前者是后者的基础，后者则是前者的方向。理想价值的设置如果是科学的，就会有很大的实现机会，从而转化为现实价值。

（二）正面价值和负面价值

从性质作用上，可以划分为负面价值和正面价值。负面价值就是中国传统文化中那些不合时宜的东西，不符合当代社会生活、学习背景的，一些糟粕的东西。对于中国传统文化的负面价值，近代以来有着太多研究，已经很好区分，而且随着时代的发展，传统文化中的许多落后成分自然而然地淘汰了，所以我们在这里不再多提。而正面价值则是传统文化中那些积极的东西，在现在和将来仍能发挥巨大作用的部分，中国传统文化中有很多正面价值，这些价值对于提高青年的素质和思想品德修养，有着非常重要的作用，这些正面价值都是融入教育中的重要组成部分。我们的研究也是要挖掘传统文化中的这些正面价值，并将其继承和发扬起来，大力弘扬优秀的传统文化，这是时代发展的要求，也是历史的要求。

（三）直接价值和间接价值

从显现的效果上，可以划分为直接价值和间接价值。直接价值是指那些能够直接看到结果的价值。中国传统文化有很多精神层面的东西自然地植根于我们的思想意识和精神风貌中，自然而然地影响着我们的言行，这就是直接价值在起作用。例如爱国主义，就可以让我们自主地迸发出爱国热情。间接价值则是指中国传统文化能够通过激发人们的精神，调动起人们参与社会主义建设的热情，推动科技和社会的进步。

（四）绝对价值和相对价值

从评价上，可以划分为绝对价值和相对价值。绝对价值就是指中国传统文化价值的终极实现，具有永恒性、普遍性、客观性；相对价值是指中国传统文化价值的相对性、主观性、时代性。这两种价值是辩证统一、相辅相成的。

（五）个体价值和社会价值

从主体上，可以划分为个体价值和社会价值。个体价值，是中国传统文化能够实现个体精神方面的需要，有助于促进个体精神风貌和道德修养的提高，社会价值是中国传统文化能够促进社会的发展，在经济、政治、生态等各个方面都能发挥重要作用。

第三章 传统文化的传承

第一节 传统文化的主体思想——"天人合一"

天地位焉，万物育焉，人类自诞生以来，即与自然界共生、共存、共荣。中国的哲人自古即对此有所省悟，故而提出著名的"天人合一"论。华夏文化的"天人合一"论，把人和自然看成一个整体，重视"自然的和谐""人与自然的和谐""人与人的和谐"，其中特别突出人与自然的和谐。《周易·干卦》称，"夫大人者，与天地合其德，与日月合其明，与四时合其序，与鬼神合其吉凶，先天而弗违、后天而奉天时"，人顺应自然，与自然一体，揭示了天与人"相合"的基本思想。

在中国传统文化中，人与自然的这种和谐的关系被称为"天人关系"。"天人合一"则是中国传统文化所追求的自然观，它强调人与自然的协调发展，即人不应该违背自然规律去改造自然、征服自然和破坏自然，而应该在了解的基础上顺应自然规律，合理开发、利用和保护自然，促进自然万物生长发展，从而达到人与自然相通相合。这是古代思想家提出的比较朴素而又直达要害的人与自然关系论断，是人存在的定位和作用发挥的起点问题。

一、道家思想中的"天人合一"观

道家是我国传统文化的三大主要思想流派之一，它起源于春秋末期的老子，以老子和庄子为代表。道家崇尚自然，提倡与自然和谐相处的天人观念，"天人合一"思想正是道家思想的重要精华之一，在《老子》与《庄子》中均有诸多体现。

（一）《老子》中的"天人合一"思想

《老子》，又名《道德经》，记录了春秋晚期思想家老子的学说，是中国古代先秦道家学派的重要代表性著作。全文分上下两篇，上篇为《德经》，下篇为《道经》，没有章节之分，后来人们将《道经》修改后放在了前面，又将全书分成了81章，因此得名《道德经》。在中国历史上，《道德经》是第一部比较完整的哲学著作。

老子将"道"看成是万物派生的本源:"道生一,一生二,二生三,三生万物,万物负阴而抱阳,冲气以为和。"意即,道整体唯一,浑然天成,派生天地,天地派生万物,天地中含有阴阳二气,阴阳二气相交而又互相冲击形成一个统一和谐的整体。那么,究竟"道"是什么呢?老子曰:"有物混成,先天地生。寂兮寥兮,独立而不改,周行而不殆,可以为天地母。吾不知其名,强字之曰'道',强为之名曰'大'。大曰'逝',逝曰'远',远曰'反'。"意即,有一个东西混沌而成,先于天地而存在。它寂静无声,寂寥无形,它独立自在,不因外物而改变,循环运行而从不停止,它可以作为天地万物的本源。我不知道它的名字,勉强称它为"道",勉强称它为"大"。大又称为"逝",逝又称为"远",远又称为"反"。老子又曰:"道冲,而用之或不盈。渊兮,似万物之宗。湛兮,似或存。"意即,"道"是空虚且用之不尽的,它深不可测,好像万物的宗主,它清澈明净,似无而实存。因此,在老子看来,"道"就是一种无形无声、先于天地万物而存在的东西,它是天地万物的本源,独立存在而不受外物影响,反复循环运行而又从不休止,虚空似无却实存而用之不尽。按照上述描述,我们可以说,"道"其实就是天、地等自然万物运行发展的规律。接着老子又说:"故道大,天大,地大,人亦大,域中有四大,而人居其一焉。"意即,所以道大,天大,地大,人也大,宇宙中有四大,而人居其中之一。因此我们可看出,在老子看来,人作为宇宙万物之一,虽然源于天地之间,但是并不说明人在宇宙天地以及万物本源之"道"的面前无足轻重,相反人与"道"、天、地同样,都在宇宙中有重要的位置。因为"人法地,地法天,天法道,道法自然"。意即人以地为依据,地以天为依据,天以"道"为依据,"道"以"自然"为依据,"道"按自己内在的原因独立存在、独立运行,它只根据自己本来的样子存在着,没有别的什么影响着它,所以叫"道法自然"。这也就是说,"道"按照其自然的状态独立存在并循环往复从不休止地运行着,天、地据此"道"而存在运行,而人则通过对天、地、"道"的认识,按照大"道"规律,顺应天地自然,效法天地自然,达到与天地自然以及"道"相通相合的"天人合一"状态,实现人自身的发展以及人与自然的和谐发展,也即"无为无不为"。"无为"的意思是说要按自然规律来行事,而不是违背自然规律,王弼将其解释为"顺自然也","无不为"的意思是说无所不为。"无为无不为"的意思,就是说只要我们顺应了自然的规律,而不去违背这种规律,那我们就没有什么是不可以做的。对于"无为",日本学者福光永司说:"老子的无为乃是不恣意行事,不孜孜营私,以舍弃一己的一切心思计虑,一依天地自然的理法而行的意思。在天地自然的世界,万物以各种形体而出生,而成长变化为各样的形态,各自有其一份充实的生命之开展;河边的柳树抽发绿色的芽,山中的茶花开放粉红的花蕊,鸟儿在高空上飞翔,鱼儿从深水中跃起,在这个世界,无任何作为性的意志,亦无任何价值意识,一切皆是尔如是,自然而然,绝无任何造作。"

可见,"无为"不是什么都不做的消极不作为,而是人的行为的自然而为,也就是无论做什么事情都要遵循一个前提，那就是要符合天道，符合自然，只有这样去做，我们才不会与这个世界有抵触，才会做出对的事来，既实现了与自然的和谐，又成就了其自身"无不为"的结果。简而言之，人与自然的这种"天人合一"的状态，正是人发挥其主观能动性来认识自然、了解自然、尊重顺从且按照自然规律而做事的结果。人之所以能为"城中四大"之一，也正因如此。

老子的道家思想，不是专注于治国理政方法的论述，而是侧重于理想人格的实现，还是以清静自守为主要内容。在其所有观念中，核心的就是人与自然的关系，这种人与自然的关系，可以具化为认识论和实践论的关系。其核心要素在人自身，不管是发掘规律也好，还是自律行为也好，都需要人发挥主动性。在老子看来，人是"道"这个概念的阐发者，也是"道"的执行者。在老子的理念中，道和德是相对的两个概念，道指的是宇宙万物运转的规律和规则，德则是道在人间运行的保障，是人自身的品格和主动意识。他认为，之所以礼崩乐坏，世间乱象频生，重要的原因之一就是人们丧失了德，为了欲望而争夺，造成了社会的混乱。老子把道看作是世界的本源，并具体提出了美恶、祸福、有无、难易、高下等相辅相成却又相互转化的概念，用来说明道存在于万事万物中的多面性和客观性，指引人们发掘道的途径。他是希望每个人都能得道的，也就是说，他希望人拥有德，最终而得道。此二者的关系，实际上就是老子的"人本"观念，人是一切的核心。老子学说中的人本思想，通过道的传递和教化，把在人的意志之上的"天"转化为可以认知并能使之为己服务的"天"，并最终实现"天人合一"，达到人与自然的和谐。

老子提出的人生见解独出心裁，为人生提供了一种有效的指导：一方面，它使人的生命更具韧性，人活在天地之间，自然会遇到很多问题甚至是难题，会受到很多磨炼甚至是挫折，人应该如何去面对这些外部的影响呢？应该找寻事物发展的规律，在规律的范围里行事，自然就可以无不为了。这帮助人们增强了调节自我来适应社会发展的能力，无论外界竞争有多么激烈，都能保持一份宁静的心态和豁达的心胸，能够通过主动的退让，获得天高地远、如释重负的感觉；同样，他强调"反者道之动"，也是一种获胜的手段，从另一方面为人们提供了从竞争方式到"见小曰明"、"守柔曰强"、"不争而善胜"、"无为而无不为"，这些观念中所蕴含的"贵和尚中"的处世哲学、仁爱不争的价值取向，有助于在现代社会中缓解社会压力、改善人际关系。这些千年之前的思想，已经能够帮助我们化解现代社会中人与人过分的物欲追求所带来的冲突，促进人精神的减压，化解社会矛盾，实现社会和谐发展。这不正体现了传统文化强大的生命力吗？其中优秀的部分可以不因为时间的变化而改变，到今天依然能够为我所用。

（二）《庄子》中的"天人合一"思想

道家学派的另一个代表人物庄子，对"天人合一"的思想则有着独特的思考和视角。

其所谓"天"包含两层含义：一是指作为自然界的自然之天；二是指自然本然的状态，即无为、自然而然的状态。基于此，庄子的"天人合一"就有了两个理论前提，一是在"道"统摄下的天人同质，一是作为自然而然状态的"天"与作为与其相反的人为状态的"人"的"天人相分"。

首先，从道的观念出发，认为天地万物和人是齐同的。庄子认为道是万物之本、万化之源。"夫道，有情有信，无为无形；可传而不可受，可得而不可见；自本自根，未有天地，自古以固存。神鬼神帝，生天生地，在太极之先而不为高，在六极之下而不为深，先天地生而不为久，长于上古而不为老。"也就是说，道无处不在，万物莫不在道的涵摄之中。庄子认为，人与万物一样，都在"道"的统摄之中。从这个意义上讲，庄子认为天地万物与人是一体的，不存在主客问题。因此，庄子又说："以道观之，物无贵贱。"虽然从道统观万物的角度来讲，庄子认为"万物齐一"，不过，庄子又认为这种齐一不是无差别的齐一，不是万物泯灭各自个性的齐一，相反庄子所认为这种齐一是有差别的，是万物在保持各自本然状态下的齐一。

其次，关于"天人相分"，庄子曰："无以人灭天，无以故灭命，无以得殉名。"这就是在说，不要以违背天意的行为来毁坏万物的自然状态，不要以故意行为来毁掉那些自然而然的生命，不要以贪得之利毁掉本然的声名。庄子又曰："天在内，人在外，德在乎天。"庄子认为天然之性是内在的，人的行为则是外在的，德行就在于合乎天性，顺应自然而为。因此，外在人为之"人"要合于内在本然之"天"，需要重建合乎天性之德行，行顺自然之为。庄子认为造成这种"天人相分"状态的原因在于人在外在世界中被外物所异化，进而迷失了本然天性。因此需要重建德行，以回归本然天性，进而重新回到"天人合一"状态。

进而再次，庄子又阐述了要重建"合天"之德行，达到"天人合一"的方法。即"心斋"和"坐忘"。"若一志，无听之以耳而以听之以心，无听之以心而听之以气。听止于耳，心止于符。气也者，虚而待物者也。唯道集虚。虚者，心斋也。""堕肢体，黜聪明，离形去知，同于大道，此谓坐忘。"可见，此"心斋"、"坐忘"之法，都是内在自观之法，使人进入忘物忘我的状态，进而达到应物而不累物亦不累于物的"天人合一"之境。

我们知道，他的天人合一所追求的，不是生活方式的倒退，不是对其所处的生活环境的改变。而是从内在修养的提升方面提出，主张改善精神境界。如《逍遥游》中尧的"合然丧其天下"、《齐物论》中南郭子綦的"吾丧我"、《人间世》中的"心斋"、《大宗师》中的"坐忘"等，都证明了庄子人生哲学的重点在于精神境界的改变。所以我们可以理解，庄子的天人合一思想，重点在于向人呼吁追求个人自然性的精神状态，减少社会因素的影响。所谓的自然性，不是原始社会未经开发的自然特征，而是经过了文明教化和洗礼之后，返璞归真的自然状态。对于这一点，冯友兰先生曾经说："然庄学所说之无知，乃经过知之阶级，实即知与原始的无知之合也。此无知经过知之阶级，与原始的无知不同。对于纯粹经验，亦应作此分别。如小儿初生，有经验而无知识。其经验为纯粹经验，此乃原始的纯粹经验也。经过有知识的经验，再得纯粹经验。此再得者，已比原始的纯粹经验高一级矣。'玄德''若愚''若昏'，非'愚''昏'也，'若'愚'若'昏而已。"所以，我们可以理解，庄子对于自然阶段的回归，看起来与原始的先民简单的生活状态类似，实际上只不过是追求先民们恬然自得的精神状态。这种追求，是在当时社会文明发展的基础上得出的启示，所以他的目的也并不在于消灭社会文明，回归原始社会，而只是要求大家从现有知识、现有观念的层次中超越出来，在精神状态上追求人类自然性的一面。

人类从原始社会发展到文明时代，人和宇宙、自然的关系已经发生了新的变化，这种变化利弊皆有。所以我们要考虑如何通过改变精神状态，达到再一次的天人合一境界，促进内心宁静的状态产生。庄子认为，追求天人合一，就要"不以心损道，不以人助天"，也就是去人为、得自然。在这个过程中，不要刻意增加人为的因素，更多的是顺应天道、顺其自然，一旦有人的主动作为，便会有人的爱与恨夹杂其中，就不再是自然的状态。我们人处在天地之间，对自我进行精神境界的修养，要善于"以造化为大冶"，要学会顺其自然。去除人自身参与改变的因素，对天地万物而言就是任其生生灭灭不去干涉，不要用人为干涉去改变事物发展的规律，否则只会适得其反；于人自身而言，就是要提升心灵的升华境界，超越不可预测的命运和有形的躯体、有限的知识，突破生死观念的局限，达到这样的境界。对这种境界，庄子称之为"坐忘"，这时人才能真正做到顺其自然而无所用心，此时就恢复到"天人合一"的境界了。庄子也是重在个人的思想修养境界，注重通过调整自我意识，达到心灵的平静。

二、儒家思想中的"天人合一"观

其实"天人合一"思想，不仅是道家思想的重要内容，也是儒家思想的重要内容之一。不仅许多儒家原始经典中有很多相关论述，而且后世儒家学者对其也有继承和发扬。

（一）《易经》、《易传》中的"天人合一"思想

《易经》是我国古代的预测学著作，主要包括六十四卦和三百八十四爻，卦和爻各有说明（卦辞、爻辞），作为占卜之用。《易传》又称"十翼"，是我国战国时期阐释《易经》的论文合集，包括《彖传》（上、下）、《象传》（上、下）、《文言》《系辞》（上、下）、《说卦传》《序卦传》《杂卦传》十篇。它把中国古代早已有之的阴阳观念，发展成为一个系统的世界观，将宇宙中包含的所有事物的发展变化都归结为是阴阳、乾坤和刚柔

的统一或对立转化,其中自然有许多体现天人关系的论述。如《易传》对易卦起源有这样几处论述:"易之为书也,广大悉备,有天道焉,有人道焉,有地道焉。兼三才而两之,故六。六者非它也,三才之道也。""昔者圣人之作《易》也,将以顺性命之理。是以立天之道曰阴与阳,立地之道曰柔与刚,立人之道曰仁与义。兼三才而两之,故《易》六画而成卦。分阴分阳,迭用柔刚,故《易》六位而成章。"所谓"三才",即天、地、人;所谓"三才之道",即天、地、人三者及三者之间关系的法则或规律,简言之即天人关系的法则或规律。具体而言,天道即天的法则是为阴和阳,地道即地的法则为柔和刚,人道即人的法则为仁和义,它们各自都是由两种相对立的因素构成,故而构成了《易经》六画的卦形,卦形交替运用阴阳、刚柔,就形成了《易经》六卦的章法。

可见,《周易》中的"三才"道出了宇宙万物如何生成的思想。在这个"三才"的体系中,"天"至为重要,处于支配者的地位,它是宇宙万物自然规律的总则,有很多自然变化或万物生发都是由"天"来主导的,例如平常所见的天气变化、四季交替、万物生发等。我国古代人对天的认识,是从生活实践中来的。古人在发现天象变化以后,开始以历法来总结天道运行的规律,并以之指导农事生产。最初,人们创造了"火历",在这个历法中,人们就是通过观察二十八星宿的运行规律来安排农事生产的。在唐尧时期,人们"观天"的知识进一步丰富,历法变得更加科学和完善,这时出现的"夏历",已经有了一年四季和月份的概念,还有了闰月、春分、秋分、夏至、冬至,并且出现了天干纪日法。夏历发展到商代时,就有了完整的干支纪日法。因为有了历法,以前人们感到神秘莫测的"天",才变得不再神秘,"天"的运行也是有规律可循的,它有四季交替,有年月循环,而"天"的这种运行规律又和农事生产息息相关。于是人们逐渐理解了"天",同时将这些规律应用到了具体的生活实践之中。明末清初学者顾炎武在其《日知录》中说:"三代以上,人人皆知天文,七月流火,农夫辞也;三星在户,妇人语也;日离子毕,戍卒之作也;龙星伏晨,儿童之谣也。"由此可见,天的概念的形成,是人们在生活实践中发展出来的。

《周易》中说:"夫大人者,与天地合其德,与日月合其明,与四时合其序,与鬼神合其吉凶。先天而天弗违,后天而奉天时。"这个意思就是说,人之所以为人,是因为人的德行能够与天地之道相互配合,达到和谐,能够具有与日月之明类似的光亮,能够有四时运转之类的秩序,能够预测未来,料知吉凶。人在自然发展变化之前做事,首先不能违背自然发展变化规律,在自然发展变化之后做事能顺应自然发展变化规律,与自然发展相合拍。最重要的就是,人的行为要顺应自然发展变化规律,且在了解规律的前提下,根据事物发展状态,在事先正确判断事物发展变化的方向等,就能成为"合于天地"之德的"大人",也即达于"天人合一"之境。《易传》又曰:"与天地相似,故不违;知周乎万物而道济天下,故不过;旁行而不流,乐天知命,故不忧;安土敦乎仁,故能爱;范围天地之化而不过，曲成万物而不遗，通乎昼夜之道而知。"这即是说，拥有与天地相似的品德，所以不会违背天地之道；懂得万事万物发展变化规律并按规律办事，所以行为不会出现过错；沿着大道之路前行，而不是听从天命的安排，所以没有什么值得担忧的事；安于现实生活而诚恳求仁，所以能爱他人；顺应天地万物变化而能做到不过分，促成天地万物发展变化而能做到对任何事物都不遗忘，懂得宇宙运动变化规律并能明智地按其办事。这也就是说，仁道与天道是相通的，人道要效仿天道，从而才能实现二者的合一。而将作为万物之灵长之"人"羼入天地之间，并占有一席之地，则体现了先民对自身的高度自信和终极关怀。

此外，先秦有不少典籍也有通过天人合一思想和三才模型来对事情进行预测的记载。《国语·越语下》记载，勾践成为越王仅仅三年就想要讨伐世仇吴国，大臣范蠡知道后，就对勾践说："夫国家之事，有持盈，有定倾，有节事。持盈者与天，定倾者与人，节事者与地。天时不作，弗为人客；人事不起，弗为之始。夫人事必须与天地相参，然后乃可以成功。"范蠡在劝谏时，就从天、地、人三个角度来分析了国家大事。所谓持盈，即保持丰盈、繁盛的状态，要做到这点，便应该顺应天道。所谓定倾，即平定倾覆、克服困境，要做到这点，便应该尽人事，以主观努力去客服客观困难。所谓节事，就是处置各种世事时，要能有理，有所"节制"，这时便需要采用"地道"。大地包容万物，这是有所容，孕育万物，这是有所予，颠覆万物，有所制，而万物生生不息，循环往复，大地又有所得。另一本书《阴符经》也有"天发杀机，移星易宿；地发杀机，龙蛇起陆；人发杀机，天地反覆；天人合发，万变定基"的天地人综合分析方法。

从上面的论述中我们可以看出，在先秦时期，也就是我国传统文化早期，人们是非常重视"天人合一"的三才思想的，这几乎已经成了人们在生产、生活中预测和分析的基本视角。人们对于三才模型的认知并运用，肯定有它更早一些的发展轨迹，它不可能平白出现。因此从典籍中对三才模型的描述中，我们也可以从中窥见一些先民们生产生活的场景和特征，也可以找到"天人合一"思想萌芽的初始形态。

在现代心理学家的研究中，我们也发现人对于一些事物的认识，是人在长期的实际活动中总结出来的。奥地利著名心理学家、哲学家皮亚杰曾说："认识起因于主客体之间的相互作用，这种作用发生在主体与客体之间的中途，关于认识的头一个问题就将是这些中介物的建构问题，一开始起中介作用的并不是知觉，而是可塑性要大得多的活动本身。"另一奥地利生物学家家冯·贝塔朗菲也说："符号的代表性功能，就是从神话思想中，从环绕着自我及其周围世界飘浮不定的感受中逐渐形成的，只有有了符号，经验才变成了有组织的宇宙。"美国当代著名哲学家 M. W. 瓦托夫斯基则认为，前科学阶段的三大认识方式包括对自然物、自然力进行拟人化解释，对生活中的经验事物进行归纳概括和对人们的生活方式进行立法性规范。他说："所有这些认识方式所共有的根源就是常识这块土壤，常识一直没有得到明确表述，也并未形成神话、格言和规则那种明确格式，而是与人类的经验和实践的最广泛范围直接相关的。"

综上所述，人们对事物的认识是从人们的实践中得来的，那易卦又是在什么情形下产生的呢？在历史上，我国仅仅是旧石器这一个时代就经历了差不多三万年，之后又经过了差不多一万年的发展，人类社会才步入新石器时代。差不多七八千年前时，我国在长江、黄河这两大流域附近开始出现了比较原始的畜牧业和农业，出现了一些简单的石制农具，陶器也在这时候发展起来。他们能够根据天时、气候及土地资源的情况来培育农作物。比较有代表性的如距今七千年的河姆渡和半坡遗址出土的稻和粟，经过考古发现，都是人工种植的结果，在河南新郑裴李岗遗址出土的猪骨及陶猪，这种陶猪与现在猪的形制有所差别，但也和野猪相去甚远，体态肥胖，四肢粗短，腹部下垂，很显然也是人工畜养的产物，考古发现也证实了这一点。另外，在河姆渡、半坡遗址，考古人员还发现了大量的部落村庄建设，可以看出，在掌握了一定的农业和畜牧知识后，我们的先民们开始有了较长时期的定居生活。农业的发展，反过来也推动着古代先民们对于天文、节气、自然知识的积累。也即是说，大约在《易经》成书前的几千年中，我国的先民们其实就掌握了很多天文、节气、自然等方面的知识，对于农业生产的各个方面有了比较好的经验常识。因此，我们可以认为，这么长时间的发展中，先民会将自己认识到的知识自动地进行符合实际的加工和整理，使其变得完善，并渐渐变成了一些固定的认知方式，用以解释自然、解释农业，这可以认为就是《易经》产生的基础。事实上，我们传统文化中经常谈到的阴阳、三才、五行这些基本的东西，都是先民们从生活实践中得来的知识，是与人们的生活实践息息相关的。也许这些知识在现在看起来比较深奥，但在它产生的初期，它却是人们应用的最基本的常识。例如阴阳，也许现在我们觉得比较深奥，但它们最初的本义，阴是指山坡的背阴面，阳是指山坡的向阳面，这都是和实际的农事生产紧密相关的。又如五行，最初也不过是人类生活中的五种方式，并没有相生相克的概念，在先秦典籍《尚书·洪范》中，就只记载了它的本义，还没有相生相克的说法。同样的道理，天、地、人三才，也只是认识主体对直观面对的外在因素最一般的划分。这种存在于早期人类哲学中的基本特征，就好比恩格斯所说，是"在某种具有固定形体的东西中，在某种特殊的东西中去寻找这个统一"。远古时代，人类受科技水平所限，对于世界的认识还仅能从它们和生产生活的关系中去看待，人类也只能关注到自己目之所及的部分。但是，在对事物认知时，人类不会永远停留在表面，有些偶然的事件就可能促使人们去探索一些更深层次的东西。我们甚至可以认为，在易卦产生的初期，这种基于自然的"天人合一"思想基础之上的三才模式已初步建立并为人们所掌握，或许是先民们的一次偶然的占卜，占卜者突然有所感悟，发现将世界以天地人来区分，可以解释龟背为什么会出现裂纹。于是，占卜者们不断实践，逐渐形成体系，也就成就了一个三位卦的模型。在后面的实践中，人们继续对这个模型加以完善，最终形成了一个数为八的固定的模式，也就形成了一种更新的占卜方式，这就是筮占。

我们已经无法完全还原先民们从生活实践中提炼文化因素的过程，但现在我们所知道的阴阳、三才、五行这些基本的文化都是从先民们长期的实践中发端出来的。易卦的产生，既有其偶然性，也有其必然性，离不开创造性的实践活动。事实上，没有任何文化的产生是能离开人们的实践活动的，即便是能产生，这样的成果也是难以想象的。易卦产生时期的阴阳、三才，最开始其实只是人们占卜活动中一个极为简单的分类，我们今天看到的天地生成，对待流行的三才、阴阳模式还只是原蕴于产生之初的可能。但系统一经产生，必将遵循自身的发展规律，可能终将成为现实。

总而言之，《易经》、《易传》中这种把天地人结合起来形成的"天人合一"思想有着典型的农业社会的特征。我们的先民们大多生活在一个封闭的环境中，有着不变的生活方式，对身边的事物熟悉，它们好像一成不变，周围的一切在什么时候都像是那个样子，四季会轮回，山川河流自然存在，生老病死是人生常态，在这样的环境中，先民们对天地人的认识肯定有着浑然一体的特性。再加上我国传统文化成型的时期在封建社会前叶，因为当时动荡的社会关系和混乱的思想状况的需要，纲常伦理被重点强调，形成了两千年漫长而又稳定的封建社会形态和在这种形态下的封建社会的思想意识，一定程度上阻碍了自由民主和科学思想的发展，致使早期形成的易卦的思想在今天看来，似乎蒙上了一层神秘的色彩。这些所有的一切，就体现出了传统文化发展的历史阶段性特征，是与其产生时期的时代特点相符合的，所以一定要结合时代特点了解思想观念，不能盲目地使用，无差别、无变化地应用。这也说明传统文化的继承和应用都需要我们现在从当代世界科技的最新成果出发，沿着既定的认知道路去继承、完善、发扬光大。

（二）《中庸》中的"天人合一"思想

应该承认，如果仅从字面上看，"天人合一"的提法首见于汉儒董仲舒的《春秋繁露》，如《深察名号》宣称："天人之际，合而为一。"《阴阳义》亦称："以类合之，天人一也。"即便是就文字展示上来说，《中庸》中没有"天人合一"的提法，但从意义理解层面上说，它对天道和人道的论述实际上已经反映出它蕴含的"天人合一"的思想，这一思想在儒家天人观的发展过程中发挥了承前启后的作用。《中庸》原是《礼记》中的一篇，为战国时子思所作。其中把"中庸"作为最高的道德准则和自然法律，要求人们做事要有所度量，有所审查。与《大学》、《论语》、《孟子》并列为"四书"，成为后世儒家必读经典。"天人合一"是《中庸》的重要思想。

《中庸》认为天道就是"诚"，人道就是追求"诚"。《中庸》说："诚者，天之道也。诚之者，人之道也。诚者，不勉而中，不思而得，从容中道，圣人也。诚之者，择善而固执之者也。"这就是说，天道的"诚"是自然的秉性。人道的追求"诚"是后天的造化，人道可以通过对"诚"的后天追求达到与天道的合一。孔颖达说："此经明至诚之道，天之性也。则人当学其至诚之，是上天之道不为而诚，不思而得，若天之性，有生杀信著四是不唯，是天之道。'诚之者人之道也'者，言人能勉力学此至诚，是人之道也。不学则不得，故云'人之道'。'诚者，不勉而中，思而得，从容中道，圣人也'者，此覆说上文'诚者天之道也'圣人能然，谓不勉励而自中当于善，不思虑而自得于善，从容间暇而自中乎道，以圣人性合于天道自然，故云'圣人也'。'诚之者，择善而固执之者也。'此覆说上文'诚之者，人之道也'。谓由学而致此至诚，谓贤人也。言选择善事而坚固执之，行之不已，遂致至诚也。"这也就是说的天道与人道结合的方式有两种：一是圣人的天人合一，二是贤人的天人合一。圣人的天人合一是本能的天人合一；贤人的天人合一是通过后天的学习修养，可能达到的人为的天人合一。《中庸》说："或生而知之，或学而知之，或困而知之，及其知之，一也。或安而行之，或利而行之，或勉强而行之，及其成功，一也。"可见，《中庸》认为，人人都可以达到天人合一的"诚"的思想境界，关键在于个人的主观努力。《中庸》又曰："天命之谓性，率性之谓道，修道之谓教。"也是在说，能顺其天性就叫作道，而通过对人性不善的一面进行改善使其顺应符合天性达到就是教化。这也是对教育作用的早期认识，是如何通过外力改变人的内在思想达到规范的。我们现在从事教育，在教育实施的形式和方式上，也要汲取传统文化里有意义的部分，为我所用，为今所用。

（三）《孟子》中的"天人合一"思想

孟子以简练的语言概括了其"天人合一"思想，曰："尽其心者，知其性也；知其性，则知天矣。存其心，养其性，所以事天也。夭寿不贰，修身以俟之，所以立命也。"意即，人们只要充分发挥自己的心的作用，就能了解固有的天性，认识了天性也就认识了天道。在认识天道的基础上保存自己的天性，修养自己的天性，这样便可以用来侍奉天道了。无论是短命夭折还是健康长寿，都坚持尽心、知性、知天、存心、养性、侍天的修身功夫，就一定能够达到"立命"的境界，也即"天人合一"之境界。换言之，通过尽心、养性等途径，人就能达到"所过者化，所存者神，上下与天地同流"，"万物皆备于我矣，反身而诚，乐莫大焉"的天人合一境界。这种天人合一的思想教育贯穿于孟子思想的全部理论和实践。

孟子的"天"主要是指道德之天。他所秉持的"天人合一"思想讲的是人与义理之天的合一。"尽其心者，知其性也；知其，则知天也。"在他看来人性在于人心，故用心思去追寻则能够知道，而人性乃"天之所与我者"，所以天和人是合一的。"天人合一"在孟子这里就是指人性、人心以追求天道运行为主。在他看来，人生来就有恻隐之心、羞恶之心、恭敬之心、是非之心，因为它们分别是仁、义、礼、智的源头，所以孟子称它们为"四端"。人心具有了四端，所以人性本善。现实中之所以会出现众多丑恶现象，原因是人们受到了外界事物的改变，自我的善性得不到充分发挥，才导致了这样的局面。所以，孟子强调人要回到善性的境界，要做到"不动心"和"寡欲"，逐渐使"浩然之气"充斥在生活的空间。由此看来，作为当代青年，要想做到发挥自我的善性就要遇事沉着冷静，做事有理有据。

孟子主张人性中皆有仁义、人皆可以为圣人。"舜，何人也？禹，何人也？有为者亦若是。"这就是说，人作为道德主体，与他人之间是平等的关系。孟子从道德层面对人格平等进行肯定，这是儒家伦理道德思想中的进步。在当今时代，互联网作为主流媒体和主要交流手段，教育的实施者和接受者已经因为新媒体的存在，而变成了平等的双方，而且在一定程度或条件下，还能相互转换。虽然孟子与我们所在的时代差距千年，但基本原则是相同的。孟子所倡导的仁义建设中，孝悌之道是最基本的，在他看来，人人如果都能做到各亲其亲、各长其长，并以"老吾老以及人之老，幼吾幼以及人之幼"的精神将这一原则全面推广，就能实现天下大治的境界。就我们现在的情况而言，父母看重孩子的发展，希望孩子有所作为能够成才，所以子女要尽自己最大的努力成长成才，回报父母，回馈社会。所以如果每一个人都能发挥自我的能力，做好自己的分内之事，就能确保社会整体的平稳和谐。

（四）董仲舒的"天人合一"思想

西汉时期，董仲舒进一步发展了先秦以来的"天人合一"思想，明确提出了"天人之际，合而为一"的思想观点，使"天人合一"思想发展到一个新的阶段。他说："事应顺于名，名应顺于天，天人之际，合而为一。"其意是说，做事情应该有一定的根据，这个根据应该顺从于天，这样天与人之间，就相合为一个统一整体。董仲舒又提出了"天人交感"理论，将一年四季12个月366天与人体的四肢、12关节以及366块骨骼进行竭力比附，认为天有阴阳，人也有阴阳，"以类合之，天人一也"，论证了人自然而然是按照"天"的范式来生存与发展的。

第一个层次是，人在生理构成上与天同类。这是董仲舒所提出"天人相类"与"天人同构"的观点。董仲舒的"人副天数"说，是综合了前人和同时代学者论说的基础上发展而来的。他把天与人进行对比，通过具体数据的展示，强调天人同类，其目的就是要推论出人是天依阴阳五行而创造出来的宇宙间最杰出、最优秀的精华："天地之精所以生物者，莫贵于人。人受命乎天也，故超然有以倚。……为人独能偶天地。"并由此进一步更抽象、更深刻地论证天人合一说的合理性，用这套理论为天人相互感应做出铺垫并将之运用到政治思想中。虽然他的学说，是为了巩固当权者的受命于天而提出的，但是客观上强调了人的存在价值。

第二个层次是，人与天的道德意识层次相同。董仲舒所说的人之所由在于天，不仅仅是指形体结构的设置上，在精神意志和道德意识方面也是来于天的恩赐，认为："天亦有喜怒之气、哀乐之心，与人相通。"他把人的情感波动与天的四时变化联系在一起："春，爱志也；夏，乐志也；秋，严志也；冬，哀志也。故爱而有严，乐而有哀，四时之则也。喜怒之祸，哀乐之义，不独在人，亦在于天，而春夏之阳，秋冬之阴，不独在天，亦在于人。人无春气，何以博爱而容众？人无秋气，何以立严而成功？人无夏气，何以盛养而乐生？人无冬气，何以哀死而恤丧？天无喜气，亦何以暖而春生育？天无怒气，亦何以清而秋杀就？天无乐其，亦何以疏阳而夏养长？天无哀气，亦何以激阴而冬闭藏？"喜怒哀乐是人类最基本的情感之一，董仲舒将之与天联结起来，这就为论证人与天具有相同的道德意识打下了一定的理论基础。

第三个层次是，君权神授。董仲舒之所以非常强调天人同构，强调天人在精神意志和思想道德上的一致性，最终目的是为了维护政权存在的权威性和合理性，为了宣扬君权神授，宣扬统治者获取政权的合理性和神圣性，突显君主的绝对权威，为国家政治的一统铺平道路。可见，董仲舒的"天人交感""天人合一"的理论在于为其"罢黜百家，独尊儒术"的政治目的提供理论前提，以达到用儒学统一社会思想、加强中央集权、维护国家统一的目的。正是董仲舒将儒学思想进行了完善，形成了完整的体系，所以儒家学说才能被尊为核心思想，并一直延续保持着至尊的地位。

（五）宋明理学的"天人合一"思想

两宋时期，天人合一思想已发展成为占主导地位的社会文化思想，几乎被各种学派所接受。张载是中国文化史上第一个明确提出了"天人合一"命题的思想家，他认为儒者"因明致诚，因诚致明，故天人合一，至学而可以为圣，得天而未遗人"。因为明了自然的发展变化而达到内心的诚实，因为内心的诚实而达到对自然的明了，所以人的内心世界与外在自然达到统一，进而达到最高的学问境界，这样就可以成为圣人，懂得自然界的发展变化规律而又能把这种规律与人的活动有机结合。在张载看来，世界的本原是太虚之气，人与天地万物都是由此太虚之气构成的，气乃天人合一的基础。他说："乾称父，坤称母，于兹藐焉，乃混然中处。故天地之塞，吾其体；天地之帅，吾其性。民吾同胞。物吾与也。"意即，乾就是父亲，坤就是母亲，我是如此之微小，混然于天地之中。我的身体存在于天地之间，我的本性秉承天地的本性，天地间所有的人都是我的同胞，天地间的万事万物都是我的朋友。换言之，天地就是父母，人与万物都是由天地所生，都是由气所构成，气的本性也就是人与万物的本性。可见，张载认为，人是自然界的一部分，人与自然界统一于物质性的气。张载还认为，人与自然都遵循统一的规律，即阴阳二气互相作用、对立统一的规律，而性天相通，所以道德原则与自然规律是一致的，它们都具有变易的属性，所谓"性与天道云者，易而已矣"。因此，人不仅要与他人及社会和谐相处，还要与天地间的自然万物和谐相处。进而，张载又说："为天地立心，为生民立命，为往圣继绝学，为万世开太平。"意即，人应该使天地的本性得以体现，使天地间的一切生命与人都能够生存发展，使得先代圣人的不朽学说得以继承，使世界保持宁静太平。

此外，宋明理学中的程朱学派认为超越时空的精神实体"理"为宇宙本体，乃"天地万物之根"；陆王学派把主观的"吾心"也就是"良知"作为宇宙本体，提出了"宇宙便是吾心，吾心即是宇宙"的观点。进而他们把"天人合一"的思想又向前推进一步。程朱认为："所谓万物一体者，皆有此理，只为从哪里来。"意即，我们万物是一体的原因，是因为万物中都存在着天理，万物都是从天理中产生出来的。可见，在董仲舒那里，天、人是有区别的，是"合而为一"；而在理学家这里，天和人根本没有本质区别，本来就是一体的，"一"就在"天理"或"吾心"之中，因此"不必言合"。

在宋明理学家看来，人道源于天道、人类与自然万物和谐统一的思想，其中凸显了仁的意义和作用。这种观念有其特定历史阶段的特征，但它同样能给我们的重要启示是：进行人类道德建设思索，可以从天人合一的角度去考虑，把处理人与人之间的关系，和处理人与自然、与宇宙万物的关系联系起来。宋明理学家强调人与人之间的关系，不仅仅是人本身，更应该有人与自然的关系，就是追求人对天道的了解和遵循，要从探究人与自然关系的基础上，提升道德建设要求。这种观点突破了原来仅限于人自身的宏观道德观，有其积极进步的意义，对现在道德建设有很好的借鉴价值和指导意义。人的生存、发展不仅是人类自身的事，不能仅从人自身谈人权、谈道德、谈和谐。强调人与人的相互尊重、关爱与和谐，强调对人的生存权利的保护的同时，应对所有自然生命给予尊重关爱。天人合一问题，就其理论实质而言，是关于人与自然的统一问题，或者说是自然界和精神的统一问题。中国传统文化中的天人合一思想，内容十分复杂，而且各种论说都有其自有的道德体系，其中既有正确的观点，也有错误的观点，要加以应用，就必须实事求是地予以分析。但是，从文化的民族性以及对民族文化的推进作用和深远影响看，中国古代思想家关于"天人合一"的思想，已经将追求人自身的内在探寻提升到了一个前所未有的高度上。其最基本的含义，就是充分肯定自然界和精神的统一，关注人类行为与自然界的协调问题。从这个意思上说，天人合一思想是非常有价值的。

恩格斯对自然和精神的统一问题，有过一系列精辟的论述。他说："我们一天天地学会更加正确地理解自然规律，学会认识我们对于自然界的惯常行程的干涉所引起的比较近或比较远的影响。"他还说："自然界和精神是统一的。自然界不能是无理性的……而理性是不能和自然界矛盾的。""思维规律和自然规律，只要它们被正确地认识，必然是互相一致的。"恩格斯的这些论述，深刻地揭示了自然和精神统一问题的丰富内涵。根据恩格斯的这些论述，考察中国古代的天人合一思想，不难看出，这种思想有着深刻的合理性。

综上所述，"天人合一"是中国传统文化中人与自然关系的重要内容，主要包含了两层含义：一方面，人是自然的派生物，人生活在自然之中，与自然界自然而然合而为一，是包含与从属的关系，人天然就与自然关系密切不能分割，人只能在自然范围内生存，这是人与自然关系的前提。这里所隐含的意思即是：离开自然，人是无法独立生存的，人不能突破自然规律而存在，最多只能是相合，而不能是超越；另一方面，人由自然派生而又区别于自然界，正因为有所区别，所以人需要去发现自然运转的规律，找到并遵循之，才有实现合一的可能性。因此，"天人合一"是人道德的最高原则与自然界的普遍规律相合相统一，这也体现了人之为人以及人与自然和谐相处的高度自觉，体现了人的积极的主观能动性，是人生发展的最高境界。这一目标的设定，让人意识到，自己能够通过自己的努力，去找寻自然规律，揭开自然运转的面纱，进一步提升个体在自然中的地位和作用，能够通过努力，让自己变得更加完善。就现阶段而言，为了短期利益加大对自然环境的破坏，盲目无度地开采挖掘矿产，先破坏再补救的粗暴，都已经违背了天人合一的要求，无法达到人与自然的和谐，这种对规律的破坏是危险的，势必会遭到自然的反扑。明白了这一点，就需要选择合适的处理方式，所以这对于我们当代处理人与自然的关系有着重要意义。

第二节 传统文化的核心思想——"以人为本"

"天地之性人为贵"，中国传统文化特别注重人，尤其关注人的精神发展，发展出了重人生、讲人世的人文主义文化传统。也就是中国古代思想家已经开始关注人的地位和作用。早在殷商时期，就提出了"民为邦本，本固邦宁"的思想，成为早期民本论的代表。从此以后，各种关于重民的思想探讨就一直存在。从先秦到汉代的陆贾、贾谊、王符、仲长统，到隋唐的王通、韩愈、柳宗元，到宋元的李觏、张载、范仲淹，到明清之际的顾炎武、黄宗羲、王夫之，都对民本思想进行了各种充实、丰富和发展。尤其是发展到了最后，黄宗羲的民本思想达到了中国传统民本思想的最高峰，它已经超越了儒家重民、爱民、为民请命的局限，触及了民主、民治、民主监督等新层面。

一、中国传统的"人文"思想

"人文"一词，最早见于《周易》："文明以止，人文也。观乎天文，以察时变。观乎人文，以化成天下。"孔颖达将"人文"解释为诗书礼乐之教，他说："言圣人观察人文，则诗书礼乐之谓，当法此教而化成天下也。"在此，"当法此教而化成天下"意即用诗书礼乐之教来教育百姓化成天下。

唐代吕温认为"人文"当指圣人指定的礼乐法度。他说:"《易》曰'观乎人文,以化成天下',能讽其言盖有之矣,未有能明其义者也。尝试论之。夫一二相生,大钧造物,百化交错,六气节宣,或阴阖而阳开,或天经而地纪,有圣作则,实为人文。若乃夫以刚克,妻以柔立,父慈而教,子孝而箴,此室家之文也;君以仁使臣,臣以义事君,予违汝弼,献可替否,此朝廷之文也;三公论道,六卿分职,殊流异趣,百揆同归,此官司之文也;宽则人慢,纠之以猛,猛则人残,施之以宽,宽以济猛,猛以济宽,此刑政之文也。乐胜则流,遏之以礼,礼胜则离,和之以乐。与时消息,因俗变通,此教化之文也。"可见,吕温认为,圣人制定的规则就是"人文"。具体而言,它的内容包括"家庭之文""朝廷之文""官司之文""刑政之文""教化之文"等,体现了人在不同的关系中所应遵守的道德规范、行为准则、规章制度等。故牟宗三说:"古有'人文化成'之语,此可为儒家人文主义之确界。"唐君毅说:"《易传》之说'观乎人文,以化成天下',应当是指周代礼乐之盛所表现的人文中心的精神。"上述这些关于"人文"的解释大致一致,指礼制法度之意。

不过,对于"人文"的解释亦有其他不同的理解。如王弼就认为:"文"为纹理之义,也即事物发展变化的趋向、走势;"人文"即是人之文,也即人的生存、生活秩序,或社会的发展秩序。再如李贤认为"人文"即"人事",即人世间的事态、状况。

综上可知,在中国传统文化中,"人文"即"人之文",它或指社会的道德规范,或指人世间的事态、状况,或指文字、文章、典章制度等。所有的这些事物、规则,都是围绕人展开的,都是对人内外发展的关注。对内来说,人有自身的道德养成,要按照相关的规则进行内在素养的发展,这是按照一定规则进行的。这种规则就是社会要求,人要成长为符合社会要求的人,要满足社会需要,不能脱离社会而存在;对外来说,人要遵从社会规则,要按照典章制度行事,不能任性而为。由此也可以看到,人文观念的提出,实际上是对人与社会关系的观照,是对个人与集体相互依存关系的探讨。这个探讨过程,实际上是对人自身位置的关注,认为人是一个重要的存在内容,应该予以高度的关注,体现出了中国传统文化中对人的地位的关注。

二、中国传统文化对"人"的关注

总体而言,中国传统文化十分关注人的存在,尤其人的伦理精神的存在,认为这是人之为人的根本,强调人作为精神主体的能动积极性。孟子曰:"人之有道也,饱食、暖衣、逸居而无教,则近于禽兽。圣人有忧之,使契为司徒,教以人伦:父子有亲,君臣有义,夫妇有别,长幼有序,朋友有信。"可见,孟子认为,具有五伦道德等精神是人区别于禽兽也即人之为人的标志。荀子将是否有"义""礼"等视为人区别于禽兽等其他物种或生命的最重要标志,他说:"水火有气而无生,草木有生而无知,禽兽有知而无义,人有气、有生、有知亦且有义,故最为天下贵也。"这也就是说,人与禽兽之间的区别就在于人有义而禽兽无义。他又说:"故人之所以为人者,非特以其二足而无毛也,以其有辨也。夫禽兽有父子而无父子之亲,有牝牡而无男女之别。故人道莫不有辨。辨莫大于分,分莫大于礼,礼莫大于圣王。"也就是说,"礼"是人与禽兽之间的根本区别。《礼记》中亦有类似的论述:"男女有别,然后父子亲;父子亲,然后义生。义生,然后礼作。礼作,然后万物安。无别无义,禽兽之道也。""鹦鹉能言,不离飞鸟;猩猩能言,不离禽兽。今人而无礼,虽能言,不亦禽兽之心乎?夫唯禽兽无礼,故父子聚麀。是故圣人作,为礼以教人,使人以有礼,知自别于禽兽。"

《礼记》还将"礼乐"作为人兽区分的标志:"凡音者,生于人心者也;乐者,通伦理者也。是故知声而不知音者,禽兽是也;知音而不知乐者,众庶是也。唯君子为能知乐。是故审声以知音,审音以知乐,审乐以知政,而治道备矣!是故不知声者不可与言音,不知音者不可与言乐,知乐则几于礼矣!礼乐皆得,谓之有德,德者得也。"这里,不仅将"礼乐"视为人与禽兽之区别,还将其分了层次,将只知"声"而不知"音"者视为禽兽,将知"声""音"而不知"乐"者视为众庶,将知"音"且"乐"者视为君子,将"声""音""礼""乐"皆得者视为"德者",进而更对人提出了文化的要求:众庶知音而不知乐,固然高于禽兽,但更知乐的君子,显然更高于众庶,君子知乐,因故知礼,进而可以"审乐知政",君子知乐知礼,进而有德,成为可以治理天下者。

此外,墨子还提出了"力"的原则,认为"力"也是人与动物之间的区别,他说:"今人与此异者,赖其力者生,不赖其力者不生。"

综上所言,中国传统文化特别注重人的地位与作用,尤其重视人的精神,认为人之所以区别于其他自然存在物,就在于人具有其他存在物所不具备的伦理精神,这也即人的主体性、创造性。正因此,人虽源于自然,却又超越于自然,可以将包括人自身在内的自然视为认识对象来认识并能够加以改造,使其为人所利用。对人的精神的关注,是古代哲学思想非常重要的内容之一,古代的思想家们已经认识到了人之为人的特征,是因为精神或者说思想的存在,才使人具备了理性。所以古人重视人的思想力量,强调人要发展精神的作用。通过这种改变,达到发现自然规律、顺应自然规律的目的。

三、中国传统的民本思想

在中国传统文化中一直存在着以民为本的思想,中国古代社会的统治者很早就有"爱民""重民""尊民""亲民"的意识。殷代有统治者就已指出要"重我民"、"罔不为民之承"。意即，要重视民众，没有不遵从民意而做事的。除此之外，《尚书》中还有许多关于民本思想的论述，如"安民则惠，黎民怀之。天聪明，自我民聪明。天明威，自我民明威。""民之所欲，天必从之。天视自我民视，天听自我民听。""人无于水监，当于民监"等等。魏晋时期出现的伪《古文尚书》把民本思想概括为："民为邦本，本固邦宁。"意即，人民是国之根本，人民稳固了国家就安宁了。另外，《诗经》中也有很多相关民本思想的内容，如《七月》《伐檀》《硕鼠》等着眼于现实的篇章，都强调了民生问题。

周朝统治者更是形成了自觉的民本意识，如周公认为要重视民的苦痛，将民的苦痛看作自己的苦痛，并提出了"保民"，并反复"用保乂民"、"用康保民"、"唯民其康"、"裕民"、"民宁"等，又提出要体察民情，"知稼穑之艰难，知小人之依。怀保小民，惠鲜鳏寡"。

春秋时期的民本思想多见于《左传》、《论语》、《墨子》等典籍。《左传》首先注意到民利及民间疾苦问题，曰："天生民而树之君，以利之也。"上天为了民众的生存才树立起国君，来为他们谋利益。又曰："亲其民，视民如子，辛苦同之。"意即国君要爱护子民，要像对待自己的子女一样来爱护，与他们同甘共苦。

孔子继承了《左传》中的民本思想，对国家暴力作用进行了反思，并提出了"仁者爱人"的爱民原则，主张对民众重教化而轻惩罚，强调"为政以德"、"视民如子"；认为民富则国足，民逆则政亡。进而又提出了系统的仁政、王道理论，曰："取民有制，使民以时，使民如承大祭。"意即，从民众中抽取赋税要有节制，抽调民力要选择适当时间，使用民力如同大型祭祀活动要慎之又慎。

战国时期，民本思想进入鼎盛阶段，商鞅将"尚农"作为国富兵强的基础，并形成"重农抑商"的政策，从而奠定了古代中国重农抑商政策的基础。此时，无论托管晏之名而明确概括出的法家的"民本"思想，还是老庄基于悲天悯人而形成的淡化政府权力的深邃思想，都显示出民本思潮的多角度展开和全方位推进。《吕氏春秋》将发展农业看作是成就霸业的基础，曰："霸王有不先耕而成霸王者，古今无有，此贤者不肖之所以殊也。"意即，要想成就霸业，必须先重视农耕，不重视农耕而想成就霸业，从古到今都没有过，这就是贤者与不肖者之间的差别，也即贤者重视农耕，不肖者不重视农耕。

而直接把民本思潮推向以道德为本位、以教化为己任的是儒家的孟子和荀子，尤其是孟子。在孟子看来，民众是天下的主体，只有民众有德，天下才会安定，社会才能发展。他系统地提出了自己的民本思想，曰："诸侯之宝三：土地、人民、政事。"而在这三宝中，尤其以人民最为重要，曰："得其民斯，得天下矣。"他认为只有得到人民的支持，土地才会有人耕种，国家才能安宁，政事才能取得顺利进展。因此，孟子又提出："乐民之乐者，民亦乐其乐；忧民之忧者，民亦忧其忧。"不仅如此，孟子还主张以国民的意见作为评判和决策国事的根本依据，他说："国君进贤，如不得已，将使卑喻尊、疏跄戚，可不慎与？左右皆曰贤，未可也；诸大夫皆曰贤，未可也；国人皆曰贤，然后察之；见贤焉，然后用之。左右皆曰不可，勿听；诸大夫皆曰不可，勿听；国人皆曰不可，然后察之；见不可焉，然后去之。左右皆曰可杀，勿听；诸大夫皆曰可杀，勿听；国人皆曰可杀，然后察之，见可杀焉，然后杀之。故曰国人杀之也。如此，然后可以为民父母。"在此基础上，孟子进一步提出了所谓"民为贵，社稷次之，君为轻"的思想，认为不能以王道而行的君主是不宜为君主的，从而奏响了民本思潮的最强音。此外，孟子认为失道的君主应该受到批评、匡正，甚至废黜。孟子之后，荀子也提出许多振聋发聩的警告，曰："庶人安政，然后君子安位。传曰：'君者，舟也。庶人者，水也。水则载舟，水则覆舟。'此之谓也。故君子者，欲安，则莫若平政爱民矣。"又曰："天之生民，非为君也。天之立君，以为民也。"

受民本思想的影响，在中国古代社会，后来的历代君王都有着不同程度的重民思想。毋庸置疑，中国古代的民本思想，是基于维护统治基础，确保天下安定的目标提出来的，最终目的还是维护封建帝王的统治，确保上下秩序的顺畅。但在当时的历史条件下，能够看到民众的力量，并能将之上升到维护天下长治久安决定因素的高度，以此对历代帝王提出警示警醒，已经是非常难能可贵的了。无论是从维护统治秩序出发，还是从重视民生出发，这一观念的提出和阐发，为后世历代不断丰富民为本的思想提供了坚实的基础。人民是创造历史的主要动力，也是改变历史的重要力量，这一点在任何时代都是不可改变的。在这一思想的作用下，凡是贤明的封建帝王，无不是关注民生、重视民生的，他们看到了这一力量的存在。而凡是昏聩、短命的封建帝王，则无一不是骄奢淫逸，不把民众力量放在心里的。这种历史的镜鉴已经做出了鲜明的比对，让后人铭记。到了新时代的中国共产党人，继承和发扬了这一优秀思想遗产，把为人民服务作为党的根本宗旨，始终把民为本的思想贯彻在各项工作中，让这项传统文化遗产得到了发扬光大。儒家思想中，把人放在重要位置的人本主义观念在当代社会也有着重要的作用。"以人为本"，关注人自身状况，即便是到了现在，儒家思想也还在社会主义和谐社会建构中发挥出重大的积极作用。其人本思想这些精华的部分与"以人为本"和谐社会的目的有着内在的一致性，在引导人们正确地认识个人发展与社会进步的统一上，在正确处理个人、集体与国家以及自然界的关系上，提出把个人能力的提升、个人自由而全面的发展与国家、民族的前途、命运联系起来。

四、"以人为本"的科学内涵

随着时代的发展和社会的进步，在现阶段转变发展方式、创新发展理念已迫在眉睫，对国家发展的高层设计已经提出了新的要求。党的十六届三中全会第一次提出："坚持以人为本，树立全面、协调、可持续的发展观，促进经济社会和人的全面发展。"科学发展观第一要义是发展，核心是以人为本，基本要求是全面、协调、可持续，根本方法是统筹兼顾。所谓以人为本，基本含义就是：它是一种对人在社会历史发展中的主体作用与地位的肯定，强调人在社会历史发展中的主体作用与目的地位；它是一种价值取向，强调尊重人、解放人、依靠人和为了人；它是一种思维方式，就是在分析和解决一切问题时，既要坚持历史的尺度，也要坚持人的尺度。坚持以人为本的科学发展观是我们党坚持立党为公、执政为民，实现"权为民所用、情为民所系、利为民所谋"的本质要求。这是我党在准确把握新的时代形势，紧扣社会发展需求，站在国家民族发展的高度上提出来的，是对中国传统文化优秀成果的继承和发扬，丰富和创新。

（一）"以人为本"中"人"的含义

在中国，很长时间以来，"人"的个体被阶级代替，没有独立存在的机会，人们对"以人为本"的理解也不相同。而在"以人为本"的说法中，对"人"的理解也不尽相同，有人理解为"人"就是民众，还有人简单地把"人"区别为好人、坏人，也有观念认为"人"就是指人民。从不同的意义来分析，对这一观念的理解也有所不同。但任何一种思想观念的提出，都应该要与其发起人的特性联系在一起理解。从表面上看，"人"和"人民"并没有太大的区别，但是要是联系概念的提出者，二者就有了不同的内涵。作为这一观念的发起人，中国共产党一直重视的就是人民的利益，一直代表和争取的也是人民的诉求。它在传统的"民"的概念的基础上，吸取了马克思主义理论的基本内容，形成了"人民"的概念。"人民"概念其有强烈的阶级属性。

"以人为本"中的"人"是具体的、历史的、社会的人。其中，具体的人就是有血有肉、从事实际活动的人，这是全部人类活动的首要前提；社会的人是指处在一定社会关系、经济关系中的人，在阶级社会中，人是作为一定阶级对象存在的。全体社会主义劳动者，社会主义事业的建设者，拥护社会主义和祖国统一的爱国者都属于以人为本中"人"的范畴。这一定义，准确明晰把握住了"人"的根本含义，能够最大限度地发挥全体国人的力量，集中力量推动国家富强和社会进步。这正是中国共产党根本宗旨的具体体现和实际贯彻，是我党发展到今天成为世界第一大执政党，始终领导中国向前发展，始终得到人民拥护和支持的根本原因。

（二）"以人为本"中"本"的含义

在马克思主义看来，人是社会历史的主体，也是社会历史的创造者，所以在"以人为本"这一观念的概念里，我们强调：一、人是社会历史的主体，既是权利的主体又是责任的主体，要突出人的主体地位。这就是以人为本的要义所在，人是一切的根本，是所有存在的核心。二、人是一切事物的前提、根据和最终本质。马克思通过一系列经典的论断对"以人为本"做了最根本的规定。中国共产党是依据马克思主义理论，结合中国实际，对马克思主义中国化以后提出这一论断的。三、"以人为本"更强调人作为发展目的而存在，坚持发展为了人民，发展依靠人民，要满足人民的需要。只有人民才是创造历史的最根本力量，中国共产党人始终坚持和坚信这一说法，始终把人民放在最重要的地位和位置上，所有工作的开展，都是为了人民谋取利益，从根本上提升人民生活水平。

（三）"以人为本"与中国古代民本思想的区别

科学发展观"是马克思主义关于发展的世界观和方法论的集中体现，是同马克思列宁主义、毛泽东思想、邓小平理论和'三个代表'重要思想既一脉相承又与时俱进的科学理论，是我国经济社会发展的重要指导方针，是发展中国特色社会主义必须坚持和贯彻的重大战略思想"，其核心是"以人为本"。作为科学发展观核心的"以人为本"，也是从马克思主义中一脉相承下来的观念，具有马克思主义的科学内涵，具有马克思主义中国化的民族特色，是与新时期社会发展相适应的，内涵丰富，是中国现阶段发展需求和特点在科学理论层面的凝结，与中国传统意义上的民本思想有着诸多不同。

首先，二者的目的性不同。传统意义民本思想的提出，是为了维护政权的权威和稳固，在这种观念的指导下，要充分利用和发挥民力，借用民力来维护统治，其目的是使用民力；后者是以人民的利益作为出发点和归宿，目的是为了人民谋取福利，提升人民生活水平和质量，增加人民收入，提升幸福感。这种区别与时代发展阶段紧密结合在一起，中国古代思想家无法摆脱历史阶段的限制，不可能提出超越时代的论断。而中国共产党人始终把人民放在首位，一直在坚持找到跳出历史周期律的办法，以人为本正是这个办法。

其次，二者的理论来源不同。前者是历史唯心主义，后者是历史唯物主义。这是由中国共产党的性质决定的，从实际出发，提出解决实际问题的办法，始终是中国共产党人工作作风的体现。提出以人为本，也是在探求发展的过程中，明确和坚定的党的路线、方针、政策。

再次，二者的侧重点不同。前者以统治者为纲，目的是驱使奴役人民为政权服务；后者以人民利益为最高追求，把人民的利益放在最重要的位置。从表面看起来，两种提法似乎区别不大，但就其来源和本质而言，两者相差甚远。后者是真正认识了人民的地位，并且真正把人民放在了重要的位置。

"以人为本"概念与西方"人本主义"也是有很大区别的。西方"人本主义"有近代和现代之分，"近代人本主义主要强调类意义上的人，注重人的共性，从而忽视人的差异性；现代人本主义多强调个体意义上的人，重视人的个体差异，忽视人的社会本质"。西方人本主义突显人性的提倡和弘扬，在反对专制和封建主义过程中起过一定的促进作用，推动了人性的解放。但它最大的问题是脱离了具体的历史条件，把人性抽象化，其实目的还是为了维护资产阶级统治。而中国共产党人提出的"以人为本"，结合了具体的社会环境，是具体的和实在的，是可以把握而不是架空的，在具体的社会环境中强调人的社会性和实践性。以人为本的实质就是坚持人民的主体地位，不断追求为人民群众谋取利益，把人民的根本利益作为追求的目标。以人为本，突出强调人是发展的根本目的，回答了为谁发展、发展是为了谁的问题；而且明确提出人是发展的根本动力，要在发展过程中全面依靠人民的力量，不能脱离人民谈发展。所以，"以人为本"在科学发展观中的本质和核心含义是"以人民群众为本"，即"完全彻底为人民"或"全心全意为人民服务"。

第三节 传统文化的处事原则——"贵和持中"

一、中国传统"和"思想

在中国传统的哲学思想中，"和"是一个较为核心的思想观念，也可以说是最重要的理念之一。在传统文化中，"和"是中国传统思想文化的宇宙观，也是中国人最高的价值追求。它既包括基本理念、价值，又包括运用原则和方法的一个思想体系。"和"也表现在古人生产生活和文化艺术的各个方面。我们现在去看古人的"和"思想，也许会觉得有一些神秘的色彩，因为"和"和很多其他概念交织在一起，难以剥离出来单独审视。因此，要想准确地认识到古人眼中的"和"，我们就要将"和"放在不同的角度中去审视，找到它的历史发展特点和具体的含义。只有把握好了其具体的意思和内涵，我们才能更好地对"和"的思想做出扬弃和取舍。

（一）演进之"和"

仔细审查"和"的脉络，我们可以发现，在历史的发展过程中，"和"经历了一个从个别到一般、从具体到抽象的演进过程。在这个过程中，"和"的含义逐渐变得丰富和立体起来，最终发展成为中国思想领域的重要内容。

最开始，"和"是音声之"和"。音和声是对立的，音声之"和"就是说音和声的呼应，"和，相应也，从口禾声"。《尚书·尧典》"八音克谐，无相夺伦，神人以和"中的"和"就是从它的本义出发来讲的。《道德经》中有"音声相和"的说法，就是说很多声音的一种协调的状态。

后来，人们对"和"的含义逐渐扩大，"和"也有了"调和"的含义，这是人们对"和"本义扩展和转换而得来的结果。《尚书·尧典》中有"协和万邦"的说法，这里就将"万邦和"比喻成了"音声和"。《左传·昭公二十年》记载了晏子关于"和"的说法:"和如羹焉。水火醯醢盐梅以烹鱼肉,燀之以薪,宰夫和之,齐之以味。济其不及,以泄其过。君子食之,以平其心。"把音声之"和"扩展到了调羹之"和"。《左传·襄公十一年》称:"(晋侯)八年之中,九合诸侯,如乐之和,无所不谐。"则更加体现了"和"的这个变化。

随着人们活动的增加,"和"的意思继续得以扩展。春秋战国时期,百家争鸣,儒家在人与人的关系中强调礼和义,而"和"也用在了礼、义之中。孔子说:"礼之用,和为贵。"意思是"社会秩序的作用,贵在使社会和谐"。大家都认为和谐最好,这在中华文化中处处可见。例如一个家庭要做到"家和万事兴",做生意讲"和气生财",搞政治要求"政通人和",做事业要"和衷共济"、"内和外顺",与人相处要"和以处众",对外关系要"协和万邦"。总而言之,方方面面都要追求和谐。可见和谐是中国人的普遍要求,极其深入人心。

《礼记》中有"乐者天地之和也,礼者天地之序也,和故万物皆化,序则群物皆别"的说法,认为只有"和谐"的礼,才是礼的理想状态。同时,"和"也用在了义之中,《周易》中有"利者,义之和也"的说法,称要得到道义,就要讲究利益和道义的和谐和统一,即"利物,足以和义"。此外,荀子也提出了这样的说法,他指出:"故义以分则和,和则一,一则多力,多力则强,强则胜物。"荀子同样认为义也是需要和的。

后来,"和"的意思被不断扩大,有了生物之"和",这成为"和"在原意上的重大突破,开始有了哲学意味。"生"代表生发、生长,在中国传统文化中有着重要的地位,"生"的功能与状态之间也是需要"和"的。《国语·郑语》记载周太史史伯时讲道:"和实生物,同则不继,以他平他谓之和,故能丰长而物归之。若以同裨同,尽乃弃矣。故先王以土与金、木、水、火杂以成百物。"这句话将"和"和"同"的区别主要归结为"生"。"和"所以能"生"是因为一物之"生"由多种因素构成,如果仅有一种因素是不可能"生"物的,是不可能继之以长久的。《荀子·天论》中"万物各得其和以生,各得其养以成"也将"和"与"生"联系到了一起。对于人类周遭的自然环境,如果风调雨顺,那农业就会获得丰收,对于人类所处的社会环境,如果社会是和谐的,那人类就会得以发展,这些都应该是"和实生物"的内涵。

还有内在之"和"、中和之"和"与太和之"和"。内在之"和"体现在老子的哲学体系中。老子认为,"和"与生命体的内在是联系在一起的,老子说:"道生一,一生二,二生三,三生万物。万物负阴而抱阳,冲气以为和。"他还说:"含德之厚,比于赤子。毒虫不螫,猛兽不据,攫鸟不搏。骨弱筋柔而握固。未知牝牡之合而朘作,精之至也。终日号而不嗄,和之至也。知和曰常。"老子把这些都看成是万事万物非常普遍的状态。

而在中和之"和"中,"和"又有了大的变化,到这里它开始有了抽象的含义。《中庸》说:"喜怒哀乐之未发,谓之中;发而皆中节,谓之和。中也者,天下之大本;和也者,天下之达道也。致中和,天地位焉,万物育焉。"这里的"和",已经超越了前面几种"和"的功能和状态,它成为一种"道"的标准,通行于天下了。

太和之"和"源于《周易·乾卦》中的"保合太和,乃利贞"。到这里,"和"的意思已经到了本体层面。北宋张载认为:"太和所谓道,中涵浮沉、升降、动静、相感之性,是生氤氲、相荡、胜负、屈伸之始。其来也几微易简,其究也广大坚固。起知于易者乾乎!效法于简者坤乎!散殊而可象为气,清通而不可象为神。不如野马、氤氲,不足谓之太和。"明清之际王夫之说:"太和,和之至也。道者,天地人物之通理,即所谓太极也。阴阳异撰,而其絪缊于太虚之中,合同而不相悖害,浑沦无间,和之至矣。"这里的"和"是天地生成之初的混沌状态,是万物生成的本始状态。

(二) 发生之"和"

中国传统文化从源起之时起,就带着"和"的基因,"和"一直牢牢地存在于中国传统文化之中。远古时期,中国的先民们在长江、黄河流域生活,这是一个相对来说比较封闭的环境,在这个环境中,先民日复一日地从事着农业生产活动,日出而作,日落而息,生产自给自足又较为稳定。在这种环境中,先民们对自然规律的依赖也就很强。早在夏朝时,先民们就认识到了四季交替的自然规律,并且顺应这种规律来从事生产活动,"先天而天弗为,后天而顺天时",因为自然规律和人们的生产生活关系巨大,先民们便更加看重对自然规律的探讨,并想办法去在更多方面遵从这种规律,并将其应用到人类发展和社会发展中来,于是就形成了所谓的"天人合一"。

这种中国独有的思维方式是从"象"开始的,从"象"过渡到"数",再从"数"过渡到"理"。同时,从"象"过渡到"气",依次展开。例如我们之前讲的三才、五行,我们历史上著名的太极、八卦、河图、洛书,都是从这样的思维方式中衍生出来的。其中,有些是具象的同,例如八卦,"天地定位山泽通气,雷风相薄,水火不相射";有些不是具象的,如"天地之间其犹橐龠乎?虚而不屈,动而愈出";还有的从外观上看来很简单,就像太极图就是一个画有阴阳鱼的圆,而河图洛书也不过是一些点的排列组合。但是,无论是太极,还是河图、洛书,它们的内涵都极为丰富,古人们将事物的很多东西都包含在了这些简单的图画中,甚至到现在,我们还不能完全探明它们的真意,而且它们到今天为止,也都充满了活力。

这些充满神秘感又有着巨大意义的图画,或者说是思维模式是如何产生的呢?《周易》中认为,这是"效法"的结果,"法象莫大乎天地""崇效天,卑法地""天尊地卑乾坤定矣,天尊地卑,乾坤定矣。卑高以陈,贵贱位矣"。老子也认为是"效法",他在《道德经》中说:"人法地,地法天,天法道,道法自然。"所谓的阴阳五行八卦等,都是"效法"使然。

现在，这些看起来神秘莫测的图画形象，其实我们也可以从传统文化的发展过程中做出我们的判断。它们来源于人们的生产生活，本源在于农业生产的生、长、收、藏。也就是"春生夏长，秋收冬藏，天之正也，不可干而逆之，逆之者虽成必败"，其中"生"占据着一个特殊的位置，中国传统文化把"生"看成是宇宙的真谛，如"天地之大德曰生""生生之谓易"，"道生一，一生二，二生三，三生万物"，"天何言哉，四时行焉，百物生焉"。虽然"生"只是代表四季中的一季，但人们对它的重视显而易见，中华文明所以能够在几千年中绵延不断，其始点应该就在这里。

而"生"又是如何做到长久的呢？老子认为是"弱"。老子说"反者道之动，弱者道之用"，"人之生也柔弱，其死也坚强，万物草木之生也柔脆，其死也枯槁。故坚强者死之徒，柔弱者生之徒"。老子认为，事物的"强"只不过是一时之强，就像天气变化一样，转瞬即逝。而只有"弱"才是长久存在的。当然，老子口中的"弱"不是弱小，而是一种辩证形式的"弱"，这种"弱"可以胜"强"，也就是"天下莫柔弱于水，而攻坚强者莫之能胜，以其无以易之，弱之胜强，柔之胜刚，天下莫不知，莫能行"。在强弱关系中，儒家也有这种观点。"儒"在传统文化中的本意就不是强，而是"文弱"，儒家认为君子就应该是"文质彬彬，然后君子"，君子不是"强"，而应该是"文弱"的。"象"的方式、"生"的追求、"弱"的态势，所有这些都可以说是"和"的根源所在。

二、中国传统的"中"思想以及"和中"关系

贵"和"又与持"中"相联系。《中庸》说："喜怒哀乐未发谓之中，发而皆中节谓之和。中也者，天下之大本也；和也者，天下之达道也。致中和，天地位焉，万物育焉。"也就是说，人的喜怒哀乐没有表现出来的那种平和的状态是"中"，而表现出来了，但不会太过，就是"和"。中，是天下之根本；和，是天下共行之普遍原则。达到中和，则天地各得其所，万物随之化育生长。可见在中国传统文化中，"中"即是事物的一种"度"，即不偏不倚，既不过度，也不不及；进而"中"也是人们对事物的一种态度，即既不"狂"，也不"狷"。因此，"君子尊德行而道问学，致广大而致精微，极高明而道中庸"。意即，君子要恭敬奉持天生德行，广发学习事物并探究其中的精微之理，使学问和德行都达到精深高妙的境界，即不偏不倚之中庸之道。"舜执两端而用其中于民"，意即，舜度量人们认识上的"过"与"不及"，然后用中庸之道去引导他们。可见，这种中庸之道正是中国古代社会调节社会矛盾并使之达到中和的思想观念与方法原则。

总体来说，中国传统文化中这种"贵和持中"的思想，是中国传统文化中"和"的思想的具体体现，也是中国人处世性格的显著特征。"和"与"中"是中国传统文化中极

为重要的思想范畴，在思想领域里，它们具有哲学上的意味，其指对的，仍然是维护社会和谐稳定，持续发展。自创立以来，对中国人思想方法和与人与社会与自然的相处之道，都有深刻的影响。

传统文化中的"和"，就是自然和谐的意思，就是人与自然的关系融洽，尊重自然规律；人与社会的关系和谐，不行扰乱之事；人与他人的关系和谐，不损害他人的利益，"己所不欲勿施于人"。孔子讲究和为贵，就是推崇和主张人与人之间和谐共处。要求人们保持社会的良好秩序与平衡。也反映出中国人爱好和平、讲究和气、推崇和谐的总体心态。这是维护良好的社会稳定局面，实现人人和谐共处的根本思想。中国是一个农业宗族社会，围绕土地形成稳定的部落群族，这种生活环境需要稳定与和谐，这是和为贵思想的现实来源。

中国古人所推崇的"中"，既是认知事物的一种态度与方法，又是一种为人处世的道德和行为准则。儒家思想里有中庸之道，强调不过分。《中庸》说："喜怒哀乐未发谓之中，发而皆中节谓之和。中也者，天下之大本也；和也者，天下之达道也。"把中与和放在了一起，指出二者是有联系的，指出两者之间存在着逻辑的关联，"和"包含着"中"，"持中"就能"和"。这种观念一直在传统文化中占据了重要的内容，经过千百年的演变，已经深深地融入中国人的心理基因中，成为代代相传的品格特征和心理特点，成为中国人最注重的处世为人之道。

"中"与"和"的结合，就是"尚和持中"，"尚和"是目标，要追求和谐，而"持中"是方式，必须按部就班，不能过分，要适可而止。这既是儒家中庸思想的具体体现，也是处世态度的最高境界。正是有了这样的思想基础和准则，中国人不过分强求，也不束手待毙，永远是恰如其分地去追求、去奋斗，得到了自然高兴，得不到也不失落。蔡元培先生曾经说过，"凡持极端说的，一经试验，辄失败；而唯中庸之道，常为多数人所赞同，而且较为持久。""和"作为中华民族的一项基本精神，深深融入中国人的行为方式中，中国人行事十分注重和谐局面的实现和保持。在做事时不会轻易走极端，善于求大同而存小异，以便维护和谐的局面，在处理人与人之间关系的时候也是如此，求和谐不求冲突，求共处不求排斥，求融合不求阻断。从某种意义上来说，"和"是东方文明的精髓，它对社会秩序的和谐安定、处事中庸、求同存异、维护集体统一等有其良好作用。

总的看来，"贵和持中"能有效地避免极端情况，减少冲突积累，维护和谐环境，保持人与人之间的友好相处，使中国的人际关系里有浓厚的人情味，让中国人做事有鲜明的人性特色，能维护稳固持久的社会和平，对社会具有良性功能。当然，这一观念也有负面作用，比如导致表里不一、左右逢源，在部分群体里仍然不认可等。

第四节 传统文化的价值取向——"崇德尚仁"

一、中国传统文化中的崇尚道德思想

中国古代德育思想的纲领性著作《大学》，在开篇就说明了其关于德育的目标，曰："大学之道，在明明德，在亲民，在止于至善。"在这句话中，"大"字，通"泰"或"太"，"大学"即为"泰学"，意即境界极深之学问。具体而言，德育目标的第一条为"明明德"。这里有两个"明"字，第一个"明"是动词，为发扬光大的意思；第二个"明"则是形容词，用来形容"德"的光明和美好。"明明德"意即发扬光明美好的品德。"亲"字，《说文解字》曰："亲，至也。至，鸟飞，从高下至地也。从一，一犹地也。象形，不上去而至下来也。"朱熹《大学章句》中有程子曰："'亲，当做新。'……新者，革其旧之谓也。言既自明其德，又当推己及人，使之亦有去其旧染之污也。"邓球柏先生则认为此"亲"字包含了四层含义：一为"仁爱"之义；二为"和睦"之义；三为"亲近""亲密""接近"等义；四为"新"之义，也即革旧去污之义。这说明"亲"字包含了深刻的民本思想。可见，"在亲民"，体现了中国古代德育思想中的民本思想和教化思想：一方面，要对民众保持仁爱之心，亲近民众，与民众和睦相处；另一方面，要使民众在光明美好德行的指引下，革旧去污而自新。"止"乃到达停止之义。"至善"是说善的最高境界。"止于至善"就是要达到最美好最完善的道德境界。"止于至善"的具体要求有哪些呢？《大学》指出："《诗》云：'邦畿千里，惟民所止。'《诗》云：'缗蛮黄鸟，止于丘隅。'子曰：'于止，知其所止，可以人而不如鸟乎？'《诗》云：'穆穆文王，於缉熙敬止。'为人君，止于仁；为人臣，止于敬；为人子，止于孝；为人父，止于慈；与国人交，止于信。"《诗》云："瞻彼淇澳，菉竹猗猗。有斐君子，如切如磋，如琢如磨。瑟兮僩兮，赫兮喧兮。有斐君子，终不可谖兮。'如切如磋'者，道学也。'如琢如磨'者，自修也。'瑟兮僩兮'者，恂慄也。'赫兮喧兮'者，威仪也。'有斐君子，终不可谖兮'者，道盛德至善，民之不能忘也。"这段文字全面透彻地阐发了中国传统德育思想对"止于至善"的具体要求，换言之，对于不同地位不同层次的人，"止于至善"的要求就不同，这也即君仁、臣敬、子孝、父慈、友信。总而言之，《大学》提出的这三条德育目标是有机结合、紧密联系、不可分割的整体。"在明明德"是立志的要求，"在亲民"是实践行为的要求，"在止于至善"是对于实践结果的要求。总体来说，便是动机与效果、自我修养与教育人民、内圣与外王的有机统一。这种统一构成了我国传统思想道德教育的总目标、总纲领。对道德教育的高度重视，从这里就已经明确提出来了。说明在儒家思想看

来，道德建设是位居重要位置的。作为对个人发展的具体要求，早在千年前，就已经放在非常重要的位置进行说明，这就说明传统文化生命力的存在是有着悠久的渊源。

孔子则认为教育应该以"志于道，据于德，依于仁，游于艺"为内容，并将道德放在教育内容的首位，曰："入则孝，出则悌，谨而信，泛爱众，而亲仁。行有余力，则以学文。"在这里，孔子认为，只有达到孝、悌、信、仁等道德修养之余，才可以去学"文"。孔子又认为教学有四项内容，"子以四教：文、行、忠、信"。在这四项教育内容中，行、忠、信三项都乃道德教育方面的内容。由上可见孔子对道德教育极为重视，将其放在教育的首要位置。教育的首要目的是道德建设，孔子已经意识到了这一问题。作为中国最伟大的教育家，孔子深刻把握了道德教育的重要意义和作用。

孟子则继承和发展了孔子德育优先的思想。他认为"人之所以异于禽兽者几希"，并认为："人之有道也，饱食暖衣逸居而无教，则近于禽兽。"也就是说世界上的各种禽和兽，它们之间的区别其实并不大，但人之所以有别于禽兽，那就是人比禽兽有道德，有道德这一点是禽兽所不具备的。因此，他认为人有仁、义、礼、智四方面的道德准则，且这四德都来自人自身的"善"端："恻隐之心，仁之端也；羞恶之心，义之端也；辞让之心，礼之端也；是非之心，智之端也。"进而，他认为每个人都应该遵守道德准则，努力发挥善之德行；同时他认为不仅个人如此，国家和社会也应该通过道德教育来弘扬德行。它归纳中国传统教育的模式为："庠者，善也；序者，射也；夏曰校，殷曰序，周曰庠。学则有三代共之，皆所以明人伦也。"这也就是说，夏、商、周三代教育机构的名称和教育内容虽然各有不同，但道德教育原则"明人伦"乃其教育共同的内容和功能。进而他还阐释了道德教育对治理国家也即政治的重要意义："以力服人者，非心服也，力不瞻也；以德服人者，中心悦而诚服也，如七十子之服孔子也。"又曰："善政不如善教之得民也。善政民畏之，善教民爱之。善政得民财，善教得民心。"可见，孟子对道德及道德教育的重视程度之高，不仅认为道德是人之为人的标志，而且认为道德教育是实现仁政的重要方式。在此时，道德教育已经上升到影响国家和社会发展的层面，可见古人对德育工作的认识。

荀子同样也认识到道德教育对育人的重要性，不过他是从"性恶论"的视角出发的。他认为，人性本恶，但后天的道德教育却"能化性，能起伪，伪起而生礼义"，并最终"涂之人可以为禹"。汉代儒家代表人物董仲舒则认为只有通过以仁、义、礼、乐为内容的道德教育，才能"化民成性"，使被教育者"正其义不谋其利，明其道不计其功"。唐代思想家韩愈则提出了"道之所存，师之所存"的主张，认为"传道"是教师的首要职责。到宋代以后，四书开始成为我国道德教育的主要内容，儒家在德育方面的系统理论开始形成。南宋理学家陆九渊则强调了道德教育的目标乃"学为人"，他说："今所学者为何事？人生天地间，为人当尽人道，学者所以为学，学为人而已，非有为也。"道德教育要靠后天的培训，这和当前教育的操作形式非常类似，也是通过后天学习，不断培养和约束形成的。

综上可知，崇尚道德、注重德教是中国传统文化的重要特色。中国传统文化将德育置于教育的首位，促使人们自觉向善，不断提升自身的道德修养，成为富有文化精神之人。可以说，这种德育至上的教育传统已成为一种特殊的民族思维方式和思维情感，积淀为一种独特的民族心理和民族精神，其所产生的巨大力量，不论在当时还是在现代都具有十分重要的作用，同时也对当前的教育具有重要的启示意义。对道德的地位，也有了新的认识。可以说，不领略道德建设的意义，就无法了解传统文化的内涵。

二、仁——中国传统道德思想的核心内容

"仁"是儒家创始人孔子最主要的思想之一，也是中国传统道德精神的象征。在我国历朝历代，"仁"在道德教育中都是最基础的范畴，同时它也是道德教育最高的一个目标，在人们的生活中，它也是约束人们言行的最主要的标准。

（一）"仁"的基本含义

孔子对"仁"有诸多论述，但其最基本的含义是"爱人"。虽然这里的"人"是指包括至亲、朋友以及他人在内的所有人。不过孔子认为，"爱人"首先是要爱自己的亲人。在先秦社会宗法血亲礼制结构的历史背景下，孔子确立了"血亲情理"的基本精神，认为血缘亲情是构成人的整体性的唯一本原，因此他强调："孝弟也者，其为仁之本与"，这也就是说，孝悌是"仁"的根本，强调了血缘亲情的至上地位。孟子继承了孔子"仁"的思想，明确主张"事亲为大"，"孝子之事，莫大乎尊亲"。这即是说，侍奉亲人之事为最大。最大的孝顺，莫过于尊敬自己的父母亲长。孟子又曰："仁之实，事亲是也。"即是说，"仁"的实质就是侍奉亲人。又曰："亲亲，仁也。"意即，亲近亲人，爱护亲人，这就是"仁"。再曰："尧舜之人，不遍爱人，急亲贤。"意即，即便尧舜这样的圣人，他们也不可能同时爱护天下所有的人，他们最先爱的也是至亲与有德之贤人。再曰："父子之间不责，善。"父子之间要互相爱护，以不互相责备对方为善。

综上所述，儒家将"事亲"、"尊亲"、"亲亲"等作为"仁"首要且最重要的内容。在孔子看来，仁就是关注、关爱别人，就是对别人付出感情，投入关照。

（二）孔子的"仁道主义"精神

关于"道"，孔子也有很多的论述，如"君子谋道不谋食，忧道不忧贫"。意即，君子在"谋道"与"谋食"两者之间更看重"谋道"，在获得"道"与摆脱"贫"之间更

担心不能获得"道"。又如，"朝闻道，夕死可矣。"意即，早上获得了"道"，晚上死了也值得。所谓"道"，即道德，道义。又因为"仁"是孔子的核心思想，因此"仁"也是孔子的"道"的核心内容，孔子所言之"道"首先就是"仁道"。"仁道"就是把"仁"的思想道德化、规范化，并将其作为整个社会的行为规范。换言之，可见"仁道"就是将"爱人"的思想社会化。

《论语》中记载："子贡曰：'如有博施于民而能济众，何如？可谓仁乎？'子曰：'何事于仁？必也圣乎！尧舜其犹病诸。夫仁者，己欲立而立人，己欲达而达人。能近取譬，可谓仁之方也已。'"这段意思是说，子贡问，如果一个人能为广大的百姓做出贡献，带来帮助，可以看作是仁者吗？孔子回答，这样的人何止是仁者，简直就是圣人！就连尧舜都很难做到这个程度。所谓仁者，就是自己站立起来，也要帮助别人站立起来，自己过得好，也要帮助别人过得好。能够推己及人，可以说是仁义之法。由此可见，孔子已经将血亲关系之"仁"推及他人，推及整个社会，将其社会化了，也就是说孔子已经将"爱亲"、"事亲"、"亲亲"之"仁"扩展为"博施于民而能济众"之"仁"。换言之，关爱他人与关爱社会之"仁道"也是"仁"的重要内容。到此，孔子之"仁"的精神已经突破了最初的血亲关系而变为普遍的仁道主义精神。

作为中国历史上最伟大的思想家，孔子的仁学思想给后世带来了巨大的影响，这种影响延续千年，所覆盖的范围无以复加，成了中华民族文化的内核思想之一。仁学思想的产生，将中国传统文化中关于仁学的各种意识形态都汇入进来，形成了更大的精神资源。孔子在提炼这一思想的时候，已经做出了比较全面的论述和设定，但是因为时代局限性，他并没有对这一思想彻底完善，经过后代无数儒家思想家的完善，这一思想才不断地丰富和发展起来。尽管历代统治者都为了维护封建王朝的统治而借用这一思想，但这并不能抹杀仁学思想的先进性和崇高地位。这一思想，充分体现了孔子作为思想家的历史地位，也为后世发展和完善仁爱之学奠定了良好的基础。社会发展到今天，在建设有中国特色社会主义的进程中，仍然需要从这一思想中获得营养，提炼精髓，找到推动历史进步的思想渊源。仁学思想时至今日仍然有很强的现实意义和实用价值。通过仁学思想的落实，能够正确处理个人和他人的关系，这种内容对现在尤为重要，很多人以自我为中心，没有关爱他人的意识和行动，更没有维护社会秩序的自觉行为。仁学思想就教育你好好地关注关心他人，这种关爱是对个人的，也是对集体的，更是对家国的，进行仁的道德建设并将其融入现代社会市场经济发展之中，丰富了社会主义道德精神，促进了社会主义现代化的建设。

（三）孟子"仁"的思想

1. 孟子的"仁义内在"说

孟子将"不忍之心""恻隐之心"视作"仁"之端，也即"仁"产生的基础。

首先，孟子从性善论的角度出发，认为"恻隐之心"和"不忍之心"是人与生俱来的、生而固有的，二者都是对他人在特殊境遇下的不幸而产生的同情、哀痛之情。譬如，一个人看到一个小孩溺水，那么他心里就会发出"恻隐之心"，这种"恻隐之心"不是出于功利，而是从人性、从情感出发的，是人性的情感体现。孟子曰："恻隐之心，人皆有之；羞恶之心，人皆有之；恭敬之心，人皆有之；是非之心，人皆有之。仁义礼智，非由外铄我也，我固有之也。"这即是说，恻隐之心、羞恶之心、恭敬之心、是非之心等与仁义礼智等美德一样，都不是由外虚饰而成的，而是人本身所固有的。又曰："君子所性，仁义礼智根于心。"也就是说，君子所得之天性，仁义礼智都深深植根于他的内心。又曰："有天爵者，有人爵者。仁义忠信，乐善不倦，此天爵也；公卿大夫，此人爵也。古之人修其天爵，而人爵从之。今之人修其天爵，以要人爵，而弃其天爵，则惑之甚也，终亦必亡而已矣。"这是在说，有天然的爵位，有人为的爵位。仁义忠信，乐善好施而不知疲倦，为天然的爵位；公卿大夫等官职，是人为的爵位。古代的人加强天然爵位的修养，人为的爵位便随之而来；现在的人用修养天然爵位来追求人为的爵位，一旦得到人为的爵位便抛弃天然的爵位，真是糊涂极了，到头来必然要丢了人为的爵位。

其次，孟子认为将"恻隐之心"扩而充之，即是"仁"。孟子曰："恻隐之心，仁之端也；羞恶之心，义之端也；辞让之心，礼之端也；是非之心，智之端也。人有此四端也，犹其有四体也。"意即，恻隐同情之心是仁的开端，羞耻之心是义的开端，礼让之心是礼的开端，是非之心，是智的开端。一个人有了这四个开端，就如同他的身体有了四肢一样。也就是说，恻隐之心是"仁"的基础，"仁"是恻隐之心发展的结果。孟子又曰："人皆有所不忍，达之于其所忍，仁也。"也就是说每个人都有其不忍心做的事情，只要他能将它扩充到他所忍心的事上而且停止做他不忍心的事，便是"仁"。可见，将不忍之心变成不忍之行，就是"仁"了。"仁"就是这种恻隐之心的升华与践行。因此，孟子又曰："仁，人心也；义，人路也。舍其路而弗由，放其心而不知求，哀哉！学问之道无他，求其放心而已矣。"意即，"仁"是人心的本质，义是人所必由之大道，舍弃人所必有之大道而不走，放失人的良心而不知道去找回它，实在可悲啊！做学问的要领没有别的，唯有将丧失了的良心找回来罢了。在这里，"求其放心"即找回人所固有的恻隐之心。

最后，孟子认为"恻隐之心"是人之为人的基本标准。曰："无恻隐之心，非人也；无羞恶之心，非人也；无辞让之心，非人也；无是非之心，非人也。"任何人，如果他没有了恻隐之心、羞耻之心、礼让之心、是非之心，就都不能称之为人。孟子又认为人之为人的标准就是有道德。可见，孟子将恻隐之心等视为道德的主要内容之一，是人之为人的基本要求，这也是孔子仁的思想的进一步丰富。恻隐之心的存在，能够消除社会冷漠，营造良好的友爱互助氛围。有助于推进社会和谐建设。

2. 孟子的"仁政"思想

孟子在恻隐之心的基础上进一步提出了"仁政"的思想,曰:"人皆有不忍人之心。先王有不忍人之心,斯有不忍人之政矣。以不忍人之心,行不忍人之政,治天下可运之掌上。"意即,每个人都有一颗不忍看到别人蒙受灾难与痛苦的心,古代帝王由于有了怜悯别人的心,才有了怜悯天下百姓的仁政。用这种怜悯别人的好心,去施行怜悯别人的仁政,治理天下就可以像把一件小东西放在手掌上把玩那么容易了。因此,作为君王只有爱其子民,才能得到百姓的拥护,才能坐稳江山。故,孟子又曰:"君子之于物也,爱之而弗人;于民也,仁之而弗亲。亲亲而仁民,仁民而爱物。"意思是说,君子对于万物都爱惜但谈不上仁爱,对于百姓施予他们以仁爱但谈不上亲爱。君子亲爱自己的亲人并推己及人而仁爱百姓,仁爱百姓而推及万物爱惜万物。也就是说,君子通过"不忍人之心"从亲爱自己的亲人出发,推向仁爱百姓,再推向爱惜万物,这就形成了孟子有差别的"爱的系列",这也正是孟子"仁政"思想的理论基础。

孟子"仁政"的核心是政治方面的重民。他认为:"得天下有道:得其民,斯得天下矣。得其民有道:得其心,斯得民矣。得其心有道:所欲与之聚之,所恶勿施尔也。"孟子在总结历代王朝兴废存亡的经验和教训中看到了人民的力量,认为得民心者得天下,因此,孟子将人民放到很高的位置,并强调君王要以民为贵,要对百姓施以"仁政",并提出"民为贵,社稷次之,君为轻"的朴素的民本主义观点。此外,孟子不主张在治理国家时采用严刑峻法,他认为君主应该"省刑罚",教育百姓去修养孝悌忠信,曰:"谨庠序之教,申之以孝悌之义,颁白者不负戴于道路矣。"

孟子在继承孔子"仁学"的基础上发展了"仁政",当时提出这样的思想,实际是已经超越了当时诸侯国混战的环境,所以在当时也没有得到认可,但是在战争过后,这一观念和思想的积极意义就日渐凸显了。历朝历代的封建统治者为了维护其政权的稳固性,都从这一思想形态中选取有利于自己的内容和部分。到了现代,作为传统文化的积极倡导者和践行者,习近平总书记一直重视传统文化的现实意义,在很多治国方针的制定中,他都从中吸收了优秀的部分和有价值内容。这是构建中国特色社会主义理论的重要内容之一,是将个人的小"仁"化为对全国、全民族的大"仁",凝聚全体人心,为实现中华民族的伟大复兴而奋斗和努力。

孟子是在孔子民本思想的基础上,进一步提炼发挥,丰富并形成了自己的民本思想观念。比如他首先提出了富民的概念,为民本思想的具体实现找到了途径。在他看来,让民众有固定资产,是实现富民的基础。"无恒产而有恒心者,惟士为能,若民,则无恒产,因无恒心,放辟邪侈,无不为已。"在孟子的观念中,不能仅仅重视百姓,更要让其先富起来,才能推动整个国家的富强,仅重视不进行具体措施的操作是没有意义的。因为,孟子非常重视生产劳动,他积极推进发展生产的社会活动,认为通过生产活动才是达到富民要求的根本途径,他强调"五亩之宅,树之以桑,五十者可以衣帛矣。鸡豚狗彘之畜,无失其时,七十者可以食肉矣。百亩之田,勿夺其时,数口之家可以无饥矣"。由此可以看出孟子在"富民"方面的观点体现了他的经济思想。孟子十分重视人民的地位和作用,认为只有人民拥有了稳定的收入,过上了富足的生活,国家才能变得越来越强大。党的十九大后,习近平总书记批判性地承袭了孟子"富民"思想的精髓,看到了富民的重要性,在党的政策中充分体现了这一观念,并且在实践活动中,不断探索"富民"的新路径。

(1) 习近平总书记坚持经济发展不仅要有速度,更要有质量。关键是让人民群众享受到经济发展的成果,离开富民、惠民谈经济发展都是空谈,都是没有目标的混乱行为。他说:"检验我们工作的一切成效,最终都要看人民是否真正得到了实惠,人民生活是否得到了真正的改善,这是坚持立党为公、执政为民的本质要求,是党和人民事业不断发展的重要保证。"这是真正的以民为本的思想,不等同于孔孟的民本仁爱思想。中国共产党人的根本行动宗旨,已经决定其对待人民的态度和立场,这是不能改变的根本原则。

(2) 习近平在谈到经济发展时,强调发展经济不能以破坏环境为代价。他强调可持续发展,重视绿色产业,始终认为经济发展的目标是让生活环境越来越好,而不是反之。他突出强调经济发展不光是要"金山银山",更是要"绿水青山"。他重视人民的利益,要求始终把人民利益放在发展的首位。坚持发展为了人民,发展依靠人民,发展的成果由人民共享,使全体人民在共建共享的发展中有更多的获得感,朝着共同富裕的方向稳步前进。始终把人民群众的需求、要求、请求放在第一位,是中国共产党的工作方针,尤其是在经济发展过程中,更应该把握主要矛盾。

(3) 习近平总书记重视缩短贫富差距的问题,他多次强调,最担心的就是百姓的疾苦。为了早日解决这样的问题,国家不断加大措施,改进社会保障制度和医疗制度。如建立完善的医疗保险制度、解决外来务工人员城镇户口问题等。在共同富裕的道路上,不能让一个人掉队。他说:"我们要坚持以人民为中心的发展思想,针对特定人群面临的特定困难,想方设法帮助他们解决实际问题,决不能出现'富者累巨万,而贫者食糟糠'的现象。"基于以上党的十九大后习近平依据中国实际情况所制定的相关经济政策,可以看出这些政策与孟子"仁政"的富民思想是有相承和共通之处的。

(四)"仁"——"与天地参"的必然途径

儒家思想的核心是"仁"。孟子认为实现了"仁",就能处理好人与人之间的关系,认识和掌握宇宙之客观规律,实现人与自然的和谐。故孟子曰:"仁人无敌于天下,以至仁伐至不仁,而何其血之流杵也。"意思就是说一个拥有仁德的人在天下是没有对手的,以周武王那样极致仁爱的贤君去讨伐商纣那样最不仁爱的暴君,又怎么会发生血流成河连大木棒都漂走的事呢？这是因为，"尽其心者，知其性也；知其性也，则知天矣"。意即，一个能竭尽其善心的至仁者，能真正了解人禀受自天的善性；懂得了天的善性，也就懂得了天命，也就能够把握自然规律，掌握人类自己的命运。故《中庸》讲："能尽人之性，则能尽物之性；能尽物之性，则可以赞天地之化育；可以赞天地之化育，则可以与天地参矣。"这也就是说，如能将人性中本来的善性都充分发挥出来，就能够让万物充分实现天性；能够让万物充分实现天性，就可以赞助天地化育万物；能够赞助天地化育万物，就可以与天地并立为三了。所以，无论受到怎样的待遇，我们都应该保持仁爱的品德，这样才能达于"知天""与天地参"之"至仁"的道德境界。

三、追求圣贤人格——中国传统道德教育的目标

对圣贤人格的追求，是中国传统文化的重要内容，也是中国传统道德教育的目标。按照中国传统文化的相关划分原则，其对圣贤人格的追求划分为三个层次。

首先，中国传统文化中圣贤人格的第一个层次圣人，也是中国传统文化中理想人格的最高境界和中国传统道德教育的最高目标。按照孔子的理解，圣人乃是实现道德圆满的社会统治者，是圣与王的统一者，也即所谓内圣而外王者，他将诸如尧、舜、禹、汤、文、武、周公等中国远古社会中的最高统治者归为此类，认为他们的道德品行是理想的人格典范。如孔子赞美尧说："大哉尧之为君也！巍巍乎！唯天为大，唯尧则之。荡荡乎！民无能名焉。巍巍乎！其有成功也。焕乎！其有文章。"不过孔子在肯定古代先王圣人品格的同时，又否认了圣人在现实社会中存在的可能性。他说："圣人，吾不得而见之矣。"由此可见孔子对圣人人格的标准之高。与孔子所认为的圣人在现实社会中不存在的看法相反的是孔子的传人孟子。孟子认为："人皆可以为尧舜。"孟子从性善论的角度出发，认为人有仁、义、礼、智四善端，每个人只要通过人为努力，充分发挥自己的善性，都可以达到圣人的理想境界。他说："可欲之谓善，有诸己之谓信，充实之谓美，充实而有光辉之谓大，大而化之之谓圣，圣而不可知之之谓神。"这里的"大而化之之谓圣"意即能将光明美好德行发扬光大并使天下人感化的就叫作圣人。儒家学派的另一位代表人物，荀子也认为圣人乃道的极致与圆满，学习就是为了培养和成就极致圆满的圣人人格。他说："圣人之道者极也，故学者固学为圣人。曷谓至足，曰圣也。"他认为通过教育，人人都可以成为圣人。因此又说："涂之人可以为禹。"上述这些观点都体现了圣人作为中国古代社会理想人格之最高境界的标准之高以及中国传统文化对道德教育的推崇与追求。

其次，中国传统文化中圣贤人格的第二个层次为君子，这也是中国传统文化中理想人格的核心要求以及中国传统道德教育的主要目标。如果说圣人人格是达于极致的"不善而善"的道德圆满者，普通人难以在实际践行中达到，那么君子人格作为美好道德的追求与

体现者以及理想人格的化身，则在实际践行层面上能被更多的人接受且达到，因此君子人格成为中国传统文化中最重要最核心的理想人格追求。对君子人格的关注，成为中国传统文化以及道德教育的重中之重。"君子"一词，较早见于《尚书》和《诗经》，在《尚书》中约有五六处，在《诗经》中则多达150余处，其义大致是指有社会地位的人。而"君子"一词获得道德内涵并成为道德人格的楷模则是在春秋战国时期。据统计，在《论语》中有60多章107处之多是与君子相关的论述与阐释，可见孔子对君子人格的重视。他认为"君子怀德"，是美德的追求者与体现者，强调君子人格的精神追求，因此他说："君子谋道不谋食。"当一个人成为君子后，便可以获得"完全的人格"，达到"饭疏食饮水，曲肱而枕之，乐亦在其中矣。不义而富且贵，于我如浮云"的道德境界，成为像颜回那样"一箪食，一瓢饮，在陋巷，人不堪其忧，回也不改其乐"的贤人。他还认为君子必须具有崇高的道德气节，能做到甘愿舍弃生命来成就仁德，而非为了求生而舍弃仁德，"无求生以害仁，有杀生以成仁"。

　　再次，中国传统文化中圣贤人格的第三个层次为"士"或"成人"，这是中国传统文化中理想人格以及中国传统道德教育的最基本的标准。"士"的本义为具有"万夫不当"之勇的武士和能够"运筹帷幄，决胜千里"的文士。无论成人或士，基本的礼仪规范与自觉之志是其必备条件。"凡人之所以为人者，礼义也。礼义之始，在于正容体、齐颜色、顺辞令。容体正、颜色齐、辞令顺，而后礼义备。以正君臣、父子亲、和长幼。君臣正，亲父子，长幼和，而后礼义立。"可见中国传统文化认为"成士""成人"的首要标准是明晰"礼"的秩序。"成士""成人"的再一个标准是确立大志向。孔子曰："三军可夺帅也，匹夫不可夺志也。"明清之际的王夫之也提出"士之子自立者，人也"的观点，把"立志"作为"成人"的标准。由此可见，中国传统文化对于"士"或"成人"人格的理想的追求，着重培养人基本的社会责任感，引导人们向圣人、君子理想人格看齐，从而不断提升自己的道德水平和人生境界。

　　总之，中国传统文化中这三种层次的理想人格，都是高尚道德品质的要求，个人发展，要向上述几个方向前进。这是中国古代先贤的自我要求，时至今日，也应该是当代人的追求。追求好的道德品质，追求提升道德修养的方式，追求个人发展的高层次高境界，都需要我们明确目标。不论其能否完全实现，都激励和鼓舞了无数中华民族的优秀儿女，成就了无数令人钦佩的仁人志士。即使在现当代，这种对理想人格的追求对我国当前教育仍然有着重要的意义。

第五节　传统文化的发展革新——"进取包容"

　　纵观中国传统文化，它以其海纳百川之包容度量，不断接纳、吸收着其他文化中一切优秀的、可以为之所用的思想精华，进而使其不断突破自身限制，实现自我革新和发展。同时，也正是由于这种包容进取的文化精神，使得中国传统文化具有了强大的生命力和内在的凝聚力，绵延数千年而不绝于世。

一、春秋战国时期的百家争鸣

我们说中国传统文化之所以具有开放包容精神，是因为其总是对不同派别、不同地域、不同时间产生的不同文化，持有一种开放态度，这种开放态度使其能不断包容、接纳各种思想精华并将其内化到自身的血脉之中不断延传下去。

春秋战国时代，是我国古代社会的大变革时代，体现在思想领域便是儒、法、道、墨等各种思想流派不断产生的百家争鸣局面，学者们著书讲学，论战争鸣，出现了学术上的繁荣景象。这些林林总总的流派被称为"诸子百家"。其实，所谓的"百家"只是一个概数，以此形容数目之多。这一时期，一大批声名显赫的思想家，如老子、孔子、墨子、孟子、庄子、韩非子，等等，人们不称其名，而是尊称为"子"，故有"诸子"之说。"诸子"创立的学派，如道家、儒家、兵家、墨家、法家、农家、名家、阴阳五行家、纵横家、杂家、小说家，等等，又被称为"百家"。"百家"之名，始于《庄子》中的"百家往而不返"之语。这一阶段出现了思想界的多家并存，是与当时特殊的历史阶段有关系。在春秋战国时期，群雄并起，多国共存，从原有的奴隶制社会，开始逐渐向封建社会转化。因为各国处于相对独立的状态，没有出现统一的局面，在当时也没有人有能力实现这种统一。各国为了在竞争中取得先机，争相发展军事、经济力量，提升自身的实力。在这种情况下，各国对思想领域控制得并不是很严格，而且为了稳固和延续自己的实力，各国都在探索和找寻合适的思想观念，这为诸子百家提出自己的观点提供了客观条件。所以当时各派思想家都能自由地发表自己的思想学说，而且四处游走，寻找当权阶层的支持。等到国家统一，大一统的思想要求被提出来后，自然也就不会有百家思想大论争的情况出现了。

儒家，是春秋战国时期最主要的学术流派，同时它也是先秦诸子中最大的学派之一。儒家奉孔子为宗师，视其言行为最高准则，以《周易》、《尚书》、《诗经》、《礼经》、《乐》、《春秋》"六经"（也叫"六艺"）为经典，后来又加入《大学》、《中庸》、《论语》、《孟子》"四书"以及《尔雅》、《孝经》等，成"十三经"。儒家思想以仁为核心，政治上继承西周以来敬德保民思想，倡导德治。强调维护君臣、父子、夫妇、兄弟之间的伦常秩序，注重伦理道德教育和自我修养，标榜仁义、中庸、忠恕等行为准则。这些都为后世儒家学说的完善奠定了基调。

道家是以先秦老子、庄子关于"道"的学说为中心的学术派别。传统的看法认为，老子是道家的创始人，庄子则继承和发展了老子的思想。道家哲学思想的最高概括是道、德二字，认为世界万物都源于"道"，即"道生万物"；"道"是事物发展变化的规律，即"物得以生，谓之德"，"德者道之舍"，事物的发展方向是循环的，"道"存在于自然界之先、之外。在先秦诸子学派中，道家思想最富于哲学内涵，是中国传统思想文化的哲学基础。在政治上，道家把社会动荡不安归咎于新兴地主阶级的兼并征战，因而对儒家礼仪德政的说教不满，对法家的变法革新也持否定态度，要求统治者"处无为之事，行不言之教"，使社会自由发展，率民走"清静无为"的道路。庄子更提倡一种"无君"的社会。

墨家是儒家最大的反对派，与儒家齐名，创始人是墨翟。墨家是诸子百家中相当独特的一个学派，旗帜鲜明，组织严密。《淮南子·泰族训》曰："墨子服役者百八十人。"墨家的首领称"钜子"，墨子就是第一代"钜子"。"钜子"可以指挥徒属"赴火蹈刀"，而墨徒则"死不旋踵"。以墨翟为代表的前期墨家在社会政治观上，主张崇尚贤人，使用能人；提出官无常贵，民无终贱；有能力的就推举，无能力的就下来。即使对待贫贱出身的人，也应一视同仁。因此在他的主张中，充满强烈的平等色彩。也因这样的主张，墨家与儒家的"亲亲、尊尊"思想相对立。墨家又主张统一天下的道理和说法，建立严格的等级管理秩序，使社会思想最终统一于天子：天子肯定的，全都肯定；天子否定的，全都否定，从而达到思想上的上下一致。在社会生活中墨家还主张节葬、节用、非乐，强调功利，提倡兼相爱，交相利，认为欲要治世，必先寻世乱之所由起。主张普遍的互利互爱，反对攻伐掠夺和不义之战。提出"非命"观念，反对命定论，强调要用强力来改变生活境遇。后期墨家继承发挥了墨翟的思想，更注重实际功利和人为的作用，提出"义，利也"的观点，认为合义的行为就能给人以利，否认天能赏善、鬼神罚恶。

法家是在"礼崩乐坏"、"主卖官爵、臣卖智力"的战国时代成长起来的政治派别，也是先秦学派中最后出现的一派。在法家理论上，商鞅强调"法"，认为一个国家的存在，必须有严明的法令来加强统治，除此之外的其他方式都不能实现这样的目的；申不害，强调"术"，突显当权者控制、驾驭群众的手段，通过用人之术来实现统治；慎到强调"势"，认为国君必须加强威势才能统治天下。韩非对商鞅之法、申不害之术、慎到之势进行了吸收和扬弃，从而形成一个新的法家学说体系。到了战国末期，法家集大成者韩非才建立了法、术、势相结合的完整法治理论体系。

兵家是战国时期的一个学术流派，主张运用武力，通过战争来达到统一国家的目的。兵家主要代表人物，春秋末有孙武、司马穰苴，战国有孙膑、吴起、尉缭、魏无忌、白起等，汉初有张良、韩信等。

名家是中国秦代以前注重辩论技巧，探讨名称概念之间、名称与实物之间关系的一种学说派别，也叫"辩者"。名家在社会发展过程中，担任的角色有点类似现在的律师，是依据法律条文进行辩护的一种学术流派。主要的代表人物有惠施、公孙龙，此外还有邓析、尹文和后期墨家的一些学者。

阴阳家，是先秦时期形成的以"阴阳"、"五行"解读事物存在和发展变化的一种学说派别。战国时期的代表人物是邹衍。阴阳是古人对宇宙间事物的两面性的一种抽象概括，是对万事万物都存在两面性的哲学定义。它最初指的是日光向背，后来在《易经》中被做了哲学概括，认为自然界和人类社会的一切事物都是由阴阳两面形成的，并由阴阳的对立斗争而形成事物的运动变化。阴阳家的思想中还包含了若干天文、历法、气象和地理学等具有一定科学价值的知识。阴阳五行说曾盛极一时。

纵横家，即合纵连横，是先秦学派之一，是在特定条件下产生的一种流派。因为当时战乱频仍，国家之间需要结盟，需要敌对，这些外交关系的处理就是由纵横家来完成的，也可以说是一种国与国之间的外交活动承担者。他们往往了解政治形势，善于分析合纵连横的利弊，有相当的学识和犀利的口才，具有表达的权威性，能够代表某个国家，并能让结盟的各方都取得利益最大化。纵横家的代表人物有苏秦、张仪等，都是当时纵横各国的雄辩之士。他们不是进行思想的研究和传递，更多是处理国与国之间的关系，以达到某种意义上的平衡。

杂家是战国末至汉初兼采各家之学的综合哲学学派，因其兼收并蓄、宗旨不纯，故得此名。杂家出于古时的"议官"，他们自身没有特定的思想立场，往往能够博采众家之长支持自己的论点，以说服别人为目标。有的学者认为杂家是道家的分支。

农家出于古时的"农稷"之官，所以重视农业生产，更多的是推动人民从事农业活动，实现丰衣足食的实际效果。后来农家分为两派，一派仍然注重关注农耕生产活动，一派则由此提升，进入政治层面的关注。

小说家出于古时的"稗官"。小说家的著作，是街谈巷语、道听途说者创造的。这些作品多是故事传说、遗闻逸事，而且大多有补于政教。因此，孔子说"虽小道亦可观矣"。但孔子又说："致远恐泥，是以君子弗为也。"这是说如果失去了政教意义，只是搜奇猎艳、传奇语诞，就失去了意义，所以君子不为。

综上所言，百家各派，都是从当时的政治需要出发，提出自己的论点，当时自由的学术氛围，为不同思想的产生提供了可能性，所以才出现了这种前所未有的思想大讨论。百家争鸣在前期和中期主要表现为争鸣，后期则主要表现为合流。秦汉时期，儒道融合，综汇百家，"天下同归而殊途，一致而百虑"，反映了先秦百家学说精华之间的相互包容荟萃。中国传统文化正是在诸子百家基础上发展起来的。尽管有的学派后来势弱了，甚至消失了，但在铸造中国文化方面功不可灭。中国传统文化的形成，是各家学派的融合。虽然有的学派逐渐消失，但它产生的智慧却留存了下来，以另外一种形式传之后世。这正是对一心探究世道运行规律的学者们最好的纪念。尤其要提到的是道家，尽管道家后来没有发展成为占统治地位的官方文化，但道家特别是《老子》的思想对中华民族的思想文化发展影响极大。它的天地观，成为魏晋玄学的理论基础，又影响到宋明理学；它的无为观，成为历代统治之术；它的玄德观，成为中华千年来德治主张的主要内容；它的用兵之道，经过孙、吴的发挥，成为变化莫测的军事理论；它的柔雌观，成为诡辩家的理论基础，造就了苏秦张仪为代表的纵横家；甚至中华武术、内家功夫以及历代气功家，也无不从中受益。最终发展成为与儒家思想并存于世的主要思想形态之一，成为中国传统文化中的瑰宝。

二、不同地域文化之间的相互包容合流

中国幅员辽阔，地理自然条件差距很大，古代中国交通不便，各地相对处于自我封闭的状态，长期积累之下，中国古代文化也因此形成了多种地域文化。区域文化的最大的特点就是文化内容、形式等与当地情况紧密切合，有着鲜明的地域特征，例如巴蜀文化、齐鲁文化、吴越文化、三晋文化、秦文化，等等。文化出现地域性特点，产生的原因是多样的，首先就是地理环境不同，不同的自然环境下，自然产生不同的生活方式和风俗习惯，进而在文化层面凸显了这种不同。中国各地地理条件差别多样，这就导致了中国文化必然会呈现出多元化状态。其次，民族的多样性也影响了文化的多样性。中华民族不是单一民族发展而来的，是多民族的融合才形成的。在这个融合的过程中，文化也同样进行了融汇，所以文化的多样性就可想而知了。

而中国传统文化的包容性又促使这些不同的地域文化之间相互包容，逐渐相融而合一。同时，这些不同的地域文化本身也大多是由不同的文化融合而成。如具有丰富历史内涵的齐鲁文化，就是由吸收了当地土著文化（东夷文化）并加以发展的齐文化和以孔子为代表的儒家思想学说的鲁文化逐渐相融合而形成的；吴越文化则是由处于太湖地区的越文化和处于宁镇地区的吴文化相互逐渐融合同化而成；三晋文化则是在中原文化对少数民族文化的包容、吸收与融合中逐渐形成；秦文化则是在秦氏文化的基础上逐渐吸收兼容其他六国文化之长而形成的对后世影响巨大的大一统文化。而正是由于这些本就是由不同地域文化之间相互包容、吸收、融合而成的地域性文化相互影响和相互作用，其中最富有生命力、共同认可度最高的内容，经历大浪淘沙后，就成为传统文化的一部分存世。中国古文明才在多元、复杂文化因素的融合中发扬光大，并连续发展几千余年。换言之，中国传统文化正是在众多的地域性文化的基础上不断涵化发展，进而使其具有强大生命力和内在凝聚力。就现实需要而言，富有个性、特色鲜明的地域文化，既是中华民族古老文明的重要组成部分，也是中国先贤们留存下来的宝贵财富，在经济发展过程中，对地域文化的开发是重要内容，这不仅仅因为地域文化是地域经济发展的重要思想来源和发展动力，也是因为地域文化是地域的代表和展示，已经成为地域经济发展不可或缺的力量。现在各地都在

大力挖掘开发适合本地情况的地域文化，在开发文化产品、推动经济发展新思路上做文章。把地域文化与地域经济融合在一起，不仅有助于推动地域经济发展，更是带动当地社会发展的内在推动力。地域文化是地域经济发展的内在动力，离开文化的提升，经济发展不会有空间。在现阶段大力发展经济，推动中国特色社会主义发展和建设过程中，更要注重地域文化的发掘和建设，要充分依靠地域文化，把握当地独有特点，利用文化中的经济因子，实现共同发展。开发利用好地域文化资源，就是传承和弘扬地域文化中的精华内容和优秀因子，建设当代中国特色社会主义先进文化，推动地方经济社会全面发展。

三、儒、释、道三教并存合流

春秋战国时期的诸子百家，经过前期和中期的相互争鸣，在后期逐渐走向合流。至秦汉时期，儒道融合，综汇百家。而到了东汉后期，佛教传入中国之后，儒、释、道三家相互吸纳而又各自独立发展，又形成了三教并存的局面。据传东汉末年的牟子作《理惑论》，对儒、道、佛三家经典兼研共玩，开"三教调和"论之先声。儒、释、道三教开始合流，并融合为"儒治世"、"道治身"、"佛治心"的社会功能。

魏晋南北朝时期，佛教开始盛行；与此同时，道教也逐渐由民间宗教转化为官方宗教。儒学则由于其自身在思辨性和理论性方面存在着严重的不足等缺陷，面临着严重的挑战，但儒学以其顽强的生命力，兼收并蓄，开创了新局面。早在魏晋时期，玄学已经将三教思想进行了一次融合。到南北朝时，三教调和的思想更进一步发展。如南朝的宗炳认为"孔、老、如来虽是三训殊路，而习善共辙"。南朝梁武帝则提出了"三教同源"说，认为三教可以相互辉映。他一方面宣扬佛祖如来与孔子、老子为师生关系，以抑儒道，扬释尼；另一方面将儒、道、释三教始祖孔子、老子、释迦牟尼并称为"三圣"。此外，在这一时期，文人名士也多儒、玄双修，儒、释双修，不囿于一教一宗。

隋唐时期，我国再次形成大一统的王朝格局，也是在这个时期，社会经济、文化艺术等各个方面都得到了较大的发展。此时，王朝统治者也很重视文治，对儒释道都持支持的态度。也正是在这种情况下，形成了儒释道三教鼎立的局面。而三教中有很多共通的思想也得到了融合。例如道家宣扬清静、无争，儒家宣扬仁政、以民为本，这些思想在质上有相同的地方。唐朝中期，经过安史之乱，在社会急需稳定的情况下，儒道两家的这些思想正好适应统治者的需要。道家也并不排斥儒佛两家，道家也宣扬佛教的"因果报应"，也宣扬儒家的"忠"、"孝"。唐代统治者尊道、礼佛崇儒，更鼓励三教自由辩论。唐高祖时，徐文远讲《孝经》，沙门惠乘讲《般若经》，道士刘进喜讲《老子》，精通玄理的儒家大师陆德明便与他们进行论难，"各因宗旨，随端立义"。德宗贞元年间，儒、道、佛三家曾大论辩于麟德殿，"始三家若矛盾然，卒而同归于善"。可见，唐代推崇三教并存，让这三教都得到了很好的发展，并且在发展中逐渐融合，出现了三教并行不悖的局面。唐朝时，曾有过多次三教的论争，在这样的论争中，儒家感受到了来自其他两家的压力，儒学也渐渐式微。这时，儒学大师韩愈和柳宗元等人提出了复兴儒学，他们一方面积极应对佛道两家的挑战，一方面也在积极地将佛道中的一些思想引入儒学，三教这种开放的心态，更好地促进了互相的转化吸收，也给我国的传统文化带来了一番新气象。这三家的思想发展，都经历了相当漫长的过程，到现在已经成为中国传统文化最重要的内容。任何对传统文化的学习，都无法避开这三种思维意识形态。它们在不同层面阐释了人之所以为人，应如何立身处世的基本要求，虽然在思维层面上有不同的要求，但是给人们提供了更多的选择。儒家是积极入世的，认为人生就需要投入到治国修身的道路上，所以它的观点就是不要标新立异，要做个表里如一的人。道家认为人生是自然的，重视清静无为，不需要做得太多去干涉自然的运转，而是应该去顺应自然规律的演变。释家见解，以为人生是幻妄的，所以宗旨在专求正觉，而抹杀现实之人生。

不管是儒家的"中庸之道"，还是道家的"清静无为"，抑或是佛家的"众生平等"，核心的追求还是和谐的人生精神境界，这种境界的到达，往往能带来人与人、人与自然、人与社会的和谐相处。这也是古人精神追求的最终目的。

四、农耕文化与游牧文化的冲突与融合

中国文化是多元的，在古代的文化体系中，农耕和游牧文化是最为重要的两个方面。而由于生产生活方式的不同，这两种文化也具有风格迥异的特征。

农耕文化的基本特征表现为：

第一，比较封闭，缺少开拓和创新的意识。土地是农耕的基石，离开了土地就谈不上农耕，而农耕需要适应四时变化，需要在一块土地上春种秋收，而不能随意地转移，因此农耕就需要定居一地。这种定居就可能是在一块土地上世代传承，年复一年地重复着几乎相同的劳动。人类长期处于这种形态中，就必然会养成对土地的依赖，因此农耕文化中的人很看重定居的土地，安土重迁，不愿意迁徙。同时，因为劳动方式是重复的，也让他们必然对旧的生产模式习以为常，中规中矩，使之因循守旧或是墨守成规，加上安土重迁，农耕文化的人民就会缺少游牧文化中那种强烈的征服欲望或抗争意识。换句话说，安于故土缺乏流动，世世代代不能进行地域空间的转换，必然形成农耕文化的封闭保守。

第二，居安求稳，重防轻攻，不尊崇武力而喜好和平。在农耕文化中，生活是靠土地供给，丰收是靠天气来决定的。也就是俗语说的"靠天吃饭"。因此农耕文化中的人们都希望风调雨顺，平平稳稳地获得丰收，不希望出现天气的异常状况，也不希望出现虫涝灾害等，这就形成了农耕文化求稳的心态。这种求稳、顺应四季生产的有序秩序，又形成了

农耕文化的和谐性。这些都有利于中国古代封建王朝维护社会秩序、保持社会政治的稳定。另一方面，因为这些求稳、有序、和谐的心态使然，农耕文化中的人们并不崇尚武力，而是渴求和平，是一种防守心态。由于农耕民族所处的大河流域，其地理环境非常优越，他们决不愿意离开适宜耕种的优越地理环境向其他地方流动迁徙，不会像游牧民族那样"逐水草而居"，不断争夺水草征服异邦，因此，不尚武力热爱和平，追求一种平安稳定的和谐生活，是农耕民族文化性格的重大特征之一。这一特征反映在军事上，主要表现为防守性——防御外敌，保卫故土家园。中国古代历尽艰辛修筑起来的万里长城，体现的是中原农耕居民的自我保护意识，是把农耕区域围护起来的一种防御心态。长城不是向外扩张、崇尚武力的产物，而是退处守势，抵御进攻，保卫家园维护和平的手段。总之，农耕民族因生产方式离不开土地，是其防守心态产生的根本原因，而这种退处守势的防御心态，使农耕民族在军事上一直处于被动挨打的地位。

第三，稳定性强，依恋故土，有极强的凝聚性、容纳性。在农耕文化中，土地是根本，农耕生产主要是栽种植物庄稼，所有的庄稼植物的生命都来自大地泥土，有地则生，无地则死，农耕居民很早就树立了"以土为本"的人地观念，并由此形成对土地的强烈依恋。土地是根，是农耕民族的归宿与希望，这种深厚的恋土情结，表现为生于斯死于斯，再穷再苦也要死守故乡，决不离开父母家庭，所谓"叶落归根"，就是这种依恋故土的体现。一方面，农业生产其耕作区域一般是固定的，土地不流动，人群也不流动，这种固有的生产模式长久以来影响着人们的心理和精神，在文化上也就体现出了一个稳定特征。另一方面，对于土地的依恋，必然形成农耕民族浓厚的乡土情怀，而对故乡本土的热爱进一步扩展升华，便成为热爱祖国的民族情感。换句话说，认同土地，依恋故土，长期以来的习惯就会让农耕文化的人们有较强的凝聚力，如果把这种凝聚力放大，就形成了一个民族或是一个国家的凝聚力。由于国家的概念在地理学的意义上，是指具体的疆域、山川河流等土地区域空间，因此，以土为本的农耕文化，最容易培养人民热爱故乡、热爱土地、热爱祖国的民族情感。这种情感，是民族凝聚力的根本，是中华民族农耕文化最本质的精神体现。所谓"兄弟阋于墙而外御其侮"，讲的就是农耕民族那种内部团结、齐心协力对付外敌的极强的凝聚力。中华民族是一个具有强大凝聚力的民族，其原因之一，就是我们民族的主体文化是农耕文化。因为这种强大的凝聚力，农耕文化中的人们又有着强大的自信，同时，农耕生产是自己动手，丰衣足食，有劳动就有收获，这样人们也就养成了一种自给自足，不求于人，且能满足自己生活的优越心态。这种优越感，也使农耕文化的人们对外来的一些文化采取了极为包容的态度，所以，其容纳性也非常强。如果有外来文化进入时，农耕文化总能体现出它的包容性，它能吸收和同化外来文化，融合进自己的文化体系中传承发展，最终，农耕文化也成了中华传统文化的一种主体文化。

第四，自给自足，安于现状，无求于人。俗话说："一分耕耘，一分收获。"这句话源于农耕生产实践，显示出农耕社会具有一种勤劳务实精神。中国人比较讲现实，关注琐碎日常事务，关注平凡的世俗生活，这与农耕文化耕耘务实的传统有很大的关系。中国是小农经济社会，小农生产的特点就是事必躬亲，所有繁杂的农事都必须一件一件地亲自去做，否则就不能养活自己。中国的农耕文化，自古以来就是自给自足，因此农耕文化中的人们也比较敬业踏实，强调自力更生，自食其力。此外，这种自给自足的情况也使农耕文化中的人们有一种知足常乐的心态，安于现状，无求于人。简单归纳起来，勤劳务实、知足常乐、无求于人、安于现状，这是中国农耕文化或农耕民族文化性格的又一传统精神体现。总体来看，定居封闭、狭隘保守、居安求稳、和谐有序、勤劳务实、不尚武力、热爱和平、具有很强乡土凝聚力以及容纳性强，等等，构成了中国农耕文化的显著特点。

游牧文化的基本特征表现为：

第一，流动外向，开拓进取。游牧生产通常发生在拥有辽阔草原的高原地区，如我国长城以西的青藏高原和长城以北的内蒙古高原，自古以来就是地理环境极为优越的游牧经济区域。游牧文化的另一种称呼是"草原型文化"，草原有典型的季节性特征，因此游牧民族的迁徙较多，典型的就是"逐水草而居"，流动性很大。游牧人群、牲口群，随着季节的变化流动于各个草地和水源之间。他们会寻找有水草的地方进行放牧，而这种有别于农耕文化稳定性的流动性特征，有着和农耕民族本质的区别，他们比较有开拓精神。因为过着流动的生活，他们会敢于在陌生的土地上生存，也敢于开拓新的生存空间。在这种开拓的过程中，他们势必会和别的民族发生碰撞，这样的生产生活方式使他们骨子里就带有一种进取的精神，不狭隘、不守旧，敢于冒险、勇于探索创新，这是游牧文化基本的精神特质，而这种开拓性的文化特性，是由游牧生产流动性、外向性的基本生产方式所决定的。

第二，好勇强悍，崇尚进攻。游牧文化最早是从狩猎而来的，狩猎就需要同野兽争斗，之后发展到畜牧业时，游牧民族也需要保护好牲畜，当有野兽袭击牲畜时，同样需要人们去和野兽抗争。此外，草原上风云突变，大家又要随时和暴风雨进行搏斗。在这种种搏斗的过程中，游牧民族的体格都很健壮，而且他们平常的生活中也很讲究勇武，重骑射，好斗勇，这是由特殊的环境和生产过程决定的。或者说，好勇斗狠、勇武有力、骑马射箭等尚武行为，也是游牧民族所必须具备的生存本领或生存需要。相比之下，农耕民族是从采摘生产方式中发展而来，采摘瓜果植物与狩猎活动相比，相对轻松安全，没有与动物野兽格斗拼搏的紧张、刺激与危险。后来由采摘发展为农耕，春种秋收，靠天吃饭，一切生产活动按部就班，优哉游哉节奏缓慢。这样一种平稳和谐的生产、生活方式，养成农耕民族不尚武力，缺乏争勇斗狠的强悍勇武精神。在与游牧民族屡屡发生的军事冲突中，不尚武力的农耕民族没有优势，总是被动挨打。

第三，掠夺性强，扩张进攻。游牧民族在流动的过程中，会和别的民族发生碰撞，在草原上，为了丰美的水草，会产生争夺，甚至爆发战争。战争的结果，通常都是战胜的一方获得水草，同时人口、牲畜都有可能被掠夺，而战败的一方则不得不再度迁徙，寻找别的水草之地，并可能和别的部族再次发生冲突。而到了一些季节，草原出现大范围的天灾，例如严酷的天气导致草原上无草可长，牛羊不能正常放牧，游牧民族则还有可能来到平原地区，抢夺农耕民族的资源。因为游牧民族崇尚武力，体格普遍高大魁梧，擅长骑射等优势，也使得他们变得崇尚进攻。

第四，地域转换频繁，文化欠缺稳定。游牧文化欠缺稳定，是一种非稳定性的文化类型，这一特点是由游牧生产方式的流动性引起的。游牧民族在生活中的迁徙非常频繁，他们基本没有自己的固定地域空间，随着这样的迁徙，他们的文化也是在不断流转的，不像农耕文化那样较为稳定。因此，游牧文化也比较容易被外来文化吸收，或者是被外来文化融合。

通过上面的论述，我们可以看出农耕文明和游牧文明之间有着很多差异，这种差异是由各自不同的自然地理环境因素和生产方式因素所决定的。在中国古代多元文化格局体系中，农耕文化与游牧文化这种巨大的异质差异，一方面构成了中国文化多姿多彩、内涵丰富；另一方面，这种差异也导致了中国古代游牧民族与农耕民族血与火的尖锐矛盾冲突，使中华民族的历史发展经历了无数次血与火的艰难考验。冯天瑜、杨华在《中国文化发展轨迹》中说："游牧文明与农耕文明的互动是世界工业化到来之前的主要矛盾。自唐末五代始，北部和西北部的游牧民族再度相继崛起，对中原农耕世界发动规模日益巨大的撞击。"在这民族的大撞击中，首先是文化上的冲突和整合。农耕文化和游牧文化在很多方面都是对立的、冲突的，这就使得两种文化在资源争夺时，容易爆发战争，中国历史上有很多战争都是因为两种文化的对立和冲突产生的，给人民带来了深重的灾难。但是另一方面，在这样的碰撞中，两种文化更多的是在互相对话、交流和补充，历史上封建王朝和游牧民族就常有互市、和亲等交融，在这种交流中，两种文化互相吸收了对方先进的一面，最终形成了两种文化融合发展的大趋势，尤其是农耕文化，本身就有容纳性和吸收性的特点，在对游牧文化的吸收和容纳中，更是变得充满活力，使之成了中国传统文化的主体，也成了中华民族强大和绵延不绝的根基。农耕文化虽然与游牧文化有着较大的差别，而且往往有鲜明的地域划分，但在经济上却往往是相互依存的。农业区进行农业耕作，所需牲畜和相关产品都需要在牧区获得，而牧区的游牧民族，依据草原水土情况进行迁移，是马背上生存的民族，但是不能种植粮食，只有畜牧业产品，所以需要农业区给予相应的支持，不断提供农产品和手工业品。在通常的情况下，两大经济区经由官方认可才可以进行相互的经济往来。在中国历史上，农区和牧区往往通过经济往来，发生关系。尤其是双方都有需求的前提下，这种经济往来，有助于维护农牧区交界处的和平，是有利于双方的行为方式。但是这种正常的经济往来，往往是一方对另一方的控制，主要是农区对牧区的控制。而牧区因为物资的匮乏，往往使用对外掠夺的方式来获取物资，这就造成双方的对立和冲突。战争的出现，让和平的环境被打破，但同时也带来双方界限的模糊，从一定程度上促进了双方的融合。

五、中国传统文化与外来文化的相互吸收与融合

在几千年的历史发展中，中国传统文化有过无数次吸收和容纳外来文化的经历，它始终保持着一种开放和兼收并蓄的态度。

中国地大物博，土地富饶，自古以来就是农业大国。春秋战国时期，我国出现了百家争鸣的盛况，但百家也不是独立发展的，而是不断地吸收着别家的文化精华。秦朝建立后，我国出现了大一统的封建帝国，儒家文化渐成主流。在儒家文化的发展中，它也融入了很多道家、法家和其他各家的思想，就连后来传入的佛教这种纯外来文化也能和儒家文化相互融合，最终形成了博大精深的中国传统文化。不同的文化不断碰撞，不断交融，不断凝结，最终沉淀为中华民族共同的文化心理，形成大家共同遵守的道德准则、价值观念。

从秦汉到明清，异域文化就不断进入中国，例如西域文化，甚至更远的阿拉伯文化、波斯文化，在对待外来文化的态度上，中国文化显然是包容的，总是在积极吸收着外来文化的精华，但同时又始终保持着自己文化的基本精神。这从历史上就可以看出来，虽然中原有过多次被草原民族统治的历史，但是草原民族建立王朝以后，原有的游牧文化却总会被中国固有的文化所消融，统治者虽然是草原民族，但文化还是中国的传统文化。

在世界上，犹太文化的凝聚力在世界文化体系中罕有匹敌。但犹太文化在中国唐朝时进入中国，也逐渐被中国传统文化同化，随着民族自然融合的加深，使到中国的犹太人的宗教观念也逐渐淡漠了。基督教是世界三大宗教之一，也是早在唐朝时就传入了中国，但它在进入中国以后，也没有撼动中国传统的宗法和文化体系，而那些基督徒也不得不服从于中国传统的纲常伦理和宗族文化之中。伊斯兰教也一样，它自唐代传入我国后，在中国传统文化的影响下，它也带有明显的中国特点。

中国文化和外来文化最大的一次交融是佛教的传入。在历史上，佛教是最早传入中国的一种外来宗教，但是在中国传统文化的影响下，它也逐渐被中国化，蒙上了中国色彩，成了适应中国政治和满足人们精神需求的中国式佛教。佛教对中国文化和人民生活有着重要影响，同时，中国传统文化在对佛教的融合中，也从佛教中吸收了大量积极和有实际意义的成分。

中国传统文化中的这种能够吸纳和融合外来文化的特性，使得中国传统文化在几千年中都能维持它的本来面目，其最核心的思想，那些积极有益的思想也在这样的吸收和融合

中，得到了延续和发展，并且更加完善和符合人们的实际需求，也成了现在世界意义上的精神财富。同时，在这种吸收和融合中，中国传统文化本身也不断地得到了丰富，很长一段时期，中国文化都是世界上领先的文化，并且从来未曾中断，这可谓是世界文化史上的一个奇迹。

　　明朝和清朝以后，中国封建社会开始从盛转衰，原来那种维持封建统治的传统文化逐渐停滞。此时，也是很多西方文明涌入中国的时期，在大量涌入的西方文明面前，中国传统文化丧失了容纳百家的胸襟，陷入一种比较保守的状态，变得夜郎自大，不少人排斥外来文明。结果在先进的西方文明的冲击下，中国的发展也遭遇了严重的危机。直到五四运动以后，中国才重新找到了发展的基因，那就是找到了适应中国国情的马克思主义理论，在马克思主义理论和中国传统文化的结合中，中国传统文化又开始焕发出了生机。同时，中国人也有了开放的意识，能够积极容纳世界上的先进文化，这也为中国传统文化的发展和传承注入了新的活力。

　　综上所述，中国传统文化之所以具有强大的生命力与内在的凝聚力，就在于它能以开放包容之精神从自身以外的其他文化中，内化、吸收、整合一切有益于自身发展的文化成果，并将其与自身融为一体，这种开放性使中国传统文化一直保持着强大的生命力，这种吸收包容的方式为传统文化的发展增添了不少活力和动力，有多少外来文化想改变中国传统文化，都没能成功，说明我们的传统文化在进行文化吸收的时候，有很好的选择性，能够找寻最有价值的内容，为我所用地吸收，这样中国传统文化就在与其他文化的融合中不断进行自我调整和突破，把有利于自己的文化吸收进来。要知道中华民族文化具有非凡的生命力，它在进行外来文化吸收时，不是被动接受，而是主动选择，按照自己需求选定对象，然后进行吸纳融合，这种选定的内容，都是具有先进性和生命力的，被中华民族文化吸收后，综合力量，会体现出更强的发展势头。从历史进程来看，不论是多么强大的文明、文化，都能在中华民族文化的发展中找到适合自己的位置，都能成为中华民族文化的有机组成部分。经过几千年的发展，有数不清的文化内涵被吸收进来，中华民族文化集合了这样众多的智慧力量，成功地实现了兼容并蓄、合力发展的实际效果。

第四章 传统文化与教育融合

第一节 传统文化与教育融合的必要性和可能性

一、中国传统文化与教育相融合的必要性

人类社会的所有活动都不能离开文化环境而单独存在。社会环境的特点影响着社会活动的内容与形式，对社会活动的属性起到了重要的影响作用。教育亦是遵循这一规律，教育以"育人"为目标，"育人"同样要放在中国特有的社会环境中进行。而在这些环境因素中，文化特征是影响教育的重要因素。教育的过程与内容，无处不渗透于包含着所处环境中文化的内容影响。因此，教育有着鲜明的文化性特征，它的本质就是为国家、为社会培养具有高素养的合格人才，它是构筑国人思想和灵魂支点的主要课堂。习近平总书记强调，教育要解决"培养什么样的人、如何培养人以及为谁培养人"这一根本问题。解决这一根本问题，必须要将教育置于中国特有的社会环境中，扎根中国大地做好当代教育，用中国传统文化浸润教育的全过程。

（一）教育自身发展的内在要求

近代以来，中国人民经过长期的努力探索找到了马克思主义作为自己的指导思想，我国教育事业必须坚持马克思主义的指导方向，这是中国教育的根本性质要求。然而作为一种产生于中国本土之外的理论学说，虽然马克思主义已经超越了民族与地域的限制而成为"放之四海而皆准"的真理，但它不可能直接为中国的革命和建设事业提供具体的路线、方针和政策。马克思主义思想作为一种与时俱进的先进思想，需要在实践过程中不断与实际结合、不断发展。而自马克思主义思想传入中国百余年来，如何实现马克思主义中国化，创造性地在中国生根发芽，创新发展，一直是马克思主义思想在中国传播发展的持续性核心主题。我们知道，经过数千年的发展，中华民族有着辉煌的文化创造和深厚的历史积淀，并且形成历经数千年绵延发展而从未中断过的中国传统文化，每一个中国人的思维方式、道德发展、行为模式等，无不受到传统文化的影响并体现在广大中国民众日常的行

为方式、思维模式、道德规范以及价值取向等之中，对中国社会的发展与环境塑造有着重要的影响。只有找到与中国传统文化相互融合、协同发展的契合点，用马克思主义思想指导中国传统文化的接续发展，用中国优秀传统文化的丰富内涵滋养马克思主义思想的中国化实践，才能真正让马克思主义思想的精髓本质在中国这片广袤的社会沃野上茁壮发展。作为马克思主义思想指导下的教育同样也要将中国传统文化进行现代化再创造，与具体工作过程结合，促进二者的融合。所以，教育工作应该尊重中华民族传统文化的现实意义，要按照批判继承的原则，把传统文化纳入思政教育工作体系，创新思维与模式，寻找教育与中国优秀传统文化、社会环境发展的最新要素与特点相结合的实践方式与内容。在马克思主义中国化的前提下，加强对思政教育工作的支持和指导，推动其实现与中国特色与实践相结合，得到进一步的创新发展。

在我国，教育作为一种教育实践活动，其根本目的是提高人的思想道德素质，促进人的全面自由以及自主发展，激励人们为建设中国特色社会主义，最终实现共产主义而奋斗。人的全面自由发展包含许多内容，其中文化素质与修养是重要的一个方面。良好的文化素质与修养，能够使一个人拥有更高的站位与视野，形成高尚与正确的世界观和价值观。同时，良好的文化素养积累，能够帮助一个人正确应对社会发展过程中的各种问题，充分融入所处的社会环境中，有效地实现人的自由而全面发展。所以，思政教育工作必须重视和关注文化，要依托中国特色社会主义文化体系开展工作，充分体现和展示中国特色。我们有很长一段时间忽视对文化的关注，对中国传统文化和现代思政教育工作的内在必然联系没有充分重视，人为地将教育与中国传统文化割裂开来。相反，在教育过程中，过于机械地强调政治性，在教育的形式上，主要采用了教条的理论灌输，这无疑让本来就相对枯燥的政治教育变得更加单一和呆板。忽略了在教育中应该具有的丰富的文化含量内涵，将思政教育读物变成了政策、文件、条例等的简单汇编，使得本来应该富有情趣的思政教育工作变得毫无吸引力。思政教育工作与时代需求和社会需要紧密联系，应该是富有感染力和号召力，应该是充满战斗热情和伟大情怀的，现在都在这种割裂文化的做法下变成了枯燥空洞的政治说教与道德说教。文化性的人为缺失，让教育资源日益减少，号召力影响力感染力不断削弱，严重影响了教育的育人功能，阻碍了教育的全面深入发展。特别是面对90后甚至00后的新一代青年，伴随着"互联网＋"、大数据等新兴技术发展，在多元思想交锋融合的社会环境与背景下，这种传统的、滞后的教育模式和内容就很难跟得上新时代"立德树人"的教育总目标和步伐。中国传统文化的重要内容之一，就是重视道德建设，而且注重道德的教化，"文化化人"和"文化育德"的传统正是这一特点的具体展示。这种优秀的传统与内容在育人过程中有着良好的目标导向作用和天然的教化优势，特别是在以数千年来中国传统文化为根基的中国社会环境中，有着强大的号召力和潜移默化的影响力。因此，我国的教育要进一步发展创新，就必须重视其文化性，将中国传统文化融入教育创新发展的全过程，从中国传统文化中有选择地汲取营养，使其内化融合成为教育的重要内容，成为教育重要资源。换言之，中国传统文化与教育相融合，是教育自身发展创新的内在要求与必然选择。

（二）"文化自觉"与"文化自信"的要求

"文化自觉"最早是费孝通先生提出的，指的是生活在某种文化中的人，要对这种文化有自知之明，知道它的来源和形成，以及它的特色和发展方向。提倡"文化自觉"，不是要人们回到过去，完全崇尚历史文化的内容，也不是要人们全盘西化，完全放弃传统文化的传承。而是要有一种自觉的文化意识，要能够看到文化中的优秀部分，并且创新性地予以发展。而"文化自信"，指的是一个国家和民族要能充分肯定自己的传统文化，要认识到蕴含在传统文化中的价值，要坚定地相信这些优秀的文化能为国家和民族的发展注入动力，产生推力。只有对自己的文化充满了自信，才能在世界文化之林站稳脚跟，才能对自身的文化价值加以肯定并自觉自愿践行。在实现中华民族伟大复兴和中国梦的关键冲刺阶段，只有唤起民众的文化自觉才能充分认识和体会数千年来中国传统文化的辉煌发展，才能让当前中国梦实现的伟大实践找到发展的源头，帮助理解实现中国梦的伟大意义与必然选择。在唤起文化自觉的基础上，通过批判性地传承与发展中国传统文化，发扬和汲取中国传统文化中优秀部分，树立国家和民族层面的文化自信，这样能够夯实社会主义先进文化的发展根基，将民族传统文化进一步发扬光大，并赋予其新的生命和发展动力，为全面推进中华民族伟大复兴增加文化动力。

世界上任何民族的传统文化都有其积极的方面，同样也有其消极的方面，一个国家和民族有没有文化自觉和文化自信，除了取决于文化核心内容的展现，更主要取决于这个国家和民族对待传统文化的态度，看他们是否能够真正把握优秀传统文化的核心内涵，能够真正结合发展实际，与时俱进地创新传承优秀传统文化。可以说，对传统文化的理性批判、合理继承、勇于创新正是文化自觉的本质要求，更是文化传承发展过程中的必然过程。也就是说，如果一个国家和民族不能够正确地认识自己的传统文化，那自然也就不会实现对自身文化的文化自觉，这是实现文化自觉的基础性和必要性环节。数千年来，中华传统文化源远流长，作为四大文明古国之一，中国传统文化的历史传承，几千年来虽然历尽崎岖与坎坷，但却是唯一一个从未中断、一直延续至今的文化体系与脉络。与其他几大文明古国相比，中国传统文化并非一帆风顺，它在传承与发展过程中也经历过磨难，甚至曾经走到过崩溃与灭绝的边缘。但因为中国传统文化拥有强大内生动力与个性特征，特别是其不断发展、不断调节、不断创新的文化自觉与文化品格，帮助其在面对困难与挑战时，不但能够顺利传承，更能不断推陈出新。经过几千年的实践与发展，中国传统文化已经形成了具有鲜明特色特征的优秀文化体系，这一过程是古人在几千年的实践中不断探索、不断传承、不断发展而得来的，是几千年来中华文化发展的积累所得。从根本上说，它的形成是对世界文化体系产生了不可磨灭的卓越贡献，是世界文化宝库中的重要内容。中国传统文化具有自己鲜明的特征，它从不在世界文化发展的过程中随波逐流，盲目跟从。同时，在自我发展过程中也注重兼容并包，吸取其他优秀文化的显著优点。在中国传统文化的发展过程中，中国传统文化形成了自己独具特色的中国品格与中国气象，这也让中国传统文化有别于世界上其他国家和民族的传统文化，长久地屹立于世界的东方，成为世界传统文化发展过程中的重要坐标。作为中国人，生长在中国的文化环境中，只有认识、理解、接受并内化中国传统文化，才能深刻地认识到中华民族的历史底蕴，知道我们从哪里来，才能拥有明确的前进目标和精神力量，知道我们要做什么，要往何处去，才能拥有社会认同的文化归属感，真正建立具有相同文化根基的牢固有力的社会普遍价值观。这些都是唤起"文化自觉"，树立"文化自信"，继而实现文化传承发展的基本要求与过程。如果我们不能理解和认识中国的传统文化，处于茫然的状态，我们肯定不会有自己的身份认同，没有文化归属感，从而让我们的思想变得空白，没有精神归依，文化传承发展的事业，实现中华民族伟大复兴中国梦的过程必然难以持续发展。

根据现实需求，全面选择和继承优秀的传统文化，同时摈弃传统文化中的不良部分，充分肯定传统文化的实际地位，是产生"文化自信"的前提。应当注意的是，近代以来，一直有一种否定中国传统文化的观点在涌动。这种观点认为，与西方文化相比，中国传统文化已经不能适应近代工业革命社会化大生产以来社会发展的需要。走进新的世纪与时代，随着互联网等新技术的发展，社会形态又有了新的发展与变化，而中国传统文化无用论这一观点一度又甚嚣尘上，得到了部分人的肯定与吹捧。对于这种观点我们应当要有充分的认识和高度的警惕。这种轻率地对中国传统文化全盘否定或异化的态度与做法，无异于对我们自身文化血脉的莽撞割裂，很容易造成中华民族的文化断层或文化"无根"现象的产生。20世纪六七十年代中国社会所爆发的"文化大革命"和80年代的全盘西化就是如此，它不仅对中国传统文化造成了严重破坏，导致对中国文化自身血脉的巨大撕裂，造成了整整一代人对中国传统文化在认识上的断层和意识上的普遍忽视，更谈不上对中华民族文化自觉的真正实现。而抵制与杜绝这种观点滋生蔓延的最好方式，就是不断传承与发展中国传统文化，将中国传统文化融入社会发展的方方面面，使其在发展与实践中产生强大的作用效力。

所以，在马克思主义思想的指引下，对中国传统文化采取"取其精华，去其糟粕"的原则，将中国优秀传统文化融入教育中，就成了现在教育工作的一个重要任务。在对待中国传统文化时，我们要充分肯定它展现出来的积极价值，要充分挖掘中国传统文化中的优秀核心内容，以马克思主义思想的观点，将其转化为教育的重要内容。要对中国传统文化有强烈的文化自信，正确认识文化发展的中国特色与世界比较，充分认识其在世界文化体系中独具特色的重要地位，明确其在世界文化体系发展过程中具有的高度先进性，深入挖掘出中国优秀传统文化精华中具有高度现实价值和现实意义，能够应用于当前社会实践发展的部分，实现传统文化的现代价值转换与升级。当然，在吸收中国传统文化的精华时，也不能忘记借鉴一些外来文化中的精华部分，注重将外来文化置于中国社会环境的具体实际中，有针对性地将其转化为符合中国社会环境要求和特点的新兴文化内容，并且内化到中国的传统文化之中。将这些文化内容充分挖掘与借鉴，并与教育工作进行有力的整合，实现中国传统文化的创新发展，能够有效提升中国传统文化在当前条件与环境下的文化引领作用，从而最终实现文化自觉与文化自信的要求。

（三）形成和发挥文化软实力的基本保证

文化软实力就是国家文化发展的整体水平，就是一个国家的文化实力。这是一个体现国家民族文化凝聚力、号召力和影响力的标志。其地位之所以如此高，是因为文化是一个国家一个民族内在的精神核心，是这个民族对历史发展的认知，对现实世界的感受，也积淀着最深的精神追求。并承载着整个民族自我认同的核心价值取向。文化软实力的作用和影响，体现在国家与社会发展的方方面面，直接影响着社会发展的质量与水平。文化软实力就是一种精神向心力，它有助于国家凝聚力的形成，形成强大的国家合力，能够促进各民族团结和国家统一，有助于政权巩固和文化自信，有助于推动国家和民族形成具有本民族特色的民族品格与毅力，在纷繁复杂的世界发展大潮中面对困难与诱惑不动摇、不迷茫、不盲从。树立自己的民族发展风格，坚定自身民族发展的正确方向，屹立于世界民族之林中而不倒。对自己传统文化都没有信心的国家和民族，不能重视建设提升自身的文化实力，相当于放弃了本国的文化主权，在文化领域任人宰割，这是非常可怕的事情，会导致严重的后果。如果本民族的文化领域被其他意识形态攻破，那就会导致国民价值取向的混乱。纵观中国五千年来的历史发展进程，忽略文化传承发展，不注重文化软实力的影响，往往带来的是民族与国家发展的羸弱，甚至是浩劫。以19世纪末到20世纪初为例，彼时的中国尽管经济总量、人口、资源等指标依然在世界各国中排名前列，但在外国资本主义势力强烈冲击下，淡漠甚至放弃了对中国传统文化的传承与发展，千百年来引以为傲的、对世界各国产生重大影响的中国传统文化软实力日益式微。这使得整个社会层级缺乏了一个强有力的文化内在纽带，中国社会的精神核心被打破，造成了整个中华民族社会与精神意志的疲弱，面对西方文化的大举入侵几无招架之力。而横向比较来看，近代发展速度较快，在世界范围内具有一定影响力的国家与民族，无不重视起文化软实力的发展与传播。美国近几十年来一直将文化输出作为其国家核心战略，通过好莱坞、体育、文化出版、文旅产品等模式，将其国家核心思想、文化、观点进行软性输出，大大增强了其在国际社会中的影响力与认同感。同时也将其文化内容中的核心部分强化为社会环境内民族统一的共同认识，大大提升了其社会内在认同感与竞争力。由以上这些事例可以看出，作为一个多民族国家，中国要重视和加强对千百年发展至今而未中断的中国传统文化软实力的提升，要凝聚全体中华民族同胞的智慧，共同投入文化建设。要在各民族间形成新时代的共同价值认同，并将之作为全国各族人民思想教育的引导，积累中华民族伟大复兴的内在动力。需要说明的是，传统文化的优秀已经是过去，无论多么辉煌的成就、多么耀眼的成果，都不能直接拿来在今天使用。在今天借助传统文化资源，必须结合现代实际情况，对传统文化进行再创造。如果不进行转化性利用和创新性发展，就永远只能停留在原始状态，难以形成现实文化软实力。习近平总书记说过："系统梳理传统文化资源，让收藏在禁宫里的文物、陈列在广阔大地上的遗产、书写在古籍里的文字都活起来。"通过这一指示精神，我们明白，党中央号召文化工作者对中国传统优秀文化进行深入挖掘和系统整理，让文化传承更富有活力和生机。只有不断地创新，才能把中国传统优秀文化潜在的实力发挥出来，才能转换为真正的文化软实力。

我们知道，中国传统文化和世界上其他民族的传统文化一样，是植根于民族的土壤中，从总体上反映和代表着一个民族或社会的思维方式、价值观念、伦理道德，体现在人们的思维习惯、生活方式、风俗习惯、心理特征上，内化和沉淀于社会成员的心灵深处，往往凝聚为民族特有的国民性格和社会心理，作为一种注重道德教化的伦理型文化。文化的这种特殊性质能够自然而然地具有和实现其教育教化的作用。世界上很多国家和民族都非常注重文化的这一特性，将其作为国民素质教育的重要内容予以推广。这种做法既能帮助传统文化在现实实践中不断传承发展，也能有效地提升国民教育，特别是思想教育的实效性，有效地提升思想教育的内涵与实效。与世界各国优秀传统文化相比，中国传统文化博大精深，内容丰富，在五千年的发展过程中，其形成的核心价值与理念中，对教育与思想引领格外强调。以儒家经典文化为例，其创始人孔子就是一位卓越的教师，儒家早期核心价值与理念均是在孔子教育学生过程中，通过不断地思考与创新而逐步形成的。这种特点使得中国优秀传统文化具有天然的教育教化优势，能够很好地吸收新的理念与形式，利于社会各阶层认同和接受，具有显而易见的能动的教育功能。而我国教育本身所具有的文化属性和民族属性也使其无法离开五千年来中国传统文化留下来的优秀精华，脱离了中国优秀传统文化，教育就会成为无源之水、无本之木，不管再如何强调，也会缺乏丰富的内容性与强大的社会认同感，失去其教育民众、凝聚民族的作用。因此，中国传统文化软实力要最终实现其对外的亲和力、渗透力以及对内的凝聚力和塑造力，就必须和教育相结合，通过思想教育和引导的方式来进行和完成，中国传统文化和教育的有机融合正是中国传统文化软实力得以形成和充分发挥的基本保证。在当前的全球化时代，文化交流交融非常频繁，文化竞争非常激烈，优秀传统文化也成了有些国家争抢的内容。例如美国利用中国传统文化中的古代民族女英雄"花木兰"故事结合其国内女权主义精神传承的需要，将之打造成动漫精品赚得大量外汇就是最为明显的例证。

（四）探索教育新路径的必然选择

教育具有文化属性，只有将文化作为依托，从文化中借鉴内容，吸收营养，才能使得教育更加生动，更加丰富多彩。在当前条件下，思政教育的发展出现了一些瓶颈，急需推陈出新，选择新的切入点，创造性地提升教育的内容与发展水平。在全球化时代背景下，多元文化并存态势越来越明显，青年的价值观念、思维方式和行为方式都较以前发生了剧烈变化，这对教育提出了严峻挑战。在这种情况下，中国优秀传统文化的强大内涵与动力便显得格外突出，将其与教育相融合，是应对目前教育存在的困境，解决教育发展过程中的种种困难，积极寻找教育新路径，进一步提高教育的实效性。

首先，中国优秀传统文化是对教育课堂教学内容的极大丰富。目前我国大部分学校的教育主要还是通过课堂教学进行。作为教育的主渠道，课堂教学能够有效集中教育资源，强化教育效果，突出教育重点，具有其他教育方式和渠道无法比拟的重要作用。但同时应当看到，随着教育课堂教学的不断发展，很多问题和矛盾也逐渐凸显。在课堂教学过程中，教育模式逐步僵化，教学内容单薄枯燥，授课方法单一简单，往往采用社会学、心理学等学科方面的知识与技术，表面化和浅显化地临时解决问题。本该丰富多彩，深入人心的教育课堂教学，逐渐成了简单机械的、单项灌输的填鸭式说教，教学效果大打折扣。有些课程与课堂教学内容甚至成了课堂教学中的"鸡肋"。应该说，认识到传统文化对现实思政教育的作用和意义，而且其本身也做了相应的努力，但教师本身对优秀传统文化的学习研究不够深入，不同程度地存在教育与传统文化教育的结合切入点挖掘不到位，没有形成传统文化进入课堂的相对成熟的知识汇入体系和教学设计体系，授课教师只能根据自己的喜好和知识积累程度，尝试将二者融为一体，这种结合往往对中国传统文化的挖掘和运用还不够，即使运用中国传统文化为依托，也大多停留在"机械融合"或"单纯说教"式的灌输层面，并没有深入考察中国传统文化的实质内涵、时代背景、阶级立场等因素，这些都使得中国优秀传统文化在教育中的运用和渗透并没有达到预期效果。因此在教育课堂教学过程中将中国优秀传统文化深入融入与贯通，提升中国优秀传统文化在教育课程教学过程中的内容比重，探索和丰富中国优秀传统文化与教育结合的方式方法，提升教育课堂教学实效，这对于吸引更多学生对传统文化与的关注，激发学生学习和探索优秀传统文化热情和积极性，提升学生民族自信心与自豪感，有着重要的现实意义，值得深入探究与实践尝试。

第二，中国优秀传统文化能够帮助教育实现"三全"育人。习近平总书记强调，要教育引导学生正确认识世界和中国发展大势，从我们党探索中国特色社会主义历史发展和伟大实践中，认识和把握人类社会发展的历史必然性，认识和把握中国特色社会主义的历史必然性，不断树立为共产主义远大理想和中国特色社会主义共同理想而奋斗的信念和信心。这就要求教育工作要培养青年的历史发展眼光，从近代中国历史发展大势和世界历史大势中探讨近代中国历史发展的必然规律、人类历史发展的必然规律。实现这样的目标，教育不能仅仅局限于课堂教学过程，不然其教学效果就会大打折扣。要实现教育效果的最大化，必须实现教育全员育人、全过程育人和全方位育人，即教育的"三全"育人。在教育的开展过程中，运用校园文化实现以文育人和以文化人是教育的重要内容。在塑造良好校园文化过程中，要充分挖掘和运用中国优秀传统文化的丰富内容，将其与学校实际相结合，针对当代青年的思想认识新特点和新变化，比如自我意识强、责任意识弱，学习能力强、实践能力弱，内心情感丰富、心理承受能力弱，网络依赖感强等鲜明的特点，精心设计出具有针对性和实效性，兼具优秀传统文化特色的、学生喜闻乐见的良好校园文化。这种良好的、特色鲜明的校园文化能够为教育更好地落地创新提供有利氛围和良好的内容供给。促进形成具有优秀传统文化特色的校园文化并将其与思政教育相结合，也能够使更多方面的人员，特别是中国优秀传统文化相关的专业教师参与到教育的全过程当中，全面提升教育的育人效果。

第三，中国优秀传统文化能够提升教育价值观引领作用水平。随着互联网与信息时代的不断发展，各种思想与思潮更加容易地出现在青年周围，各种思潮泥沙俱下，良莠不齐，不可避免地对青年的生活态度、思想观念产生严重影响。青年正处在成长的关键时期，价值观和世界观正在逐步形成，对很多思想与思潮的鉴别能力还不够强，很容易受到不良思潮思想的影响。很多学生既没有真正了解外来文化、思想、观念之精髓，又没有深刻领会中国传统文化、思想、观念之精髓，加之对共产主义理想信仰的怀疑与不屑，对马克思主义思想缺乏真正的认识与学习，因此，在多元文化的碰撞中，他们的价值观极容易向偏激或急功近利发展，对传统文化不以为然，认为都是过时的内容，对自我的学习得过且过，忽视精神层面和人文社科知识与内容的储备，对教育课程亦不屑一顾；在生活上，受到拜金主义的影响，很多学生盲目追求金钱与物质的利益，甚至深陷其中不能自拔，像校园贷、低俗网红等问题，都因此而产生；在精神上，他们的个人意识较强，很多时候都以自我为中心，根本不考虑集体的感受，没有集体主义精神和团队意识。考虑自己过多，考虑集体和他人太少，缺乏集体主义精神和团队意识，缺乏对共产主义的理想与信仰，缺乏对人生目标的冷静思考，缺乏对良好的道德品质和人格修养的追求等。面对这些问题，我们传统的教育惯常以说教和灌输为主的教育模式，缺乏与学生的有效互动，无法及时了解他们的所需所想和存在的问题，难以在短期内及时解决这些问题，再优秀的传统文化，也无法发挥其在教育中应有的积极价值作用。将中国优秀传统文化融入教育过程中，用优秀传统文化影响支撑教育的核心内容，能够大大提升教育的深度与厚度。这些都对帮助处于成长期的当代青年形成正确的价值观与世界观，坚定共产主义理想信念，形成具有中国风格的文化自觉和文化自信，提升实现中华民族伟大复兴中国梦的坚定信心有着重要的教育引领价值和意义。

因此，真正发挥中国传统文化在教育过程中的价值作用，实现中国优秀传统文化与教育的深度结合，对于摆脱教育所面临的困境，实现教育的创新跨越发展具有重要的实践意义。要真正实现这一过程和局面，我们必须主动作为，在师生群体中树立高度的文化自觉意识，探索与创新建立中国传统文化与教育有机融合的最佳机制。

二、中国传统文化与教育相融合的可能性

中国传统文化历来高度重视人的意义，其从创始到发展都以人的自发发展和实现为目标，都将教化育人作为文化发展与传承的重要意义。而教育同样是做人的工作，也是教育人树立正确的价值观追求与目标。在这一方面，中国传统文化与教育在教育目标设置方面都直接指向人，指向人的思想道德素质的提高，同时它们在目标的最终指向属性上都回归到政治属性上，这体现了二者目标的一致性。除了在目标设置与指向属性有着一致性之外，中国传统文化与教育在内容方面也存在着许多相通相合之处。而二者在教育模式方面的不同，则使二者有了很强的互补性。这些都为中国传统文化与教育之间相互融合、共创发展创造了重要的可能性条件。

（一）价值观的契合之处

社会主义核心价值观是社会主义核心价值体系的内核，体现的是社会主义核心价值体系的基本性质和根本特征。充分显示了社会主义核心价值体系的丰富内涵，是社会主义核心价值体系的集中体现。社会主义核心价值观内容包括倡导富强、民主、文明、和谐，倡导自由、平等、公正、法治，倡导爱国、敬业、诚信、友善，积极培育社会主义核心价值观。其中，富强、民主、文明、和谐立足国家发展层面提出来，是我国在社会主义初级阶段的奋斗目标，是社会主义核心价值观在发展目标上的定位，能有效凝聚各民族精神和实践力量；自由、平等、公正、法治立足社会层面，展现了社会主义社会的基本属性，体现了社会主义核心价值观在价值导向上的规定，成为社会主义社会内部凝聚于构建的价值准绳；爱国、敬业、诚信、友善立足公民个人层面提出，是社会主义核心价值观在道德准则上的规定，体现了社会主义价值追求和公民道德行为的本质属性，是社会主义公民实现全面自由发展的根基。社会主义核心价值观三个层面指明了我国教育前进方向，对思政教育体系建构提供了清晰的思路。它要求教育必须在理念上进行全面的更新，坚持"立德树人"的根本目标，树立"以人为本"的教育理念，就要始终加强马克思主义思想与理论对教育的指导，确保思政教育的政治方向准确。

中国传统文化是中华文明的重要内容，经过千百年的发展，形成了崇德善仁、进取包容、谦敬礼让、求真务实等内涵十分丰富的价值观念，这是各民族共同智慧的结晶，属于全体人民共同拥有的。这也是我国现阶段社会主义核心价值观的重要理论来源和发展动力之一。从社会主义核心价值观的内容和要求来看，很多均源自中国优秀传统文化，是几千年来中华民族始终坚持的优秀传统美德。可以说，社会主义核心价值观是中国传统价值观与优秀传统文化在新时代社会主义社会环境下的继承与发展。社会主义核心价值观的建立，让历史悠久、被人们普遍接受的中国传统价值观和传统文化重新焕发了勃勃生机，寻找到了新的实现路径。由此可以看出，中国传统文化和社会主义核心价值观是不能割裂的，它们之间充满了千丝万缕的联系，不仅是一脉相传，更是相互包含的。如果比对一下从中国传统文化中所提炼的价值观念和当前思政教育秉承的社会主义核心价值观的内容的话，就会发现它们之间体现出了高度的契合。社会主义核心价值观的内容，源自中国传统价值观和传统文化，中国传统价值观与传统文化在社会主义核心价值观的表达体系中有了创新发展，这也是二者之所以能够相融合的重要条件之一。这种相互融合、相互包容、共同发展的关系与模式，使得两者在价值观培养的方面能够完美契合于教育的框架体系中，实现教育效果的最大化。这也为教育工作者寻找教育与中国传统文化的结合点，创新构建新的价值观培养体系提供了新的思考与切入点。当然，这并不是说中国传统文化倡导的所有价值观念都是正确且适合我国现阶段的教育状况，因此我们应该秉承批判与继承的态度来区别对待、使用它们。

（二）目标的一致之处

我国教育的根本目的是提高人们的思想道德素质，促进人的自由全面发展，激励人们为建设中国特色社会主义、最终实现共产主义而奋斗。这一根本目的包含两方面的内容，一是提高人们的思想道德素质，使人们具备良好的思想道德素质。要树立崇高远大的理想，将爱国情怀融入自己的思想认识之中，树立国家利益和家国情怀，自觉将个人理想和梦想融入实现中华民族伟大复兴的中国梦当中，坚定为社会主义国家建设不懈奋斗的高尚追求；要树立优良的个人和社会品德，带动全社会形成风清气正、高尚高雅的品德情操，形成价值观和社会品德方面的社会共同认识；同时还要树立强烈的事业心、责任感、坚强的毅力、严格的纪律等，这些都是我国教育的内在目的，是教育开展过程中必须一直坚持和贯彻的必要内容；二是促进人的自由全面发展，这是我国教育的终极目的。教育的对象是人，教育的目的最终还是要解决人的问题，影响人的思想，提升人的水平，实现人的发展。而我国教育所需要解决的就是在社会主义社会下，在马克思主义思想理论指导下，如何实现人的全面自由发展问题。这两方面的内容构成了我国教育的根本目的，是教育的灵魂和旗帜，直接规定了教育的共产主义方向，决定了社会主义教育体系的构建方式。而中国传统文化作为崇德尚贤的伦理型文化，以德育人、注重伦理道德则是其显著特征。传统思想文化的重心，是伦理道德学说。中国自古以来，对"德"便一直高度强调，将其置于考量一个人是否成功成才的首要标准。中国传统思想文化常有对道德范畴的详细表述，其突出特点和优点之一就是它的道德精神，故我国素以"礼仪之邦"著称于世。首先，中国传统文化之儒家经典《大学》开篇便提出了思想教育的根本目标，曰："大学之道，在明明德，在亲民，在止于至善。"其意为大学的原则，在于发扬光明的德行，在于革新民众的心性，去恶从善，从而使人达到完善的品格。这即是在阐明思想教育的目标就是发扬光明美好的道德，使人人都能主动去除污染而自新，最终达到并保持完美之善的境界。这种思想与阐述，将"立德"这一目标树立为中国传统文化所坚持的最高要求与目标，也明确地突出了文化教育的最高目标和方向。其次，中国传统文化特别注重对圣贤人格的追求，按照儒家经典《论语》的划分原则，中国传统的人格理想可以划分为三个层次。第一个层次为圣人，这也是中国传统文化中理想人格的最高目标和境界。孔子认为要成为一名圣人，其做事既要合乎原则，又不能违背他的本性和追求，他的言谈举止要做天下人的表率，但是却不能因此损耗其自身，他自身富有天下，却可以施舍给他人同时并不会让自己受穷（所谓贤人者，好恶与民同情，取舍与民同统；行中矩绳，而不伤于本；言足法于天下，而不害于其身；躬为匹夫而愿富贵，为诸侯而无财。如此，则可谓贤人矣）。真正的圣人必然是实现道德圆满的统治者，是圣与王的统一，也即内圣而外王。第二个层次为君子。孔子认为，君子就是说话忠诚守信，但是从内心并不认为这是什么了不起的美德；做事以仁义为先，见识广博却从不以此为傲；思想通达，明理通道，在言辞上却不争强好胜（所谓君子者，躬行忠信，其心不买；仁义在己，而不害不志；闻志广博，而色不伐；思虑明达，而辞不争；君子犹然如将可及也，而不可及也。如此，可谓君子矣）。对君子层面美好道德的追求是古代中国传统文化体系中对人格塑造的核心层面，是中国传统修身的主要要求。这种对美好道德的自觉追求与体现，是中国传统文化中理想人格的核心要素。第三个层次为士或成人。孔子认为所谓士，是指即使不能全部明白做事的办法，但是在日常行为过程中还是能够有所遵循；即使不能把事情做得尽善尽美，但是依然能够有所处置；不追求知识的渊博，但只求知识的正确；语言说得并不多，但要追求所说内容的正确，行为做得并不多，但要追求所做的要正确，无论富贵还是贫贱，都要坚持自己的立身原则不能随意更改（所谓士者，虽不能尽道术，必有所由焉；虽不能尽善尽美，必有所处焉。是故知不务多，而务审其所知；行不务多，而务审其所由；言不务多，而务审其所谓；知既知之，行既由之，言既顺之，若夫性命肌肤之不可易也，富贵不足以益，贫贱不足以损。若此，则可谓士矣）。这种对遵守礼仪规范、注重人格尊严的要求，是中国传统文化中理想人格的基本标准。也是中国传统文化与价值观念中教化育人，普之社会皆而同之的基本道德要求。中国传统文化中这种对理想人格的追求也体现其对人们道德品质的理想追求和总体要求。这种对理想人格和道德不同层次的追求，使得中国传统文化在"立德"层面上有了更加深厚和丰富的立体内涵。这种对"德"的高度要求和自律，也深刻地融入每一个人的心中，逐步形成了社会公民所公认的愿意遵守并不断追求和共同维护的社会道德准则。由此可见，我国教育与中国传统文化在目标设置上都指向人，指向人的思想道德素质，都将对人的思想道德素质的培养和提高放在首要核心位置上，注重对人的美好道德品质的培养和提升，则体现了二者在育人目标上的一致性。

此外，我国教育以共产主义为方向，不论是提高人们的思想道德素质，还是促进人的自由全面发展，都是为了更好地激发人们建设中国特色的社会主义，为最终实现共产主义而努力。要将个人理想与追求和国家层面的目标紧密地结合起来，在国家的"大我"中努力发展，从而更好地实现"小我"目标。这也表明了政治属性是我国教育的根本属性。而中国传统文化也特别注重培养个人与家族、国家、社会的良好组织关系，特别认为，个人全面的发展与提升，其最终目标依然是将其融入社会环境中，体现个人价值，为实现国家和民族的综合提升贡献自己的力量，即强调"修身齐家治国平天下"。由此可以看出中国传统文化培养"格物致知之诚意正心"之人的最终目的毅然回归到"治国平天下"的政治属性上来。因此可以说，我国教育与中国传统文化的教育目标最终都指向了政治属性，这也体现了二者在最终目标指向属性上的一致性。

（三）内容的相通之处

从中国传统文化和教育各自所包含的内容来看，特别是在科学方法与共同理想方面，也存在着许多相通相合之处。因此，这二者在很多地方都能够实现相互融合，体现了两者之间存在着的相通相合之处。

"大同思想"是中国传统文化中的重要内容之一，它与教育中的理想教育之间存在着相通相合关系。理想教育的最高目标是共产主义教育，而在马克思描绘的共产主义社会特点中，提到了共产主义社会的特征：没有私有制、没有阶级，没有国家；财产社会公有，人人地位平等；大家各尽所能，各取所需；人性得以充分发展。而在中国传统文化中比较早的诗歌总集《诗经》中，就已经提到了人们追求理想，想要找到"乐土""乐国""乐郊"的期待；在《春秋公羊传》里，也有"衰乱世，升平世，太平世"的三世说，而两千多年前的孔子则在《礼运·礼记》中描绘出了一个更为具体而美好的大同世界。在这个世界中，人人平等，亲密无间，人尽其才，物尽其用，个人与社会浑然一体。到了近代，洪秀全则倾全力构建"太平社会"，康有为著就《大同书》，对未来的大同盛世进行展望，并对青年毛泽东产生重要影响，以至于后者在1917年便提出"大同者，吾人之鹄也"的观点。孙中山也明确地指出了中国传统文化中的大同世界与社会主义苏联的一致性。他说："在吾国数千年前，孔子有言曰：'大道之行也，天下为公。'如此，则人人不独亲其亲，人人不独子其子，是谓大同世界。大同世界即所谓'天下为公'。要使老者有所养、壮者有所营、幼者有所教。孔子之理想世界，真能实现，然后不见所欲，则民不争，甲兵亦可以不用矣。"后来，他还认为未来的共产主义"就是孔子所希望的大同世界"。由此可见，中国传统文化中的"大同理想"与教育内容中理想教育的共产主义理想之间存在着共通之处。这就是为什么中国的知识分子更容易理解和接受马克思主义的共产主义理想。但同时也应当看到的是，中国传统文化中的这一平等思想尽管是一种朴素、美好的社会理想追求，但因为其产生和发展于封建社会之中，尽管在很多情况下存在表述与形式上的相似之处，但其内容和追求的本质与共产主义社会的最高理想并不是完全一致的。因此在借鉴和融合过程中也要有针对性地加以区分和扬弃。

其次，朴素的唯物辩证法思想与科学的世界观教育之间也有相通相合之处。辩证唯物主义两个方面的内容共同构成了当代教育的世界观。其中辩证唯物主义以世界的物质同一性为基础，以辩证法为方法论，以对立统一、质量互变与否定之否定三大规律为主干，坚持人类社会由简单到复杂、由低级到高级，不断演变繁衍的历史辩证法。历史唯物主义强调，人类社会的发展，最终是人类社会的经济发展到一定程度，它认为人类社会发展变化的终极原因是经济因素，所以社会存在决定社会意识，物质生产是社会发展的基础，对社会意识起决定作用。中国传统文化中则一贯重视"经世致用"，思考历史的兴衰更替要着眼于从物质生产条件以及民心向背的角度来衡量；研究社会的道德与文明要着眼于从人民的物质生活出发。春秋时期的管仲提出了"仓廪实而知礼节，衣食足而知荣辱"的观点，明确表示了社会物质条件是人民群众精神生活的基础前提。孔子提出的"庶之、富之、教之"的思想则解释了人口的繁衍、社会财富的增加、人民生活的富足和道德教化取得成效之间的依次决定关系。由此可以看出，中国传统文化中的这些观点其实与历史唯物主义的观点有着相通相合之处。除此之外，中国传统文化中还蕴藏着朴素的辩证法思想。道家学派的创始人老子提出了"万物负阴而抱阳，冲气以为和"的观点，意即任何事物都有对立的两个方面，即"阴"、"阳"二气，这两个方面在相互作用中实现统一之"和"。儒家经典《周易》中"一阴一阳谓之道""刚柔相推而生变化"等观点意在强调阴、阳和刚、柔对立面的相互作用对于事物发展变化的推动作用。宋明理学时期的张载亦认为"一物两体，气也。一故神，两故化，此天地之所以参也"，意在强调矛盾双方对立统一的关系。基于以上分析，我们可以看出，中国传统文化中所蕴含着的朴素的唯物辩证法思想，与辩证唯物主义和历史唯物主义之间在价值定位和思想倾向上亦存在着相通相合之处。但同样应当看到的是，中国传统文化中所秉持的朴素的唯物主义观点是一种简单的唯物主义观点，存在着直观性、猜测性和非科学性的缺陷，缺乏科学的论证。而中国传统文化中的辩证法思想，是一种基于唯心主义的唯心主义辩证法。从这些方面来看，这些传统思想还是具有很多的局限性，与马克思主义思想所秉持的科学辩证唯物主义相比，无论是核心思想还是方法论均存在较大区别。因此在借鉴和学习过程中，必须要有所区别和把握。

由以上这些可以看出，如果我们能够全面发扬中国传统文化中的精髓与先进内容，找到和运用其中与教育相融相通的契合之处，就能够真正使二者有了相融合的可能性。以此为切入点深入挖掘和探讨，就能够进一步丰富教育的文化内容，找到教育开展和创新过程中更多可以依托的文化载体，进而使教育得以在中国传统文化这一丰厚的历史土壤中不断获得新的发展。

（四）教育模式的互补性

教育的方法多种多样，有理论灌输法、实践锻炼法、自我教育法、榜样示范法、比较鉴别法、咨询辅导法等，其中理论灌输法是教育最主要、最基本的方法。作为一门意识形态色彩极为强烈的科学，教育自然需要通过理论灌输法来对受教育者进行理论教育。理论灌输法同时具有教育强度大、灌输力强的特点，在当前我国教育的过程中，理论灌输法依然被教育者作为最主要、应用最广泛的方法。不过经过我国长期的教育不难发现，长期以来对教育德育功能尤其是意识形态功能的过分强调而对其文化功能缺乏应有的关注，这就使得教育一直偏重于简单空洞的理论说教和意识形态的直接灌输。特别是当面对当代95后、00后青年学生时，这种单项灌输的教育方法和教育模式就更加难以体现它的教育效果。95后、00后青年学生具有较强的自我意识和怀疑精神，面对理论灌输的内容强化，常常具有较强的排斥性。再加上思政教育在理论灌输的内容设计中比较枯燥与简单，很多地方受制于客观条件、师生比等问题，常常采用大课教学的形式。造成了理论灌输形式的教育课程成了教学水平和质量较低的一类课程，在受众群体中难以取得良好的教育教学效果。不仅如此，在教育过程中，教育工作者往往也不考虑受教育者的具体情况，仅仅从共性层面考虑和设计教育内容与方法，而不考虑个性化的教育教学设计。很多教育者常常不分层次、不问对象，经常采用"我讲你听""我说你做""我令你止"等居高临下、简单粗暴的教育方式，不但不考虑受教育者的感受和接受程度，有时甚至漠视和压制受教育者主动求索探知的行为。这既反映了教育观念和模式的机械落后，也反映了教育者在教育过程中缺乏创新和自信的状态。这样的教学方式与教学内容，既背离了教育的规律和要求，也不符合当代青年的接受习惯与成长要求，受教育者则只是消极被动接受而非积极主动去内化吸收这些科学理论。同时，因为理论灌输常常是集中开展，受教育者常常在短时间内集中强化学习这些知识和理论，造成很难真正理解和领悟相关知识，往往形成了单调的死记硬背和应试考核，没有真正做到让教育和传统文化知识有效结合。反而是在这一过程中，受教育者从思想上就又对教育产生了新的厌恶之感，在一定程度上形成了一说教育，就条件反射到说教的模式，教育形成了高高在上、重要无比，但学生们只在正式上课被动地不得不听，下课抛之脑后、无人问津的现实局面。这些问题都使教育工作在开展过程中变得更加呆板枯燥、索然无味，教育的实效性也大打折扣，具有先进性的马克思主义思想的理论与知识难以真正做到入脑入心，教育亦难以适应新形势的发展要求。

教育对意识形态的过分强调使其自身的文化属性和人文精神受到遮蔽，这一点也是我们当前教育所面临的问题与不足。教育无论从内容和形式上，都应当是一个广义的教育定义，其教育内容既应当覆盖理想信念教育和意识形态教育，也应当包含人文素质培养和文化修养提升的内容。这两方面的教育内容既不能厚此薄彼，也不应当相互割裂。应当做到"两手抓，两手都要硬"。如果依然遵循传统的教育模式，就很难将文化属性和人文精神教育融入贯穿于教育过程中。中国传统文化的教育方式则正好弥补了现代教育模式的不足。

首先，中国传统文化注重渗透而非灌输，强调"以文化人"、"以文育人"。这种文化传承和教化的形式与特点易于被受众所接受，能够真正实现"随风潜入夜，润物细无声"的效果。而且一旦接受了这种传达形式所带来的思想与观点，受众对其核心内容就会产生强烈的价值认同感，其个性品质、思想观念、行为模式等个人内在要素一旦形成就会内化、积淀、渗透于社会成员的灵魂深处，形成影响其思维与行为的长久模式从而不易改变。

其次，中国传统文化特别注重引导人内心深处的自省自觉意识。与部分西方文化思想不同，中国传统文化特别强调个人的自觉意识，倡导人们通过自我思考与感悟，体会文化传承内容中的精髓。引导人们通过"自省"、"内省"、"慎独"等内在自省的方式来反思自己的思想和行为中的不足与过错，进而使人们在认识上达到真正的"知"，不断提升自身的道德修养，使自己不断接近圣人的道德境界。这种传达与教化特点能够很好地弥补教育过程中单项传输所造成的受众接受意愿淡薄的问题。引导受教育者通过文化体验、思维碰撞和自我觉醒的过程，将教育的内容真正内化于心、外化于行，将科学的理论与知识转化成真正自我体会、自我认同的思想认识。从而进一步将以自觉内省方式提高自身道德修养，转化和付诸具体的道德实践。

第三，中国传统文化特别注重理论与实践相结合。自古以来，在中国传统文化的发展过程中，逐步形成了注重"知行合一"的道德践履而非空洞说教。可以说"知行合一"思想的形成并非一蹴而就，而是几千年来中国传统文化经过长期的实践探索和理论总结所形成的极具特色的思想道德教育的方法论系统。自先秦时期开始，很多思想学派和著作便特别强调实践对于知识学习和思想领悟的重要作用。《周易》曰："履，德之基也。"先秦墨家学派代表人物墨子也对道德实践十分重视，他认为评价一个人是否真正为"仁"，"非以其名也，亦以其取也"。意即一个人是否真正为"仁"，不是看他是否知道"仁"的含义，而是看他在行为上是否有真正"仁"的举动。到明代，思想家王阳明在总结前人思想传承的基础上，创造性地明确提出了"知行合一"思想，将中国传统文化中理论与实践相结合的思想提升到了一个新的高度。可见，中国传统文化不仅注重道德教育中的自觉自省，更加注重在自觉自省基础上的道德践履，注重"知"与"行"的辩证统一。而这种思想如果能够运用到教育的过程中，必然对破解当前教育过程中出现的僵化、机械的教育瓶颈与困局能够起到巨大的作用。

上述中国传统文化所倡导的种种教育模式和理念，如果能够充分运用到教育的体系中，便能有效地改进与弥补我国当前教育过程中过分重视和强调意识形态性、理论说教与灌输的教育模式单一、内容空洞乏味缺乏文化属性和内涵等一系列突出问题，对提升教育的接受度与实效性是大有裨益的。当然，作为一门意识形态色彩极为强烈的科学，教育离不开理论灌输这种教育模式，其本身所具备的强大教育作用并不应当被我们忽略。只是当我们忽视了文化对教育的内在渗透力，忽视了受教育者对教育内在自觉自省意识，忽视了教育者与受教育者在教育过程中的道德实践，而过分强调这种理论灌输的教育模式时，无论灌输的力度多么巨大，其单一的教育形式和单调的教育内容也必然难以得到当代社会群体的认可与接受，难以做到将核心教育理念与思想清晰全面地传给每一个受教育者，教育也难以取得理想效果，甚至会起反作用。因此，我国当代教育应该借鉴和吸收中国传统文化所提倡和践行的这些潜移默化的渗透、自觉的内在自省以及"知行合一"等教育模式，来改变我国当前教育单一枯燥的教育模式，弥补我国当前教育模式的不足，引导全体社会成员积极主动、自觉地反思自身，不断提升自身的思想道德素质，培养自己良好的道德品质，提升我国当前教育的实效性。

第二节　传统文化与教育融合的实践意义

我国的传统文化自古以来都很重视伦理价值，重视德智的统一，强调从德的方面来统领智力的发展，这是一套系统的、又有民族特色的教育理论。这套教育理论的产生与发展是一个长期的过程。但可贵的是，无论是从早期的奴隶社会还是到后来的封建社会，甚至直到近现代，"德育为先，以德领智"的教育理念和教育思维，无论遭遇多大的曲折和挑战，都能够一以贯之地坚持和发展。除了德育外，还附有智育、美育、体育等，也都有德育内容的传递。历史发展过程中，古代教育家们对德育的过程也多有研讨。虽然很多是对剥削阶层的偏见和理想主义的假设，但是他们从道德教育的实践中总结出了一些理论，并且反映了道德教育的规律。而现在我们的思政教育工作，就应该植根于这种传统文化的土壤，充分吸收中国传统文化几千年来所积淀的丰富营养，发挥优秀的道德教育在国民教育中的作用。正如习近平总书记所说："中国传统文化博大精深，学习和掌握其中的各种思想精华，对树立正确的世界观、人生观、价值观很有益处。""学史可以看成败、鉴得失、知兴替，学诗可以情飞扬、志高昂、人灵秀，学伦理可以知廉耻、恒荣辱、辨是非。"这些话充分体现了中国传统文化在国民教育中的有益作用，也说明了它在教育实践中的积极推动作用。

在教育目标上。许多古代教育家都认为，道德品质形成的过程首先是一种"自求自得"的过程。因此，"立志"也即自己确定一定的道德理想和目标，这是道德教育的首要环节，如孟子说，"天道"是很容易掌握的，只怕人们不去追求它，"夫道若大路然，岂难知哉？人病不求耳"。他又说，思想上很深的造诣，是要靠自己去求得的："君子深造之以求道，欲其自得之也。自得之，则居之安；居之安，则资之深；资之深，则取之左右逢其原。"他所提倡的"自求自得"，实际上就是要使教育对象对道德的追求建立在内心驱使的基础上，主动地去追求并实现某种道德的理想，这种理想就是要成为"仁者爱人"的"君子"。这种以立德立志为目标的传统文化和教育目标，几千年来一直在中华民族内部和中国社会环境中不断传承，成为民族共通共认的追求理念。而当前，我国教育的目标就是培养有理想、有追求、有担当、有作为、有品质、有修养的新时代青年，即培养"六有"好青年，这种培养目标是坚持马克思主义思想的必然要求，也是扎根于中华大地，继承于中国优秀传统文化，培养符合新时代需要的有志青年的必要选择。这些要求和目标同古代的教育家在目标上是相通的。"立德树人"也是现今教育的根本任务，要以社会主义核心价值观为引领，让青年能够树立起正确的认识，有远大的理想和人生抱负。

在教育的内容上，我国传统文化的思想也很丰富，形成了独具特色的中华传统文化与教育体系。古人认为"内圣外王"是人生的至高境界。因此古人很讲究修身，早在先秦时代，儒家创始人孔子极为强调这一点，孔子说"见贤思齐焉，见不贤而内自省也"，意思是要求人们在学习客观的贤德与不贤时，能够对主观修养上的差距进行自我分析，对自我进行相应的道德评价。孔子是关注人们的道德品质的，认为"德之不修，学之不讲，闻义不能徙，不善不能改"。在他看来，想成为有道德的人，不仅要"修己以敬"，而且需要"修己以安人"，以至于"修己以安百姓"。孔子同时提出了进行道德教育和提高道德修养的途径，这就是既重视立志，又强调持之以恒；既提倡克己内省，又主张迁善改过，身体力行。孟子也很重视"修身"，即所谓自我修养。孟子主张人性本善，在他看来，人应该通过自我的修养，加强自我教育，对自我存在的善性进行坚守、充实和发扬。他认为善性是人先天就存在的特性，但同时又认为"求则得之，舍则失之，是求有益于得，求在我者也"。所以他强调"君子之守：修其身而天下平"。他用流水来比喻学习和道德修养："流水之为物也，不盈科不行；君子之志于道也，不成章不达。"意思是说，流水先要把低洼处充满，才会继续向前；就像君子加强自我学习和道德修养，没有一定的积累，就无法实现自我的通达。现在，学校的教育也是主张学生要通过自己的修身，树立起正确的思想信念。习近平总书记指出："理想指引人生方向，信念决定事业成败。没有理想信念，就会导致精神上'缺钙'。""只有把人生理想融入国家和民族的事业中，才能最终成就一番事业。"这种对理想信念的高度重视和追求，造就了教育和中国优秀传统文化先天性的、自然而然的内在紧密联系，使得教育在开展过程中很容易在中国优秀传统文化中找到属于可以借鉴与融合的思想内容。将这种既拥有厚重历史文化气息，又拥有强烈时代使命与责任感的教育内容呈献给当代青年，必然能够帮助他们自己树立起一种自强不息、奋发有为的精神，才能更好地造福于社会，造福于自己。

在教育方法上，作为中国历史上伟大的教育家，孔子注重"学思结合"和"启发诱导"的教学指导思想，他充分深入地认识到了灌输式教学的弊端，所以在反思的基础上提出了"善喻"，这是一种形象生动的教学方式，也就是我们常说的启发式教学，通过调动学生的积极性进行教学，在他看来，发挥学生主体作用需要做到："道而弗牵，强而弗抑，开而弗达。"其各自有相关的心理学依据："道而弗牵则和，强而弗抑则易，开而弗达则思。和易以思，可谓善喻矣。"明代陈献章强调"学贵有疑"，强调突显学生在学习过程中的探究作用。"学须知疑。小疑则小进，大疑则大进。疑者，觉悟之机也""疑而后问，问而后知，知之真则信矣"，这些思想深深地影响了后来的教育思想，近代教育家蔡元培先生曾经提出教育应激发学生的学习兴趣，要通过引导让学生进行独立探究与自学，不能把教学过程当成注水瓶一样注满了就算完事。叶圣陶也曾经多次提出"教是为了不教"，注重激发学生自己的兴趣，让学生提升自我学习的主动性和积极性，学会方法，强化自学。由此可以看出，自古以来中国的传统文化就对教育方法的创新高度重视，并积累了很多成效显著的经验。而走进近代以来，我们在教育领域更多地注重"西学东渐"，将目光投于西方教育模式与方法，不从中国传统文化自身寻找办法，甚至全面否定中国传统文化和教育，一味追寻西方教育教学模式，这种做法是极不可取的。要想创新教育的方法，必须从传统教育方法中寻找答案，在新时代和新环境下创新思维，改进老办法，沿用好办法，结合当代青年学生的成长环境和思想特点，做好调查研究，了解学生的学习特点、学习需求和接受行为模式，针对性地设计教育的新体系和运行机制，只有这样，才能激发学生的兴趣，提高他们主动学习和理解的热情，而不是单纯地、机械性地将这些理论的知识点强加到他们身上。

综上所述，在将中国传统文化融入教育过程中，要特别注重对中国传统文化优秀的教育思想、教育目标和教育方法做创造性的转化，使其能够得到创新性的发展，找到两者最好的契合点和实现途径。这就要求在课程设计上，要改革原来的课堂式教学模式，注重探索和提升教育的吸引力，做到让学生愿意听、愿意学。其次，要大力提高教育教师的素质，教师自己要首先成为一个思想过硬、素质优秀的人。孔子说："其身正，不令而行；其身不正，虽令不从。"教师的素质达标，才能正确地影响自己的学生，学生也才会产生对教师的仰慕心，使其"亲其师，信其道"。同时要加强教师与中国传统文化教师队伍的师资整合力度，充分发挥两部分专业教师在原有学科知识储备和科研教研能力的优势，通过集体备课、项目课程研发、教学活动设计等方式，盘活课程体系，构建开放的、多维的、立体化的教育课程群和课程讲授模式，只有课程的主体教授者有活力、有激情、有吸引力，才可能将课堂变成有广度、有宽度、有深度又有温度、有热度的课堂。还有，就是要发挥受众的主体作用。在教育中，青年学生是占主体地位的，一要加强教育的引导，不断挖掘对教育课程的趣味性和吸引力，将优秀传统文化巧妙地融入课堂，让学生认识到中国传统文化中的优秀基因，激发他们进行自我学习和探索的热情。二要尊重学生，不能采取强迫式的教学，要慢慢进行引导，通过课程的教学改革，进一步加大实践教学改革力度，增设设计性、综合性、体验性、创新性课程模块，引导学生通过团队协作、社会调查、人物访谈、项目设计、展示论证等方式，使他们真正去搜集信息、梳理要点、加强体验、探索根源、整合资源，通过个人真实体验、团队交流共享、教师宏观指导，在行动探索过程中扩大对中国传统文化的知识掌握覆盖面，引发他们对国家历史与社会现实的深度思考，在团队展示研究中深切体会中国传统文化的博大精深与永恒魅力。最后，要营造积极的文化氛围，加强优秀传统文化第二课堂活动的专业教师指导队伍建设，优化优秀传统文化校园活动的内容选择和细节设计，打造以传统文化传承为主题的校园文化品牌活动，开设传统文化讲堂，邀请在文学、艺术、文化等方面有造诣的学者来校开坛讲学，同时加强校外文化基地建设，有效利用社会文化教育资源，多角度、多层面地潜移默化地感染学生，引导他们积极参与第二课堂活动，融实践性、趣味性、知识性、主动性为一体，帮助他们发现自身传统文化的兴趣点，达到扩大传统文化知识面，提高文化鉴赏品位，影响他们的思想观念、价值标准、道德行为，完善健全人格的目的。

第三节　传统文化与教育融合的应用价值

教育的主要目的是"育人"，"育人"当然不能脱离我国的文化环境。教育在本质上，也是在历史中传承发展下来的，它不能脱离传统文化而存在。中国传统文化和西方的"智性文化"不同的是，中国传统文化更讲究"育人"的道德层面，中国自古就有崇德尚仁的观点，要成为一个合格的人，就一定要有高尚的思想道德主阵地，因此中国传统文化是一种"德行文化"，中国古代道德教化也在教育中占有重要的地位，并且在发展过程中形成了较为完备的体系，很多优秀的思想意识和精神培养就从中发端而来，例如谦恭有礼、爱国爱家、孝敬父母，等等。中国传统文化具有非常突出的强化道德完善的色彩和要求，这有助于维护人与人、人与社会以及人与自然之间的和谐共处，避免矛盾，有利于社会的稳定，在推动历史发展上具有极大价值。它强调道德修养和道德教化，这不仅推动了历史发展过程中的德育，培养了诸多道德品质高尚的仁人志士，也为当代教育提供了良好的历史渊源和文化支撑。二者相互渗透、融合必将促进我国教育事业的不断创新发展。

习近平总书记强调："在带领中国人民进行革命、建设、改革的长期历史实践中，中国共产党人始终是中国优秀传统文化的忠实继承者和弘扬者,从孔夫子到孙中山,我们都注意汲取其中积极的养分。"在教育发展的新时代,更应该从中国优秀传统文化中汲取营养,凝聚适应于新时代人才培养目标的内在力量,在传承的基础上进行大胆创新,形成"文化育人"新格局,提升教育工作的科学性和内涵性,打造教育事业新高地。

一、有助于提高人们的思想道德素质和文化素养

我们知道,中国传统文化的核心价值取向是崇尚道德,加强道德教育,提高道德影响力是中国传统文化几千年来的优秀传统。在我国古代的教育体系中,有着众多的学科,春秋战国时人们就要学习礼、乐、射、御、书、数六艺,但是这些教育并不是我国古代教育的最终目的,古代在学科教育的同时,更加注重对于人们德行的培养,中国古代强调的是德才兼备的人才,而不是有才无德,或是有德无才。一个人只有既有知识,又有崇高的道德品质,才能达到成为"君子"、成为"圣人"的标准,是一个理想的人。这种观念,在中国几千年的历史中一直没有改变,由此也可以看出中国古代教育对于人们德行塑造的重视。

近代以来,随着西方列强的入侵,中国社会日趋衰败,人们对自身的传统文化产生了怀疑,并拉开了反传统思潮的序幕。在我国近现代三次反传统文化思潮的影响下,中国传统文化遭到严重破坏,致使许多人对我们自身的民族传统文化态度淡漠、认识不足,最终导致民族文化的失落与人们精神家园的相对荒芜;另一方面,自新中国成立以来,我国教育在其几十年的发展历程中,虽然取得不少成绩,但其偏重理论灌输的教育模式单一枯燥,使得人们对马克思主义这一科学理论的认识与接受大打折扣,自然使得人们树立科学的人生观与价值观也显得极为困难;再次,市场经济时代的经济形态一方面强化了人们的平等观念和经济意识,提高了人们的自主意识和竞争观念,另一方面也导致了以金钱多寡作为价值判断标准的拜金主义的滋生,引发了极端的个人主义和无政府主义;加之在当今经济飞速发展与信息爆炸式传播的全球化时代,多元文化交流亦日趋频繁,在各种各样的价值观的影响下,人们尤其青少年不免会受到诸如狭隘的功利主义、享乐主义、拜金主义、个人主义等各种不良价值观潜移默化的影响。正是上述这种种因素的综合影响,造成了人们人生观与价值取向的盲目与混乱,因此,将中国传统文化中优秀的德育思想不断融入教育,不仅有助于中国传统文化自身的发展,也有助于改变我国当前教育工作中过分偏重理论灌输的教育模式、受教育者消极被动等教育困境,有助于消除功利主义、享乐主义、拜金主义、个人主义等各种不良的价值观对人们的消极影响,有助于人们树立正确的人生观与价值观,提高人们的思想道德素质和人文文化素养。

面对社会发展的诸多问题,我国教育工作的发展面临改革难题,其"立德树人"的本

职要求教育工必须要坚守政治站位，明确"又红又专"的培养目标，这与中国传统文化"仁义礼智信"的育人理念不谋而合。在教育工作中，中国优秀传统文化是"立德树人"的源头活水，重塑中国传统文化的精神内核，与教育工作融会贯通，能够更好地提升当代青年生的思想道德水平，帮助其在价值养成的关键时期，系好人生的"第一粒扣子"。与此同时，在中国传统文化教育实践中，更加注重个人素养的全面提升，对于当今教育多学科融合背景下复合型人才的培养具有借鉴意义，以文化人、以文育人，真正实现"德才兼备"的人才培养目标。

二、有助于增强民族凝聚力和培养爱国主义精神

文化具有民族性特征，也就是说某种特定文化，其一定是和特定民族紧密联系在一起的，是维系这个民族统一化的力量，是这个民族特有的思想观念和生活形态。中国的传统文化是由中华民族创造出来的，所有中华儿女都受它的影响，并内化为自己独特的思想观念和生活形态。一个民族长期共同生活，同时开展共同的社会实践活动，就会在此基础上形成民族文化，这是本民族集体智慧的结晶，它体现在民族生活的方方面面，延续在民族发展的整个过程中。无论是顺境还是逆境，它都会积累巨大的力量，在需要的时候发挥出来，让任何想破坏民族团结的企图无所遁形。由于共同的文化心理，每位中华儿女，对于中国传统文化，都有一种亲切感。现在在海外一些中国人生活的社区，随处可见中国传统文化的踪影，就是这种文化环境影响的体现。此外，这种共同的文化认同感，在某些特定时期，还可以有效地调和社会矛盾或者阶级矛盾。而且，当国家或民族由于种种原因尤其是因为统治者腐败骄横而处于落后状态时，人们会爆发一些不满的情绪，但人们不会因此就接受外来文化，抛弃自己的文化，而是在传统文化的驱动下，将这些腐败者同国家和民族分离开来，从爱国、爱民族的点出发去反对腐败，行动起来去除危害社会的种种状况，这些都是文化凝聚力的表现。

爱国主义是中华民族的优良传统，也是民族精神的重要内容。是中华民族繁衍生息、充满生命力、始终自强于世界民族之林的根本核心力量。继承和弘扬爱国主义优良传统，是对我们每一个公民的基本要求。然而，自20世纪70年代末我国实行改革开放以来，西方的文明成果不断涌入中国，与此同时由于反传统思潮尤其是"文化大革命"所导致的对中国传统文化的严重破坏，使我们对中国传统文化的继承和发展基本处于停滞甚至倒退状态，民族文化的缺失使我们对中国传统文化的精髓知之甚少，造成了我们对本民族文化失去自信，进而造成民族凝聚力的丧失。在部分人群尤其青少年群体中，以往被视为神圣的"民族"、"国家"、"理想"渐渐失去了昔日的光彩，失去了往日激动人心的力量，相应而生的则是个人主义、拜金主义、自由主义等各种不良价值观的泛滥。在这种状况下，本该

胸怀天下、铭记历史，为中华之复兴而努力的青年，却往往没有理想与信仰，急功近利、崇洋媚外等不良行为在人们身上屡见不鲜。

民族凝聚力是一个民族、一个国家内部的一种强劲有力的、持续不断的向心力，是在基本目标一致前提下的一种团结奋斗的力量。民族凝聚力的增强和爱国主义精神的培养，不仅仅关系到个人的发展，更关乎民族和国家的未来。这宝贵的精神财富贯通于中华民族五千年的发展历史，在中国传统文化的精髓中熠熠生辉，因此在我国当前的教育中加强中国传统文化教育显得尤为重要，在传统文化中积极挖掘教育资源，是对传统文化所蕴含的民族精神的继承和弘扬，对我们增强民族文化认同感，树立民族自尊心和自信心，增强民族凝聚力有极大的作用。有助于继承和弘扬爱国主义优良传统，培养爱国主义精神。

三、有助于挖掘更加丰富的教育资源

中国传统文化历来非常注重对于人们道德素质的培养，因此古代教育非常重视道德教化，并且强调要在实践中自省，在外在的言行上表现出自己的道德修养来。这些中国传统文化的教育思想充分体现了人们"以文化人"的精神。这些思想沉淀下来，也成了当代教育的宝贵资源，在现在的教育工作中，也要坚持这样的教育准则，以提高青年的思想道德修养为根本。

首先，中国传统教育追求的是要塑造具有圣贤的人格特点，道德品格培养和社会责任意识一直居于古代教育的首位，古人提出了很多关于君子、圣人的标准，要求人们去实践、去提升，最后达到"止于至善"的境界，这是最高的道德层次。其次，中国传统教育也注重培养人们的整体观念，要求人们不能以个人主义、功利主义为导向，而是要将国家和民族放在个人前面，在修养上追求天人合一，要有一种和而不同的处世态度，要有一种开放融通的创新精神，对人对社会要诚信，不欺人，要追求内圣外王的理想人格与人生取向等。再次，中国传统文化注重言传身教，强调教育应该遵循身正为范、因材施教、循序渐进等基本原则。最后，中国传统教育在教育方式上强调要"知行合一"，知和行要统一起来，学和思要结合起来，要经常反省自己的言行是不是合乎君子圣人的标准，有则改之，无则加勉，就算是一个人独处，也不能违背道德准则，要达到"慎独"的标准。中国传统文化中自强不息、信义勤俭、爱国向上、报国修身等精华思想内容不断为我国思想道德建设提供重要的道德原则和价值尺度。

综上所述，我们可以发现在中国传统文化中的教育资源是非常丰富的。然而由于20世纪三次反传统思潮的影响，中国传统文化遭到十分惨重的破坏，进而使其各方面的功能亦受到严重蒙蔽，加之我国教育自身对传统文化的忽视，其内在蕴含着的丰富的思想道德教育资源亦很少被教育拿来使用。因此，重新审视存在于中国传统文化中的教育资源，发现它的教育价值，并且将其与当代教育有机地结合起来，进一步完善教育课程体系，提升教育育人的实效性，扩大主阵地，综合校内外各类社会文化资源，打造立体化、多维度的教育育人体系是非常有必要的。反过来，在这种有机的结合中，教育也可以极大地促发青年们主动去开发传统文化中有价值的资源，形成一个良好的循环。

四、有助于拓宽教育的研究视野

20世纪80年代初，教育体系开始在我国建立起来。很长一段时间以来，它都一直笼罩着浓重的政治色彩，成为我国特有的一门应用学科。不可否认，教育为我国的社会主义事业发挥了巨大的政治功效。然而，分析其概念的内涵我们知道，教育并非我国所特有，它是阶级社会普遍存在的一种教育实践活动，只不过在其他国家，它的名称有所变化，称为公民教育、国民精神教育，等等。不过在我国，长期以来，由于教育被赋予过于浓厚的政治色彩，它总是在那个固定的框架范围内运转，人们在教育或接受教育时，都有单调且枯燥之感，无法从不同的角度对它进行审查和研究，因此以前人们看教育的眼界比较窄，这门学科也显得较为僵化。然而，在我国逐渐进入到改革开放，并且经济大发展以后，教育的研究者们拓宽了眼界，找到了很多有效的方法。尤其是将传统文化融入教育中来，可谓是一个极为符合时代发展要求的途径，这些方法也能将教育带活，并且改变原有的那种单一枯燥的灌输说教模式，让学生们通过文化知识学习、文化传统体验、文化自觉意识提升来改变原来对教育的固化印象，让教育更有文化气息，更接地气，更有存在感和效能感，通过传统文化的切入让学生们喜爱，并且受到它的强烈影响，从而做到古人所说的"知行合一"、"至善至美"的理想人才，实现学生成长成才的教育目标。

五、有助于拓展教育学科的创新途径

随着社会的发展，各门学科的边界正在被打破，一门学科要想创新，就需要和其他学科融合，交叉渗透。这种交叉，其实是科学发展的必然，没有哪一个学科是能单独存在的，所有的学科都包容着其他学科的知识。只有这样，学科才能进行创新，获得新的生命力，进行新的发展与进步。教育也不例外，也与很多学科有着交叉渗透，从内容上看，它就包含有哲学、历史学、心理学、美学等方面的内容，它涵盖着多种和"人"有关的学科。而教育要想发展创新，也必须要和这些学科深度交叉融合。在我国，教育学科在几十年的发展历程中，成果非常丰硕，为社会主义建设做出了巨大贡献。但现代社会发展速度一日千里，已经与原来的发展形势不可同日而语，比以往任何时候发展得都要快，经济一体化、信息全球化、大数据时代所带来的消费主义、快餐文化不断地冲击着我们的思想观念，在这种情况下，当代青年的认知方式和价值判断标准也发生了相应的变化，原有的思政教育形式和内容，都不能满足现实需求，社会和时代都给教育提出了变革的要求，在这种需要的前提下，中国传统文化因其对道德教育的推崇与重视及其教育内容的丰富性、教育方法的渗透性等特点，正是思政教育工作所需要的。所以，推动中国传统文化与教育互相交叉渗透融合，能够充分挖掘和发挥中国优秀传统文化在教育过程中的育人功能、稳定社会功能和整体凝聚功能，拓展了教育研究的新视角，把植根于中国人内心的优秀传统文化精神与马克思主义中国化理论相结合，是引领当代中国教育良性健康持续发展的必由之路和科学选择，积极探索中国优秀传统文化传承与社会主义市场经济建设、民主法治进程推进、先进文化传播、社会治理科学化等社会事业的深度融合方式，亦成为教育创新的途径之一，这也是步入大数据时代中国必须面临的文化建设与思想道德建设应有的责任与担当。

第五章 传统文化与教育融合的问题剖析

第一节 传统文化与教育融合的现实情境

文化是一个民族一个国家的重要的精神内涵力量，是保证一个民族完整性的最主要力量。自从党的十八大以来，习近平总书记的重要治国理念很多都是起源于中华优秀传统文化。这也说明了，文化的发展是国力强盛的需求，是民族振兴的需要。作为学校来说，担负着为社会主义现代化建设不断注入新生活力的重要责任，是国力发展的最重要基础。将优秀传统文化融入思政教育，有助于借助中华民族的道德成果积累，提升当代青年道德教育水平；有助于将民族情怀和爱国主义精神等正能量在青年群体推广，将优秀传统文化内容融合到思政教育中去，是现阶段思政教育教学工作不断改善的需要，是培养适合社会发展需要的全面性综合人才的需要，具有发展的必要性和现实可行性。

虽然中国传统文化与思政教育相融合具有重要意义，但从目前现状来看，中国传统文化不论是在相关学术研究层面、还是在教育实践中都存在明显缺失的现象，将中国传统文化融入思政教育依然面临着许多现实的困难和问题。

一、相关学术研究层面存在的问题

将中国传统文化与思政教育相结合的研究，是近年来教育学科创新发展的方向之一。目前学界对这一方向的相关研究主要集中在二者的内在关系、中国古代教育史、中国传统文化与社会主义核心价值体系的内容共通处等方面。从总体上看，学界在相关方面的学术研究取得了一定的效果，尤其是在中国传统文化内容与现代教育需求的契合点上，取得了比较广泛的成果，而且使得中国传统文化与教育研究逐步趋向成熟化和学理化，对教育理论来源进行了相当程度的创新和发展，同时也极大地完善了教育的理论体系。推动了将中国传统文化融入教育的进程，是传统文化焕发新的生命力的有益途径。但是，不可否认的是，当前的研究中也存在不少问题，对中国传统文化与现代教育的彻底结合还存在一定程度的阻碍。

（一）研究意识与创新性不足

关于中国传统文化与教育研究，目前从事教育工作研究的学者已经开展了不少工作，但学界还没有引起足够的重视，将之上升到应有的高度，所以学界也没有进行过有针对性的探讨。根据对相关研究者研究成果的分析，大部分研究者仅有一篇相关研究论文，没有后续研究成果，这说明研究者缺乏对这一方向持续性和深入性的研究意识。可以说，在这个问题上呈现的研究态势是多点进行，缺乏全面。大家各自为战，自己找到感兴趣的点就做一下了解，没有全面的、整体性的研究体系构建意识。在很多研究者看来，传统文化的学习，是第二课堂的内容，是学生活动的形式，更多的意义在于传统文化内容传播普及，而并未将之当作可以成为一门独立课程，值得进行专题研究的存在。很多人关注传统文化，仍然存在于文化内容本身，借此了解古人生活、学习古代历史文化知识等，没有意识到其中蕴含着对现代青年进行教育引导的重要意义，能够在现代教育工作中发挥重大的作用。另外，目前学界在相关方向的研究中存在选题单一、内容重复等问题，相关方向的研究大多侧重简单的操作性层面的问题，而忽视从理论深度上思考关于中国传统文化与教育相融合的学理依据和逻辑内涵等方面的问题；而且不少研究者视野狭隘，大多还是从政治学和教育学方面去看问题，只是研究传统文化中的政治和思想教育，没有扩展开来，从更多视角进行研究。很多关注此类问题的人员，多是没有从事过青年思政教育的业务人员或者只从事学生教育的管理人员，前者缺乏思政教育经验，不知道如何开展相关工作；后者又缺乏专业支撑，在进行具体教育工作时，无法有效借助传统文化的力量。同时在这两类工作中具有相当丰富的知识积累和实践经验的人员相对缺乏，无法在二者之间建立有效的沟通和联系，所以研究和看待这一问题只能浅尝辄止。特别是对传统文化的发展脉络，没有清晰的认识，自然也不能按照脉络演变，将之应用到教育工作中。比如我们谈传统道德理念对现代价值观形成的影响，是哪些道德观念，这些道德观念的形成过程和在其当时阶段的应用情况是如何的，如何与现代工作形式和表达方式结合，这些问题都不在考量范围里，自然也就没有办法真正实现二者的结合。这种问题研究的表面化情况非常普及，很多研究者停留在对相关内容的提取上，不去研究如何应用、如何在实践工作中体现，思路仍然是理论指导实践的初级阶段，难以指导实际工作的开展，在中国传统文化与教育相结合的创新性方面也有待进一步加强。

（二）研究广度与深度有所欠缺

纵观目前出现的研究成果，基本上偏于宏观性阐释，主要着力从中国传统文化的宏观视野入手，提炼出一些对教育具有启示性的教育资源，且提炼出来的资源相差不大，因为多半是选取的某一观念代表性的思想表述，缺乏对这些资源提炼依据的进一步溯本追源；

这些宏观理论无疑是经过历史检验的，但也不免因架构层面高，概括性强，无法融入具体的实践活动中。其实在宏观理念的形成过程中，肯定是有无数具体阶段和详尽内容的，目前对这部分的挖掘尚有大片的空白。比如众所周知的修齐治平观念，人人皆知，但是如何修身、怎么齐家、何为治国，都没有做出具体的说明，或者仅仅阐释了其内涵意义，不足以指导个人行为。让人听来明知道有理，却无法践行。古人在这方面其实有具体而微的操作及说明，但没有进行深入细致的探索，导致只看到果，未看到成长。要知道，中国传统文化的形成是一个相当长的延续过程，其间各种文化的融合，各个历史阶段的解读与丰富，各个内容的变化与整合，都发生过非常复杂的变化。这些变化的存在，正是某种理念、思想之所以具有生命力的来源所在。不对其进行了解和解读，是无法形成整体结构观念的。

目前学界对中国传统文化与教育二者内在关系的解读，基本上都是泛泛而论的比附性论证，泛论、空论、重复性论述比例偏大，选题空泛、内容雷同、观点相似，缺乏对两者相融合的学理化的系统阐述与深入探究；就方法论而言，如何构建综合、科学、前瞻的方法论体系从来都是研究文化与政治、文化与思维、文化与历史乃至文化与群体声音的重要依托，所以，学界对中国传统文化与教育二者关系的论证存在更多的可能性；这些可能性主要是如何将传统文化具象化，能让现代青年了解、认知、认同，这种认同是内化于心、外显于行的，如果不能实现这样的效果，那这种关系解读、这种文化传导仅仅是浮于表面而不能发挥有益的效果。

作为中国传统文化的重要内容，儒、释、道三种意识形态无疑是占据主要地位的。所以这也是很多研究者乐于选择的突破口，通过对其综合研究，分析思想流派，提炼代表观念。研究内容也多数是从从儒家思想或孔子、孟子等少数代表人物的思想中来挖掘相关的教育资源，而缺乏从道家、法家、墨家、佛教等不同流派思想以及秦以后不同时代代表流派或代表人物的思想中来挖掘相关资源，且对不同流派对中国传统文化的影响和作用以及其对教育提供的资源和理论缺乏相应的深入探析。要知道，中国传统文化中的思想道德观念的形成，绝非哪一个学派单独完成的，即便是被历代封建统治者尊崇的儒学，也是糅合了多家思想内容而形成的，从这个角度来说，儒家本身和其外的各种学派、学说、学理，都有或多或少的可取之处。

虽然中国传统文化中的教育资源非常丰富，然而这些资源却不是一成不变的，它们随着时代与社会的发展也在不断发展变化，关于如何解释这些教育资源的流变，现在学术界还没有一些较好的研究。丰富的思政资源伴随历史语境的更新而变化，如果不能与时俱进地结合国际政治语境、世界文化历史作为对比维度，如果不能将世界历史中最古老的文化传统沿袭和政治教育体系纳入参考坐标，那么对中国传统文化和思政关系的研究也许还不够周致严谨。

通过以上的分析可以看出，虽然现在人们已经有了一些关于传统文化和教育的研究，也取得了一些研究成果，但在研究广度和研究深度方面均有所欠缺，停留在理论层面上的多，而专注于由理论到实践过程的少，如果长期保持这种状态，必然是传统文化与现代教育的结合流于形式，或者对个体的观念影响还是依靠传统文化自身独有的润物效果，而不是有意为之的思政教育。

（三）相关学科与人才建设有待加强

关于中国传统文化与教育的研究，其研究者必定要具有这两方面的知识和学术背景。然而根据对相关研究者的学术背景的分析发现，目前从事这方面研究的研究人员大多学科背景复杂，专业知识结构单一，大多数相关方向的研究者无法满足上述要求，他们在专业知识结构上要么偏重教育理论或马克思主义理论，要么偏重中国传统文化，在两者的交叉渗透研究方面往往只能泛泛而论，这也影响了他们学术研究成果的质量。

近年来，虽然这一研究方向日益受到重视，有一些学校已经开展了相关方向的教学与研究，如福建师范大学、江西师范大学、北京化工大学等，并有部分学校对其展开了更加专业和深入的研究，开设了相关方向的硕士与博士研究生教育，如海南大学、安徽农业大学、华北电力大学、首都师范大学、东南大学等，但范围还很小，在学界的影响力仍然不够；随着这一研究方向在学界的不断开展，目前已有若干相关的硕士论文和博士论文，并不断有新的研究力量加入，相关专著也在不断问世，但相关的专著数量仍然较少，通过对相关论文的检视发现此类论文发表的学术期刊等级大部分较低，在中文社会科学引文索引（GSSCI）中自1998年以来题名包含"教育"关键词包含"传统文化"的论文数量非常之少。因为研究工作缺乏必要体系，没有形成较大的学术影响，难以建构较为重要的研究项目，也导致相关研究工作难以引起重视，所以国家相关部门、教育机构对相关学科的建设与人才培养的政策支持与经费投入都相对不够，对中国传统文化与教育研究的课题资助也相对薄弱。

从这一点上来看，专业研究人才的培养，是工作重要的内容，是将之提升到相应高度的有力支持。推动传统文化在工作中的应用，必须意识到人才建设对工作的重要性。工作是一项与社会综合发展、国家道德建设、群众素质培养息息相关的重要工作，关系到中国特色社会主义建设工作的发展。结合传统文化开展教育工作，推动民族文化在个人发展中的作用，又是新时代以来思政工作发展的重要内容。目前思政教育工作面临的形势是复杂和多变的，学生群体的观念呈现出五花八门、千变万化的态势，如果仅仅是目前担任青年学生思政教育工作的辅导员来从事传统文化理论研究，既不现实也难以开展，时间和精力都无法保证。尤其是在时代已经进入信息化网络化的前提下，对专业研究成果、专业研究力量的呼声日益高涨。从当前社会媒介声音日趋活跃多元的发展趋势看人才建设格外迫切。政治教育人才培养和工作对人才内心思想世界的影响价值是所有思政工作的双重诉求。高度重视这一点，才能成功激发探索中国传统文化与教育关系的新思路。

（四）学科立场的辨识度不足

中华民族传统文化博大精深，内容丰富多彩，它自身的形成，就是融合了多学科、多门类的结果。所以将之与思政教育相结合，就成了多学科的综合，包含了心理学、教育学、政治学、历史学、哲学等不同学科的知识。既然包含了众多学科的知识，那就一定会借鉴这些学科新的研究成果，那么这个结合的过程就成了多学科参与的过程。但是以哪一个学科为主，或者说应该将之定位到哪一个学科上，并没有明确地显示出来。尤其是中国传统文化强调包容性和整体性，但缺乏学科体系构建意识，不同学科之间分类并不明确。所以在中国传统文化与教育结合的工作过程中，教育与政治伦理以及中国古代思想史等的分界就不够明晰。目前学术界的研究，有观点认为"思想教育"的表述可以表达古代教育的特质。中国古代的教育是以伦理道德教育为核心的，是包含着大量的政治教育、思想教育和德育教育的大德育体系。强调德育是我国教育的古老传统，这也是从当时的社会构建需求出发的，不管是封建社会还是奴隶社会，都是以少驭多，更需要有从上到下的社会秩序，这种秩序维持最好的办法就是参与人自发自愿，所以才通过德育教育养成个人行为，人人有德则社会有秩序。所以无论是奴隶社会还是封建社会，教育都是以德育为基础的。智育、美育、体育都是从属于德育的，渗透其要求和内容。我国很多古代教育家曾经系统地讨论过德育的过程，并对个人道德修养提出了各自的要求和形式。虽然由于历史的局限性，很多是对剥削阶层的偏见和理想主义的假设，但是他们从道德教育的实践中总结出了一些理论，一定程度上反映了道德教育的规律。而之所以用思想教育取代教育，他们主要认为政治教育从属于思想教育。虽然现代社会将它与教育合起来称呼，但并不是认为这两者的地位是平等的，而只不过是凸显了教育的政治性。古代人看重的主要是道德教育，政治处于从属地位。古人讲究"成德""成人"。但是，为什么在古代的教育中，政治教育不是主要的部分，我们现在还没有看到让人信得过的一些解释。有观点认为，在林林总总的古代德育思想典籍中，基本上是从"狭义"的方面来理解的德育。而实际上，"德育"应该从广义的方面来解释，这个概念与"教育"或者"思想道德教育"有互释性，因此"德育"的广义概念可以突出教育的学科立场。但问题是，广义"德育"怎么能够解释古代德育思想？在这个方面，也没有特别做出说明。上面提到的观点从自己的立场论述了古代教育的特质，但是是做出结论性的论述，没有提出过多的依据，因而他们所言的"特质"也不算清晰，在现在的研究中，如果不将这个问题阐释清楚，古代教育的理论体系的构建就不算完善，那对于古代思想史的研究也会是不完善的。出现这种情况，一方面是中华民族传统文化积累浩如烟海，本身就包含了多样化内容，在不同的历史阶段，还会根据需求进行调整整合，尤其是改朝换代之际，往往有思想意识形态领域的变化，这是历代统治者都高度重视的方面，所以进行追根寻本的解释是难以成形的，其间的复杂化远超想象。另一方面，现代思政教育工作，也有了新的特点和要求，受众的地位、意识主动性，思政教育的方式和手段，主客体间的立场变化，外部大环境的改变等，都发生了变化，这种变化不是一一对应的，也不是由此及彼的，所以二者的协调并不简单和易行，不能并列对比，这是为什么相关研究工作还无法形成一个完成的学科体系，所以导致出现学科立场辨识度不高的情况。

（五）研究方法存在误区

目前，学术界在中国传统文化与教育研究中，还存在研究方法上的误区。这主要表现在以下几个方面。

第一，是用现在的教育理论，去碎片化地看待传统文化内容，教育需要什么就去找什么，带着结果找过程。这种反推式做法，往往能够找到所需的内容，而且似乎也能在两者之间找寻到共通之处，但这种共通相对比较肤浅，有点类似问答式，一个问题对着一个答案，无法再深入地探索。目前，在相关研究中，由于大部分学者是教育或马克思主义专业出身，对中国传统文化本身缺乏深厚的了解，这就使得他们对中国传统文化进行阐释时，只能用当代教育理论去阐释中国传统文化，而做不到把中国传统文化放在历史的特有境地和历史的人文环境中去思考，这样就不能探讨出中国传统教育的内在特性和还原它的本来面目。当然，这里不是要否定用现在的教育的需求去看待中国传统文化中包含的教育内容，而是要求我们在研究时要将古代的教育放在当时特定的历史环境中来，因为所有的古代思想都是在特定历史阶段出现的，不可避免地代表当时的思想道德追求。所以我们要想追求它的真实性，要尊重古人在教育中的本来思想内容和指向，要达到的本来目的，就要遵循的本来方法。

第二，是用逻辑推衍的方法去代替实证研究。目前学界在中国传统文化与教育的研究中大多是以逻辑推衍形式来进行的，即要么是从中央下放的文件精神中去寻找古代的教育资源，要么是从古代的相关典籍中去解读教育资源，却往往忽视了从大众群体对教育的认知，以及大众群体对现代教育的需求中去找寻教育资源。这样的话，从中找到的资源就有可能和它的应用价值脱节，不能让大众群体真正运用到实际生活中来。也就是说，这种推衍看似是要体现传统文化的现代意义，但还是仅仅停留在理论传导层面，无法体现实用性。

第三，是研究视野不够完整，只对点进行了解，不对面进行构建。往往是抓住一点阐释，浅尝辄止，没有深入广泛的研究。尤其是在古为今用的过程中，对古今中外文化差异背景下的工作比较研究不够，既找不到他人的长处，也看不到自己的缺点。我国当代教育工作立足自身社会现实，时代背景和社会体制都发生了变化，但不等于不能在思想、政治、道德、文化甚至法制维度上形成与古代的比较。学习借鉴传统文化，也正体现了民族文化的自尊和自信，我们应以极大的热情来推动这一点。所以要补足这一点能够使我们的研究更加立体，更加科学，也更加体现前瞻和洞察。

二、相关教育层面存在的问题

中华文明历经五千余年的发展，积累了厚重的文化底蕴，形成了以爱国主义为核心，自强宽厚、群体至上的民族精神以及崇德尚仁、天人合一、和而不同、诚信求真、知行合一、开放融通等优秀的传统文化思想，影响着一代又一代的中华儿女。将中国传统文化积极融入教育实践，对于推动教育工作与学科发展有着十分重要的意义。毋庸置疑，学校从来是思政教育工作的重要阵地，无论是从工作对象的精神世界成熟程度还是从社会文化思潮的影响聚集度看，学校都是极易形成多种意识形态观念的空间。当下的社会语境具有意识形态观念融合复杂、互联网话语多元化和社会文化期待推进变革等特征，当代青年再也不是没有其他选择的群体了。网络世界中大量涉及道德、信念、思想等的内容，已经成了当代青年人形成人生观、世界观、价值观的重要内容来源，更何况在现代各国的相处之道里，很多西方国家有意识地通过网络进行价值观念的传输，影响青年一代的思想信念。在这样的大环境下，如何正确梳理青年精神层面所思所想，正确把握青年思想观念动态变化，正确使用并更新科学技术手段在工作中的物质基础功能，是新的历史时期给所有思政工作者提出的命题。中国传统文化中优秀部分的解读和传承，应该成为解决一个命题的新力量，不仅如此，还应该将优秀传统文化的传承与优质网络平台资源相对接，推进工作方式、内容和思路的改革创新。所以，如果不能正视中国传统文化在校园中生存现状，损失将不可挽回。

（一）中国传统文化在教育中缺失严重

目前我国很多学校教育中都缺少传统文化教育内容。中小学由于高考学科导向，无法单独开设传统文化课程。而在大多数学校的教育课堂里也几乎找不到传统文化的影子，只有少数高校开设了"中国传统文化概论"等涉及中国传统文化的选修课。1993年10月8日，国家教委颁发的《关于高等学校教育专业办学的意见》中，明确规定了专业本科设置经济类、管理类、应用类和系统性、行业性业务知识课在内的基础课，包括"马克思主义教育著作选读"、"马克思主义教育理论基础"等6门专业课。2005年3月，中宣部、教育部下发了《〈中共中央宣传部、教育部关于进一步加强和改进高等学校理论课的意见〉实施方案》，方案明确规定：本科课程设置"马克思主义基本原理"、"毛泽东思想、邓小平理论和'三个代表'重要思想概论"、"中国近现代史纲要"、"思想道德修养与法律基础"四门必修课和"当代世界经济与政治"等选修课，专科课程设置"毛泽东思想、邓小平理论和'三个代表'重要思想概论""思想道德修养与法律基础"两门必修课，同时本、专科都要开设"形势与政策"课。从目前我国高校理论的课程设置以及高校教育专业的课程设置来看，目前中国传统文化并没有被设置为我国高校教育的必修课程，其内容只是零散分布在部分章节中，尽管也有一些高校开设了"中国传统文化概论"等类似课程，但也仅是作为选修课开设，普及程度有限，而且这类课程是以知识传导而非教育学生理念为目的的。而关于中国传统文化与教育方向，更是缺乏相关课程的开发与设置以及相关教材的编写。可见在我国当代教育中，着重突出的是其政治性，而对文化性却没有给予应有的关注与重视。在政治学习类课程之外，很多学校更重视专业知识学习，有完整的专业课程体系，有配套的实践活动内容，但完全忽视了传统文化教育，认为文史哲知识实用价值不高，缺乏应有的文化自觉性。

不仅如此，目前我国各个学校开展的关于教育的实践活动，其中和中国传统文化相关的也不成一个体系，只是一些学校随机展开，并没有形成一个固定的有体系的活动形式。很多学校有这样的内容，但是都是根据自己的阶段性现实需求设立的，完全是就事论事，根本没有去构想课程体系的设置。同时，即使是有一些和中国传统文化相关的实践活动，目前很多学校也没有将其和教育很好地结合起来，而多半让这样的活动成了应景性活动。所以，传统文化和思政教育二者几乎是剥离的，这对于中国传统文化中的教育资源是一种浪费，也导致了我国教育中中国传统文化成分的缺失。引入传统文化内容，搭建工作平台需要从大结构角度思考。所谓大结构，其实就是构建大的工作机制，把工作与学校的宣传、专业教学、学生管理等各个层面相互联结、打通，通过引入传统文化内容，提升工作水平，让教育工作呈现出积极向上的宏观形象，让工作消融掉以往存在的僵化肢解枯燥的问题，以更加生动形象、更加符合受众心理的方式融会贯通于学校的其他工作环节中，做到"存而不独，活而有序，久而不僵"的新状态。没有大结构意识，没有综合性融合意识，这种具有生命力的政治思想工作很难形成，更无从谈起对青年学生的思想影响和精神引领。

（二）专业教师的传统文化功底欠缺

中国传统文化与教育这一研究方向要求专业教师必须在中国传统文化和教育这两个领域均有一定的学术功底，并且具有这两种甚至多种学科交叉渗透综合研究能力。然而遗憾的是，我国大部分的思政课专业教师均无法满足这一要求，他们的专业知识结构相对单一，多半是社会学、心理学方面的内容。学科的综合交叉渗透研究能力相对薄弱。目前我国思政教育师资队伍的主体是马克思主义理论专业的教师，尤其是从事理论课教学工作的教师，这些教师大多是专门从事马克思主义理论与教育理论的教学与研究工作，他们大多对中国传统文化兴趣不足、重视程度不够，其专业知识结构相对单一，偏重于马克思主义理论和教育理论，中国传统文化底蕴不足，学术功底相对薄弱，无法有效地运用中国传统文化中优秀的教育资源并将其有效地传输给学生；而其中少数中国传统文化功底比较深厚的教师，则主要是专门从事中国传统文化研究的学者与专家，其教育理论与马克思主义理论学术功底又相对薄弱，在中国传统文化与教育如何有机融合方面也缺乏相应的综合研究能力。因此可以说，目前我国教育中严重缺乏相关方向的具有较高专业综合素质并能有效地将其传授给学生的教师，直接导致这一方向的教学与科研任务难以很好地完成，严重制约了教育的实效性与创新发展。造成这种局面的原因之一就是教育偏重于政治教育，而非思想教育。认为政治教育可以代替一切的观念并非绝无仅有，导致了从事学生工作的人员没有传统文化学习背景也就可想而知了。现在学校常见的教育工作队伍包括学校党政干部和共青团干部、理论老师、辅导员和班主任等，该队伍的素质是影响优秀传统文化应用于教育效果的重要因素，具有高素质的教师不仅能够传道授业，还能以自身人格魅力影响学生，所以全面提高教育工作队伍的传统文化素质至关重要。想要改变这一现状，根本做法就是要把传统文化学习纳入育人体系，作为必修课程内容存在，当成个人教育发展的必要内容，使经受高等教育的人员都具有传统文化学习意识和背景。具有这样的背景，进入思政教育工作岗位后，才能有知识基础和主动意识开展相关工作。对思政教育工作从业人员，要开展传统文化专题覆盖式培训，全面提升中国传统文化素养和实际操作能力，传达落实党中央关于重视传统文化教育的指导思想，培养民族文化自信意识和主动意识，切实提升思政工作者的传统文化教育工作水平。在业务教师队伍里选调青年业务教师从事学生管理工作，担任兼职辅导员、班主任等，增加学生思政教育经验和经历，推动个人业务科研工作与思政教育工作结合的深度。

（三）教育的培养目标及教学模式、方法、内容等单一片面

首先，从培养目标以及价值定位来看，虽然我国的教育主要目的是提高学生的思想道德素质，培养各方面全面发展的人才，使得学生走上社会以后能够更好地为我国的社会主义建设服务，但是很长一段时间以来，学校的教育过于强调政治功能，培养政治立场和政治取向合理、有高度政治觉悟和积极进步思想的青年人才，而忽视了思想道德的教育功能，缺乏对个体品德养成方面的引导和教育。导致教育工作政治色彩明显，政治功利趋向性明显；同时，在价值取向上往往强调"社会本位"和"无私奉献"而忽视人的自由全面发展，不注重个人的需求和选择，严重缺乏理性精神与人文情怀。这种单一的要求无法满足当代青年的精神需求，得不到他们的认可，只能作为一种观念的表达，至于表达效果如何完全可想而知。

其次，从教学模式来看，长期以来我国教育在课堂教学中都是以教师为主导的教学模式，这种模式也是目前我国院校的主流授课形式。主要体现为：片面强调教师作为教育者的权威，往往采用灌输式教育方式，通过课堂纪律要求而不是激发个体资源来对学生进行外在的约束管理，忽视学生作为受教育主体的主动性、积极性以及自我约束力；忽视学生的个体差异，无视学生个体水平不等，在教育的教学过程中，习惯于用统一化的目标和标准来要求和评价学生，不重视实际教育教学效果；忽视学生的情感需求，在教育引导方面缺乏对学生交互式的引导导向作用，注重理性，缺少感性，忽视了学生作为个体存在的情感需求；在讲授方式上，很多还有照本宣科的情况，侧重理论传授，不进行相关解读和例证征引，考试以问答为主，只关注知识点的掌握，不考虑实际能力的养成，等等。这种单一化的形式如果不加以改变，传统文化教学就很有可能遭到抵制和反对，对其内容的学习自然也就无法继续下去。

再次，从教学方法来看，长期以来我国教育侧重单一的理论灌输方式，教学方法僵化，很少从人性化的角度出发去关心学生的内在需要、引导学生的自我发展，而更多是从约束性出发，以说教为主，强调学生的无条件服从，缺乏用灵活多变的渗透性的方法来丰富教育的教学方法，难以加强教育的实效性。更何况，中国传统文化本身是充满了感性内涵、注重个体感受的，如果仅仅是内容的转递，忽视其个人体会和意味感受方面的内容，那也无法发挥育人作用了。

最后，从教学内容来看，由于在教育实践中教育目标的偏离与片面化强调，长期以来我国教育重意识形态方面的教育而轻思想道德方面的教育，教材内容陈旧单调，更新速度较慢，没有更好地发挥新媒体作用，形式较为陈旧，不能与我国发展过程中出现的新问题和学生们关心的现实问题结合起来，不能把教学内容和解决实际问题结合起来，不能把内容和个体情感体会结合起来。因此，它不能有效解决学生在思想上不明白或感到不理解的一些问题，难以满足学生的需要，难以提起学生的兴趣，难以引起学生的共鸣。很多学生把教育课程看成应付凑合的课程，既不投入真心，也无从谈起有好感。

（四）当代青年的中国传统文化基础薄弱

中国传统文化是中华民族历经数千年积淀而形成并延续下来且保存相对完整的文化，对整个中华民族的发展具有重要作用。作为新时代的青年，了解祖国辉煌灿烂的传统文化，有助于他们增强民族自信心和民族自豪感。不过，从相关青年对中国传统文化认知状况的各种调查报告来看，现在我国的青年对传统文化的理解和接受情况是不容乐观的。在以部分青年为对象进行的相关调查中显示：在学生对传统文化的兴趣方面，有76%的被调查者对传统文化很感兴趣或比较感兴趣，20%的人兴趣一般，4%的人不感兴趣；在学生对传统文化的认识方面，仅6%的人对传统文化了解非常深入，81%的人了解程度一般，

13%的人不了解；对于古代经史子集，9.7%的人"爱不释手"，66.9%的人"偶尔翻阅"。在以冀鲁豫及京津地区高校在读学生为对象的相关调查中显示：对中国传统文化中的思想精髓，大部分学生缺乏深入的理解；对经史子集，大部分学生只是偶尔读读，仅有2%的学生对其爱不释手；对《论语》、《易经》、《庄子》、《道德经》等思想著作，大多数学生（71%）只是对《论语》比较了解或认可；对于传统文化在当下中国社会的作用问题上，绝大多数学生都认为有积极作用，然而对于传统文化的未来，多数学生则都认为不乐观或感觉很迷茫；等等。据北京大学开展的"当代学生与中国传统文化"的问卷调查结果显示，"大多数学生对孟子、荀子、墨子、王充、董仲舒、朱熹、王阳明等古人的生平事迹和主要思想不太了解，甚至对我国近代著名思想家、北大第一任校长严复表示了解的仅占40.1%"。而且据调查人员反映，"即使表示自己了解某些古人和古典名著的学生中，细究其了解程度的水分也有不少"。虽然，以上调查报告只是反映了我国局部地区学生对中国传统文化的认知情况，并不能完全反映目前我国所有青年对中国传统文化的认知情况。不过，从上面几组调查数据中可以看出，总体上来说，虽然当代青年大部分对中国传统文化比较感兴趣，也比较认同其在当代社会中的价值与作用，然而对于中国传统文化认识与理解程度依然不够，整体的传统文化素养也相对较低。造成这种现象的原因，一是自改革开放以来，中国社会发生了较大的变革，外来思想观念的大量输入，对我国自有文化也有了很大冲击，很多不同于中国传统文化的各种西方文化思潮引入，对我国自身文化有较大影响；二是随着中国经济市场化的建立，学校也纳入到了市场竞争的行列，在人才培养的理念上，重专业技能的提高，轻人文素养的培养。实用型的教育严重影响了学生人文素养的提高，导致学生对中国传统文化意识的缺失；三是很多学生学习目标就是为了找个理想的工作，于是把专业学习放在第一位，学好专业、提高技能成了学习的首要目标，他们几乎没有时间也不愿意主动学习中国传统文化，认为传统文化知识对将来的事业没有帮助。学习传统文化无用的思想在青年学生中较为普遍。

第二节 传统文化与教育融合的实践瓶颈

随着社会的发展，将中国传统文化融入教育中已是必然趋势。青年学生与时代是一种互动关系，是时代的"晴雨表"，对社会的变化最为敏感，其情绪情感、行为动机、价值观念的变化无不打上时代的烙印。因此，开展青年学生的思政教育工作，就要准确把握不同阶段学生思想状况和道德发展特点，要不断了解掌握新情况，研究新规律，选择切实有效的教育方式，有针对性地加强学生思想道德教育，引导和帮助学生形成良好的思想道德品质。正确把握青生的思想道德观念的特点也是传统文化与教育融合的前提之一，因为文化发展总是与时代特点相结合，如果造成二者脱节，那也就没有结合的可能性，不能用过时的思想来应对今天的工作，所以从事教育工作，就要深入学生群体，了解他们的思想状况，才能有实效性地开展工作，才能塑造出社会发展需要的人才，才能体现时代需求和社会发展需要。当代青年思想道德观念的特点具体表现在以下几个方面。

一、思想行为趋于个性化

什么是个性呢？个性是指一个人经常稳定表现出来的不同于他人的心理特征的总和，也就是一个人基本的精神风貌，内在表现为气质、性格、能力等，外在表现为兴趣爱好、观点等。或者个性是指一个人的整个精神面貌，即具有一定倾向性的心理特征的总和。个性结构是多层次、多侧面的，由复杂的心理特征的独特结合构成的整体。

20世纪七八十年代，全班学生情况一般齐，从经济境况到家庭构成，从对就业的理解到毕业后的工作安排方式：家庭收入差不多，录取方式都是统招，上学不用交费，就业方式一个样，统分统配，听从召唤，服从安排。接近的经历导致了思想形态的趋同，大家的意识几乎是同步的，能有共同认可的目标和追求。当时的学生，思维模式和价值取向，基本上相同，对群体情况比较容易把握，开展教育工作比较统一。而且原有的教育体系，很大程度上是培养统一模式人员，把不同趋向相同，更加磨灭了这种本来就不多的个体差异性。

现在则不同了，伴随教育界改革的不断推进，现在的学生家庭成长环境不同，有的甚至贫富悬殊；学习活动追求的目标不同，有的是为了找到工作，有的是为了拿到学历，学习成绩有好有差，毕业后去向也各自不同，常常是一个班有多少学生，就有多少种不同的思想认识和表现。这种群体成员从外在到内在各个方面都有差异已经成为国内学生常见的情况。尤其是独生子女基本成为在校学生的主体，明显取代以往一个家庭多个孩子上大学的构成情况。造成了当代学生群体具有如下几个特点：一个是独生子女比较多，他们生活在宽松的社会环境中，家庭经济条件相对比较宽裕，成长环境比较优越，父母关爱支持，提供了有助于个体发展的机会，一直以来自己都是个体环境的主人和中心，所以造成了自我意识比较强，形成富有个人色彩的个性特征，但同时团队意识和集体意识相对比较淡漠，不喜欢听取别人的意见和要求，不善于改变自己去迎合他人，多有我行我素的情况出现，喜欢与他人比较，有攀比的情况，情绪化比较严重，遇事好冲动，社会责任感相对降低，吃苦耐劳、艰苦奋斗和奋发有为的精神风貌相对减少。第二是，讲究实效，注重实际利益的追求。因为生活和成长在竞争比较激烈的社会环境中，生活学习工作的压力大、节奏快，所以当代青年人更讲求实效，侧重对实际利益的追求，为此能够在工作岗位上认真踏实，也能积极探索高效的工作方式，但是也有急功近利、追求肤浅的实用主义弊端，遇事往往从个人利益、短期利益出发，没有远大理想和坚定信念，为了实现个人目标盲从的情况比较突出。第三是随着国际化进程推动、开放程度的深化，中西观念对撞较多，很多青年人思想中融入西方观念，崇尚西方"平等自由民主"等理念，但是也产生了拜金主义等不良观念，个人观念构成比较复杂多变。四是网络时代获取信息更加自由便利，而且网络信息量大，各种信息汇聚于此，但是这些信息良莠不齐，泥沙俱下，作为青年时期的学生来说，又缺乏必要的判断能力和标准，在价值取舍上难免出现混乱的情况，给他们造成误导。信息的复杂性还容易给学生带来精神上的困惑和迷茫，容易使之陷入茫然的境界，分不清现实和虚拟环境，最终误入歧途。当然，当代青年的性格特征和处世之道中并非全然负面内容。对于出现的社会现象，他们会勇于发表自己的观点，展示自己的需求；对于学校中出现的问题，他们也会积极介入，自己组织一些社团活动，他们看重自己的个人表现，有能力就会勇敢发挥出来；他们勇于追求，积极找寻更加高效的工作方式，迸发思想的光亮，努力把现实改变得更好。因此教育面临的新情况，就是其工作对象的思想行为更加个体化、个性化了，这一方面是现代人才培养的必然走向，另一方面也给集体主义教育带来了新的问题和困难，这些多样化的思想类型的出现，让学生群体不容易以同样的标准把握，原来的一刀切式的教育模式已经不能再适用于新的环境和群体，必须做出变革。不能再像以前那样一个要求满足所有人，现在需要"因材施教"、"对症下药"，工作要更有针对性。这一切均折射了当代教育工作的难度和挑战。

二、学习动机趋于多样化

在学校里，学生们的思想和行动都和他们的动机是相关的。这一点并不是当代青年特有的现象，实际上，在历史的每一个时期，学生的思想和行为都应该探究其动机，作为了解他们的内心世界直至精神信仰的重要参考。众所周知，人的思想、行为、动机都不是凭空产生的东西，它们都是在人的成长过程中逐步形成的，在这个过程中，社会主导意识形态、道德观念和流行的行为模式都会产生或多或少的影响，所以，学生们的思想和行动中折射了怎样的心理动机，包含了怎样的心理诉求，是面对教育工作时不容忽视的问题。很大程度上，学生的行为由其所抱有的动机决定，看得到的行为是个体之表，看不到的内在动机才是个人的里。表里二者的关系是相辅相成难以割舍的，这是我们进行思政教育的时候必须掌握的。

从实际情况看，学生学习动机的产生有如下情况：第一，我国教育经过改革后，高中、大学交费上学已经成为普遍的共识，使得过去那种感恩国家的思想观念在很大程度上趋于淡化，继而传统文化的一些观念和说法在渐渐失去一部分存活的土壤，这样一来，学习的动机和目的变得多种多样是十分自然的。有的学生在思想里就是为了自己而学，有的学生则认为是在为家庭而学，还有一些学生认为是为了国家、为了人民而学。这种参差不齐的动机势必体现在学习态度上。第二，社会价值取向的变化，也会影响个人学习动机。集体主义的时代，学习动机是为了建设国家，报效祖国；个人主义突显后，为了提升个人的社会地位，为了有更多的收入等，学习动机也会发生相应的变化。第三，家庭出身环境的不同，也会反映在学生学习动机上。家庭条件较好的学生，因为将来面临的压力比较小，有可取的较多的外部支撑条件，所以学习动机并不那么强烈；家庭条件较差的学生，为了改变现状，想通过自身努力来改变命运，所以学习动机相对强烈一些。第四，个人价值取向的设立，也会影响学习动机。在学校里，很多学生勤奋努力，积极投入学习活动，不断提升个人素质素养，不辜负大学时光；也有的学生彻底放松，在无人监管的情况下放任自理，天天无所事事虚度时光，都和个人的追求有关系。

在学习态度上，我们可以将学生划分为三类：应付型、出路型和事业型。应付型的学生把学习只是看成是为了给父母一个交代，不是真正有学习的意愿，因此他们没有太大的学习动力，缺少学习毅力、学习智慧，面对未来就业或者社会作为，他们一般不具备积极思考和行动的能力，只是得过且过，不去做长远的设计和打算。这样的学生，基本上能够完成大学学业，但是在个人发展设计和未来追求方面毫无建设，完全是随波逐流。出路型的学生把学习看成是为了让自己在走上社会以后，能够获得更好工作的途径，他们有一定的学习动力，但是没有继续深造的动力，只注重短期目标的设置，不做长远考虑和打算。对未来以务实为主要衡量标准，对看得见的利益积极追求，对任何进取代价和未知探究的事情表示冷漠，这样的学生能够顺利完成学业，而且很有可能找到不错的工作，但是走上工作岗位后，不会有太大建树。事业型的学生把学习看成是追求取得大事业和大成就的途径，他们有着很好的学习动力，并且愿意深造，获得更多的文化知识，这一类型的学生，学习态度端正，学习动力充足，目标明确而且能够持久保持同一个状态。另外，社会改革的步伐带来了许多开放的东西，包括法治观念、社会角色意识等，落实在学生思想层面上，则体现出多个双层的状态。学生的权利意识增强了，但是对国家、对学校的责任感下降了；对学校各方面工作和条件的要求高了，服从学校管理和严格要求自己的自觉性下降了；毕业考虑自我愿望多了，考虑国家需要少了。必须承认，这种心态并非截然对立的心理，它在很大程度上是一种伴随改革开放在相当年龄段产生的常见现象，也是中国当代教育中常见的现象，我们必须正视这些现象，研究学生的思想实际，通过实地走访和交流，深入学生群体，加强与个体的交流，通过走访摸排建档等形式，了解他们的个体情况，能够进行针对性的教育活动。只有适应变化了的形势，并做出积极的应对，才能有效地探索传统文化融入教育工作的新规律、新特点，提出新的思路和对策，以便科学有效地开展工作。

三、价值取向趋于务实化

在当前的学生群体中，我们也可以看出，他们的价值取向越来越务实，对个人利益的追求更加明确，而且不吝于表达。在涉及个人利益的时候，非常明确自己的立场。究其原因，首先是社会语境的影响作用。校园曾被称为"象牙塔"，就是形容校园环境的纯净、单一，是一尘不染的，甚至在某种程度上是与世隔绝的，这有效地阻止了社会发展过程中的不良观念进入学校领域，当然也造成了当时学生们的"不谙世事"。但是随着社会发展的节奏加快，校园尤其是大学校园的开放程度越来越高，学生参与和了解社会活动的渠道越来越丰富，对社会生活的深入参与，就让现在的校园保持20世纪80年代象牙塔式"与世隔绝"的空间状态成为不可能，尤其是互联网时代的到来，让信息传递突破了空间限制。现在的校园与社会在方方面面的对接是空前的，也是深刻的。学生有很多机会走出校园参与社会工作，而且为了鼓励学生尽快融入社会现实，学校还有意推动学生参与社会工作，比如很多学校日常和假期都有各种层面的社会实践活动，让学生在不同的工作岗位上体会社会现实情况，为进入社会生活打下基础。学生自己也会找寻各种实践、实习机会，努力让自己养成社会意识，以便离开校园时能够尽快融入社会角色。因此，研究社会语境，弄清楚社会现象和校园生活之间的联系，正确对待社会生活对学生生活的影响，不武断割裂，也不消极规避，承认客观事实，寻求主观解决方法，方为正确思路。再一方面是有的大学生越来越追求有价值、有意义的人生，他们会主动去寻找自己和这个社会能结合的地方，不少学生能够把自己的个人理想同国家、民族的发展联系起来，希望自己能够成为一个为国为民谋福利的有用人才，也希望自己能够获得更多知识，他们热衷于各种实践活动，并且希望在实践活动中充实自己，不断提升自己应对问题、解决问题的能力，不断培养自己的综合协调、周到处事意识，不断积累自己的人际关系，为将来开展工作做好各方面准备。第三，随着我国社会经济的不断发展，社会在给青年提供更多就业机会的同时，对他们综合素质的要求也提高了，再加上近年来，我国各个高等学校都在不断扩招，大学生的数量比以往增加了很多，与此相对的是，大学生们的就业压力也在显著增加。在这种情况下，大学生对自己的估计不再那么高，不再是"皇帝的女儿不愁嫁"了，他们的竞争意识有了加强，知道要想在社会上有一番作为，要想在工作中出成绩，自己就需要不断努力。为了就业，他们会勤奋学习，有的也会积极争取入党，有的争当学生干部，只为自己能有更多的锻炼机会，积累更多的实际工作能力。他们看重那些实用的知识，有很多学生都会把课余时间利用起来，用来学习计算机、外语，等等，有的积极考取认为对工作有用的证件，成了"多证大学生"。这些学生在学习上的目的非常明确，主要是为自己的前途和报答父母，而相对的为国学习的意识在削弱。从以上几个方面来看，当代青年的价值取向比较多元，但总的来说，价值取向趋于务实。

当前，我国处于经济体制变革的重要时期，社会结构和利益格局都在深刻调整中，大环境具体作用到个体身上，就是当前青年思维观念和价值追求发生变化的原因，作为时代发展的必然改变，这是无法避免的。应该说，积极进取、健康向上依然是当代青年思想的主流，在此基础上他们寻求新的尝试，接受新的观念和行为模式，敢于树立理想，勇于坚持信仰，从追求文化知识丰富自己的内心到追求社会实践能力强大自己的行动，并非错误。在这里面，有一些功利化的过度务实，也是需要根据实际情况去引导，比如有时候在个人利益和集体利益冲突的时候，如何取舍的义利观的建立，就需要通过合理价值观的建立来实现。这也正是当代教育工作的重要任务。

四、思维方式趋于开放化

思维方式是一定历史时期的人们在掌握一定的观念、知识和方法的基础上形成的思维过程中的思维形式、思维方法和思维程序的总和。它是个人进行思维的总体架构，是社会生活在个人思维中的反映和浓缩。思维方式具有独特性，其形成过程和个人经历密切相关，无时无刻不在影响个人的思想和行为。这种影响往往是自发和不可避免的，不以个人的意志为转移，或者说在发生时，个人对其也并无明确的察觉。它总是潜移默化地出现在人们的工作、学习和生活中，只有发生了效果，才会一定程度地体现出来。即便是两个具有相同的学历、经历和生活环境等背景的人，面对同一件事情时，也会出现不同的处理方式，获得不同的效果。原因就在于两个人思维方式的差别。一方面，不同的思维方式导致个人实际行动的差异；另一方面，这是思维方式本身的性质所决定的。

任何人的思维方式都是以一定的时代和一定的理论基础为背景的。当代青年处于一个开放的社会环境中，一个开放的社会，它的信息流通必然是快速的，因此他们能够很方便地获取各种知识和信息，这对于他们拓宽知识面、拓展眼界很有好处，也使得他们认识问题、思考问题的方式、方法变得十分开放。时下的学生们就很热衷于上网，在宿舍、在网吧上网，已经成了青年们的主要休闲生活方式。在网络的环境里，世界变得很小，这也让青年们看世界的眼界变得开阔，看问题的方式也更灵活，思维层次有了提升，尤其是网络环境中，展示自我变得简单易行，青年人利用网络进行自我特点的展示，已经成了自媒体时代的常见事物。这也有助于思维创新能力的开发，要在信息海量的网络上吸引别人的注意，可是要费一番功夫的。但是网络又是一个充斥各种信息的世界，积极的信息可以指引人向上，不良的信息也可以给人造成不好的影响。如何指导青年们分辨出网络世界健康与不良的东西，如何用中国传统文化中积极的东西去给青年们正确的精神指引，让他们能够很好地抵御网络中那些不良信息的诱惑，这也是教育必须要引起重视的内容之一。

归根结底，在全球化的语境下，在国内意识形态与经济改革不断深刻调整的过程中，青年的思维方式、行为准则、表现形式等理应比历史任何一个时期都活跃和复杂。开放、包容、多远、独立，这些不断体现年轻人对新事物、新观点、新技术组成的世界的态度，其中，价值观念的梳理和引导是工作具体实施的重要部分。而这种梳理工作，因为个体的差异性大，总体的趋同性小，需要大量的工作去掌握，这也要求教育工作人员要有严谨、务实、担当的品质。要对学生个体做出适宜的教育引导活动，充分发挥传统文化的影响和意义，使对其的应用落到实处，做到亮处，确保学生能从传统文化中受益。开放性和包容性，也正是中国传统文化的特点之一，发挥传统文化的这种特性，对当代青年思维方式的养成具有相当重要的促进作用。

第三节　传统文化与教育融合的问题解析

一、20世纪三次反传统思潮的影响

在汉武帝之前，儒家思想未能受到统治者的重视，主要是在战乱阶段，无法形成一统的思想意识，尤其是秦代，还遭受了较大的打击。汉武帝时代，国家已经统一，国力日渐昌盛，原有的无为而治的思想不能适应时代的需求，同时社会思潮混乱，需要有一个统一的思想理念作为核心。董仲舒形成的新儒学体系此时应运而生，适应了国家发展的现实需要，所以为定位主流思想，遂有"罢黜百家，独尊儒术"的行为，确立了儒学的政治地位，此后因为政治需要，地位不断得到巩固。在中国古代两千多年的社会发展中，儒学一直占据主流，它也受到了历朝历代统治者的推崇。儒学文化在漫长的封建统治史上得到肯定，并对百姓产生了深厚的影响，这种类似于精神信念的观念影响一旦确立便是长久扎根的存在，极其稳定且极具控制力。同时，也正是由于这种稳定的文化体系，中国传统文化才得以几千年来长盛不衰，未曾中断也未曾有实质性的变化。然而自1840年鸦片战争爆发后，西方列强陆续侵略中国，中国遭受了前所未有的危机。加之在探索中国现代化路径上，经历过"师夷长技以制夷"的洋务运动、戊戌变法与辛亥革命等一系列运动的失败以及袁世凯、张勋等人的复辟闹剧之后，当时一批先进的知识分子认为，虽然古老的中国经过了经济和政治上的变革，但在中国长期的封建社会孕育而生并为封建统治阶级所服务的包括中国传统伦理道德以及其他奴役民心、遮蔽民智的思想观念在内的中国传统文化的堡垒却还未被触动，正因此才导致了一系列的变革与革命失败。因此他们认为，要使近代中国摆脱衰败命运，就必须打破以伦理道德为核心的中国传统文化对人们思想的束缚。于是，在五四新文化运动中，当时的文化界领袖如陈独秀、李大钊、鲁迅、胡适等人，从伦

理道德革命入手，集中批判了中国传统礼教、传统道德等对人们思想眼界的桎梏和伦理道德的束缚。这些文化界领袖清楚地意识到传统文化中以伦理道德为核心的钳制民智的糟粕正在制约着整个中国社会的思想进步和精神解放，面对社会在以科技文明、纸媒为主的媒体信息文明和大众精神信仰皈依的需要，中国传统文化到了必须结合世界文明语境、本土历史进程诉求而重新梳理的临界。这一场力度十足、触及根本、影响深远的文化本核大梳理对中国现代社会，尤其是思想界和学术界产生了极为显著的影响。时任民国教育总长的蔡元培先生亲自主持并制定颁布了新学制，废除了之前历代政府"忠君尊孔"的教育方针，使"儒学从此失去了在中国教育中的独尊地位"。尤其是其宣布在中小学废除读经的政策所产生的巨大影响，则使"中国的孩子从此丧失了从正规教育渠道系统地学习其自身传统的可能"。客观地说，由于五四反传统的精英多为学贯中西、知识渊博的饱学之士，所以五四新文化运动是把一些西方的自由、民主和科学的理念引入中国，从而抵消中国传统文化中一些落后和专制的思想。这并不是要摒弃中国传统文化，而是想要丰富中国传统文化，去弊革新，使之符合时代的发展。然而，对于普通民众来说，这些文化精英们对中国传统礼教、传统道德等的激烈批判态度，很容易使他们对中国传统文化产生误解，进而使他们简单地认为中国传统文化是无用的，这也对中国传统文化的继承和发扬产生了一定的不良影响。

一个国家的进步源于多维度、长持续的改进。五四反传统的思潮尚未完全消散，1949年中华人民共和国建立以后，学术界再一次展开了对中国传统文化的新一轮批判运动。在对这些批判运动做追溯回望时，显然可以发现它有着更为深层次的社会学原因。这些原因可以从社会群体信念本质等角度得以阐述，值得人们深思的是人民群众在历史进步的演化中表现出来的能动性和持久性，恰是吻合了无产阶级革命中对人民群众力量无限创造力和密切联系的理论。从这个意义上说，中华人民共和国建立初期这一场针对中国传统文化的批判运动也激发了社会群体的潜在力量。这一视角下梳理中国传统文化与教育工作相融合关系问题能够打通社会心理、群众运动、文化研究等多维度途径。需要说明的是，在这一阶段，毛泽东领导的中国共产党，在对传统文化的继承和发展中发挥了巨大的作用。毛泽东是中华人民共和国历史上最早提出对传统文化进行批判继承的政治家，他把传统文化的思维取向与历史唯物主义和辩证唯物主义结合在一起，开创了传统文化继承的新思路。

1949年年初，中国学术界这一次文化批判仍然是以中国传统文化为标靶，以批判中国传统文化的核心人物——孔子为代表。就历史文化背景而言，这一时期的反传统浪潮是在"新中国成立之初，马克思主义在各个学术领域尚未稳固立足的情况下"展开的，其目的是"用马克思主义观点研究中国传统文化思想，改造旧文化，消除旧思想"，是巩固新生政权的需要。从文化传承角度说，传统代表过去的一切观念和一切精神诉求。这些制度化、体系化、仪式化的观念和诉求是整个民族综合发展的结果，对民族现在和未来的精神形态发挥巨大的影响,因此,如果我们不能与时俱进地更新传统观念,僵化而固守传统观念,就不仅是反对变革文化观念的人,还是面对历史前进的力量螳臂当车的人。一个民族的理想状态永远应该勇于审视过去的状态,是用不易察觉的方式"修改"过去还是大刀阔斧地"改变"过去,是个方法论问题,更是一个政治智慧问题。在中华人民共和国建立初期,作为知识文化主要载体的知识分子群体思想意识形态教育本就重要,加之漫长传统文化中封建文化糟粕的浸渍,思政教育工作就理所当然成为肃清剥离马克思主义与封建糟粕的重要途径。因此,客观地说,在中华人民共和国成立初期由于巩固新生政权的需要,加之当时政治批判常常代替学术批评等不良风气的影响,这一时期对中国传统文化的认识与批判,虽然存在着一定偏差和过火的现象,但对待中国传统文化的总体原则还是正确的。然而1966年爆发的"文化大革命",则以"彻底破除几千年来一切剥削阶级所造成的毒害人民的旧思想、旧文化、旧风俗、旧习惯"为名义,不仅彻底否定了中国传统文化,还将其转变为所谓的"革命行动",使得大量中国传统文化、历史名胜古迹等各种文化遗产遭到前所未有的严重破坏,继而导致了中国传统文化在传承上的割裂,也造成了传统文化被很多人忽视的严重后果。虽然中华漫长历史中文化派别在治学、实践等中有过许多相互挑战和冲突,但是总体来看也存在过文化辉煌的盛景时期,十年"文化大革命"这样刻骨铭心的文化破坏即使在整个历史中也令人印象深刻。

"文化大革命"结束以后,我国进入了改革开放的新时代。进入20世纪80年代,随着对外开放政策的实施,我国在经济体制改革过程中出现种种阵痛,相应地在意识形态领域则处于旧的道德体系崩溃而新的社会主义核心价值体系尚未确立的青黄不接的道德真空状态。人们在面对我国贫穷落后与西方国家现代化之间的巨大差距时,再次产生文化自卑心理。无论是从社会心理学还是中华历史角度看,中华文化这种自卑心理的毒害非常深,它使得源远流长、积淀深厚的传统文化遇到了传承的瓶颈,其内在是一种文化自弃和文化自负的两极化不健康文化心理。业界研究文化自卑心理的论述不在少数,大多以意识形态主流话语声音为角度阐释,如果能够深刺蕴含文化思潮的民间,也能够挖掘出文化自卑社会心理的另一面,就是面对西方进步文明思潮冲击下对自身文明发展、技术落后不能认同转而出现的文化自卑心理。这一层面的文化自卑在20世纪80年代也是存在的。受五四时期全盘西化论者的影响,面对汹涌而至的西方文化的冲击,部分学者在反思个人崇拜等封建遗毒的基础上,形成了新一轮的主张全盘西化的反传统思潮。他们简单地把中国传统文化等同于封建主义,把现代化等同于"西方化"。有学者认为"文化大革命"正是封建主义假借社会主义的名义来宣扬虚伪的道德价值,"把中国意识推到封建传统全面复活的绝境",历史"绕了一个圈,过了七十年,提出了同样的课题"。有学者关于中国传统文化与中国现代化之间的冲突关系,提出了"十大冲突论",并认为:"中国传统文化在总体上是不适应现代化的,必须加以彻底改造。"此后学者张士楚对此论断做了更加具体详细的梳理，将中国社会的现代化与传统文化之间的基本冲突点概括为十大方面，认为这十大冲突"也就是两种文明的冲突，在农业文明培育下成长起来的中国传统文化由于没有经过历史的严格选择和现实生活的彻底改造，很容易成为走向现代化的文化意识和实现的障碍"，并将其发表在中国国内最具权威的社科理论刊物上，对当时的学术界和思想界产生了极大影响。此外，还有学者认为"传统文化与中国现代化之间的冲突主要归因于传统文化本身的惰性对于这个现代化进程所产生的迟滞和障碍作用"。上述反传统思潮对于当时精神生活极度贫乏的人们尤其是青年学生产生了严重的误导作用。一方面中国社会尤其大学校园对于传统文化的怀疑主义和虚无主义日趋明显，另一方面"明星崇拜热"、"萨特热"、"尼采热"、"叔本华热"等一浪高过一浪，由此可见当时中国传统文化与西方文化在人们心目中地位的落差之大。

东西方文化正在触碰、对话、交融的过程中。数千年前的文明古国，中华传统文化的魅力毋庸置疑，从曾经的强大文明古国到现在历史璀璨现实发展暂时滞后的事实，文化的迷失和怀疑滋生出复杂的社会心理。焦虑、怀疑的情绪一度蔓延，这种情绪从20世纪80年代到今天更多附着在青年人的心理中，外国的月亮是不是更圆的问题、在日常生活中应对各种评价的标准问题、道德意识和信仰皈依问题，等等，以个人利益和集体意识中间的不断融合为表现形式到处可见。

从根本上说，20世纪的三次反传统思潮是中国现代思想史上独特的一种文化现象，它们基于不同的社会历史环境和价值需求，对中国传统文化进行了不同的批判，其中有合理之处，但也存在许多不合理之处，尤其是十年"文化大革命"，对我国传统文化造成了极其严重的破坏。这种对传统文化的严重破坏，使我国的教育在一段时间内失去了本民族深厚历史文化背景的有力支撑，也是二者在相互融合上出现了一系列问题的深层原因。我们常说，民族的就是世界的，只有明确自我立场，提升民族自尊心和自信心，才能发展出基于本民族特色的思政教育体系，通过这种体系的运作，才能培养出适合时代发展和国家需求的合格人才。相反，脱离本民族文化的思想养成行为，都是无根之树、无源之水，都是苍白和无力，既无法满足现实需求，又没有竞争力和生命力。这是值得所有教育工作者深思的问题。

二、我国教育发展过程中对中国传统文化的忽视

从20世纪50年代初期开始，我国掀起了对"苏联模式"大规模全方位的学习热潮，在教育改革方面亦不例外。为了适应社会主义改造和经济建设需要，从1952年开始，我国的高等教育参照苏联高等学校类型，在学校的院系设置和人才培养上照搬苏联模式，削减了综合性大学，增加了理工科类大学的设置，这是对苏联高等教育模式机械模仿的情

况。这种盲目借用他人模式的后果就是，对我国高等教育中原有合理的部分也进行了取消或者破坏，如公私立高等教育并存、中央与地方办学、通识教育模式等合理的制度、方式，也都在这个过程中被否定了。在一定程度上来说，在中华人民共和国成立初期进行这样的设定，是与当时的社会环境和现实需求结合的。当时我国虽然解放，但百废待兴，社会主义国家经济建设刚刚起步，还面临着国内反动势力尚未肃清，台湾国民党力量虎视眈眈、妄图反攻，对其支持的美国等国家阴魂不散，始终在我国周围游荡，甚至还有朝鲜战争这样的大规模冲突存在等种种复杂的形势。所以在这样的前提下，我们学习苏联的经验有很强烈的现实意义，也是必需的。在实施效果上，这种教育虽然改变了中华人民共和国成立前高等教育"重文轻理"的状况，培养了大批国家所需的以专业技术见长的兼具工具理性的"单向度的人"，满足了社会主义初期经济建设的需求，但是在另一方面，这种取代对全面发展的"人"的培养的教育模式摒弃了以培养和提高学生基本道德素质和文化素质为要旨的"通识教育"原则，全盘否定或取消了社会学、政治学、中国传统文化等人文学科，带来了由所谓的"发展综合征"所导致的人文精神的失落。这种做法，过度强调和提升了教育的经济功能和政治功能，几乎放弃了教育的文化功能，尤其是教育在延续民族文化、创新传统文化方面的作用，更是被人为忽视。不仅如此，当时我国在教育的理念上也唯苏是瞻，照搬苏联当时已经误入"左"倾教条主义的做法，具体表现为：忽视人的个体差异，片面地用整齐划一的共产主义道德标准要求人们，脱离实际，使马克思主义变成僵化教条、空洞无趣、难以服众的理论说教；违背人的思想转化规律，教育方法简单、粗暴，形式主义严重；对人们因理想与现实之间巨大差异而产生的怀疑与抵触，只讲斗争、不讲团结，只讲决裂、不讲联合等。这使得我国的教育偏重意识形态的灌输，内容普遍空洞、抽象，而脱离了受教育者的身心特点，忽视了道德形成的规律，带有浓厚的教条主义倾向和强制性特征。根据当时统计的数据："因为人文学科大量减少，导致当时的文科人才奇缺，而理工科学生也因为专业较窄难以找到对口的工作，并且因为在课程设置方面的单一化，缺乏基本的文化修养。据相关资料统计：1987年，在我国高等院校毕业生中，有353个专业的人才奇缺，总人数合计达到19万人之多，而与此同时也有157个专业人才过剩，这一部分人数也达到了10万人。"人才缺乏与浪费的矛盾出现，就是由于在苏联模式指导下的学校院系与专业设置格局造成的。在这样一个阶段，中华民族长期发展积累下来的传统文化内容，让位于内忧外患的现实需要，被有意无意地忽视甚至压制了。传统文化在现实生活中都被放弃或者忽视，更不用说进入学校、参与教育内容了。应该说，新中国高等教育发展在初级阶段的时候，没有全面地规划教育开展模式，设定教育开展形式，更多地体现了实用主义特性，在这种以经济功利目的和政治功利目的为中心的"专业教育"指导下，我国的大学教育学科发展出现残缺现象，大学的人文精神也在一定程度上有所衰退，在精神文明建设中不能发挥其应有的作用。这种改革，没有能够很好地规避西方高等教育在培养人才方面所经历的困境，导致人文学科尤其中国传统文化被排挤边缘化，进而造成了中国传统文化在我国教育中缺失等一系列问题的产生。所以，我们在学习国外的好的经验的同时，也应当结合自己国家的实际情况，发展有本国特色的教育。

三、我国现行教育体制的影响

我国的教育体制一直以应试、升学、就业等为导向，这种价值观念的引导下，学生们学习的目的大多是为了取得不错的成绩，升入不错的高一级学府以及找到不错的工作。这种教育体制和学习心态至今依然存在，而且在就业竞争日趋激烈的情况下，被学生的父母推演得更加激烈，从每年参与高考的重视程度就能看出来。尼采说过：存在即合理。既然存在，就有对应的社会基础和现实需要。习近平在十九大报告中强调，中国特色社会主义进入新时代，我国社会主要矛盾已经转化为人民日益增长的美好生活需要和不平衡不充分的发展之间的矛盾。一方面时代进步，经济飞速发展，综合国力日趋提升；另一方面，经济发展的不均衡势必产生教育资源分配的不均衡，增加了教育体制的功利倾向导向，从而产生了这种学习态势。长期以来，这种功利性的学习目的使学校在对学生的思想道德素质和文化素质教育方面缺失严重，学校把追求升学率放在主要地方，完全无心也无力他顾，很多学校尤其是初高中阶段，完全以文化课学习为主，而且重视程度和投入到了无以复加的地步，很多学校采用"军事化管理""监狱式管理"，全力投入高考的准备工作。在这样的环境里，教师和学生，都投入到了学习备战中，思想道德教育已经淡出日常生活，根本没有参与到学生的这一阶段成长中。

到了大学阶段，学生的自我意识强化，因为前期缺乏思想价值观念的树立阶段，这种追求自我利益的满足意识更加明确。对社会的理解和接受限于对自我是否有利这一层面，对自己有利的，可以坚决去追求，甚至无视部分社会规则；对自己无利的，完全弃之，即便其在更高层面上有积极作用。文化素质和专业学习动机极易以理想就业为前提，找到一个好工作，成了学习的主要目标，或者说是大学阶段个人发展的主要目标。而这种好工作的判断标准，多半又是社会地位高、收入高等。而社会责任感和对崇高道德的追求也常常被淹没于现实生存为主要声音的世俗要求里，不仅学生自身这样想，家长甚至校方，也在有意无意地强调这一观念。比如很多学校高度重视就业工作，从入学开始就开展各种职业生涯规划活动，一切都为了这个固定的目标在努力。在这种大环境下，学生自我的选择和认知其实已经确定。再加之在同步进行的教育存在感缺少，没有或者少有吸引力，就自然而然地退出学生视野，退至不重要的位置。这些现象的出现令人深思，现在也引起教育界有关人士的高度重视。

针对应试教育的这一通病，我国应试教育开始向素质教育转变，不过在这个转变的过程中，因为长期应试教育的影响，而且短期内不会有更好的代替方式出现，所以通过考试确定人生道路的情况在较长时间内仍然存在。同时我国素质教育的整体体系并不完善，素质教育的开展出现了诸多问题，尤其是其中的素质教育评价体系，我国各地进行的素质教育实验却没有取得突破性的进展，全面推进素质教育在我国仍然存在一定的困难。素质教育的推进之所以出现问题，与社会现实的深度变革产生的价值观的游移和资源分配的不均衡等有关。但是，素质教育作为一种教育导向是积极意义大于消极意义的。一方面人们热切渴望素质教育的实施所带来的远期利益，希望学生通过参加素质教育，对个体能力、思维、心态等养成都有推动作用，能够达到综合素养全面提升的目标；另一方面人们又不可避免地追求应试教育带来的近期利益，希望通过这种形式得到想要的就业岗位。这在教育体制的改革上便出现了一对新的矛盾，素质教育的远期利益和应试教育的近期利益是相冲突的，这才使得素质教育的变革情况让人不甚乐观。同时，我国现在基础教育还是围绕着升学展开的，很多学校都把升学率当成自己的考核指标，成为决定一切的核心内容。这种做法对应在每个家庭里，就让家长的要求和感受也完全一样，从小就希望孩子考出好分数，有好成绩，这种心理背后依然是以传统文化儒家学说倡导的价值观为支撑，不过这种价值观凝结在了这样的一个点上。这两个方面，就导致了我国的教育虽然喊着素质教育的口号，但很多实际上还是传统的应试教育。学校、家长甚至一些教育机构共同构成了阻碍素质教育推广的力量。再加之目前在我国高等教育中，学校为了抢夺生源，增加自身体量，不断加大扩招力度，使能够取得相应学历学位的人员数量激增，但现实社会的需求相对有限，于是激烈的工作竞争就相应展开。这种竞争往往忽视个人素质，只关注个人能力的标志，比如学生干部的身份、各种证书等，这些都与学生考试成绩的取得有关，所以很多学生到了大学阶段，也忙于应付各种考试，获取成绩或证书增加自己的就业机会，从而忽视了对自身思想道德素质和文化素质的提高，进而忽视了对相关课程尤其是中国传统文化的学习，他们不仅对中国传统文化知识缺乏基本的认识和理解，而且对学习中国传统文化的重要性及其价值意义也没有足够的认识。要想发挥传统文化的思政作用，可以将其纳入课堂教学内容，提高对传统文化的重视程度。只有这样，才能让大部分学生接受传统文化的洗礼，加强传统文化的学习，通过业务学习，推进传统文化的熏陶与感染，提高学生的思想道德素质水平。

四、多元文化的影响

从民族角度看，中华民族的构成明显是多元的，所以中华民族传统文化的形成也是多元的，是融合了多个民族文明而形成的。一个民族的同化力，简言之，就是这一民族对另一民族的文化熏陶力和文化征服力。入主中原的少数民族无一例外地都被汉文化所同化，从最初的鲜卑、契丹等少数民族，到后来的元、清这样建立大一统帝国的少数民族，他们在武力征服汉人后都是采用汉人的文化进行统治。满清王朝与汉族的融合是最多的，其官衔制度、律法，甚至包括后宫等级制度都是参照以往汉族朝代的，因此也让其以296年的高寿在中国封建王朝的排行榜上的排名比较靠前。中国传统文化长期以来由儒家文化为主导，多家文化形态并存，随着时代的变迁，先秦时期的百家争鸣盛景一度不复存在，此后就进入了漫长的"独尊儒术"的阶段。但是，儒家学说的主导位置能够解释主流意识形态话语权的定位和本质，却不能代言传统文化整体意义上的整体经典特质，而且这种被独尊的"儒家思想"，不完全是最初的儒家思想体系，已经是融合多家学派论点而形成了。如何梳理好传统文化传承历史中显性意义上和隐性意义上的多元和共存，对找到文化传承的方法十分重要。习近平总书记2014年4月1日在比利时欧洲学院自豪地说："两千多年前，中国就出现了诸子百家的盛况，老子、孔子、墨子等思想家上究天文、下穷地理，广泛探讨人与人、人与社会、人与自然关系的真谛，提出了博大精深的思想体系。"

改革开放以来，人们的视野逐渐开阔，随着西方各种文化思潮的大量涌入，一度与我国的本土文化并存，人们对诸多西方文化表现出浓厚的好奇心和兴趣并受到其影响。尤其是在经济全球化浪潮的影响下，加之20世纪多次反传统思潮以及中西方在经济和社会发展方面的巨大差距所造成的影响，人们特别是青年学生更容易把自己看成是"地球人"身份，而不重视自己的民族性身份，他们更容易接受西方文明和思想，甚至能与之产生心灵上的共鸣；但是外来思想毕竟有其本土色彩，尤其是西方思潮的进入，带有人为设计和引导的意义，所以里边难免掺杂着诸如个人主义、拜金主义、享乐主义、自由主义等一些不良价值观。在这些思潮的引导下，甚至有人认为中国传统文化是过时的文化，而西方的文化才是符合现代标准的文化，这样就使人们更加忽视对源自中国本土的传统文化的学习。这些都使得人们尤其是青年学生对我国传统文化的忽视甚至抵触，都使得中国传统文化在融入教育过程中困难重重。

面对全球信息化新时代，各种文化碰撞不休，国与国之间的竞争不仅仅停留在军事和经济领域，文化领域的斗争也是非常激烈的。不能保有自身民族文化的特色，为外来文化吞噬同化，那就会失掉中国文化在世界的领先地位，进而影响其他各领域的发展。一个民族的意识形态都为别的文化控制掌握，就很难有什么好的作为。所以中国传统文化既不能故步自封，也不能盲目自信，要充分认识时代的机遇和挑战，要以充足的自信、开放的姿态对待外来文化，来面对中外古今文化并存的多元化局面。从历史发展的角度来看，中华传统文化是久经历史磨炼的，其长久积累的人类智慧精华，不输于世界上任何一种文化。习近平总书记明确提出中国特色社会主义和中华文化的"四个讲清楚"，即要从历史根基、当代价值、国际视野和人类高度四个层面讲清楚中华文化，增强青年学生的文化自信。作为全球最大的社会主义国家，要建设中国特色社会主义事业，实现国家繁荣民族振兴，就要学习、吸收人类一切优良的文明成果为我所用，要敢于接受西方世界的优秀成果，要始终站在世界文化最前沿，关注文化发展动态。

应对多元化文化发展态势，还需要具有强烈的人文精神。人文精神与文化多元性的关系同样是找到传统文化与工作关系结合点的一个环节。传统的中国文化敬畏"天道"，讲究"天人合一"，实际上其中已经带有浓厚的人文色彩。所以研究传统文化的传承问题，无论手段和效果，都回避不了人文精神内涵的审视。所谓和谐，正是物质世界的平衡、社会秩序的平衡、文化传承的平衡的总和。青年学生的心智十分活跃，世界文化语境、国内社会变革语境，都加速他们的思考活跃程度，也带来了文化多元环境下人文精神是否融入工作的问题，这一切都是巨大的挑战。

中华民族的优秀传统文化是千百年来历代人民的智慧结晶，经过了历史发展变迁的考验，是民族发展必须要传承和发扬下去的内容。目前思政教育面临诸多问题，学生缺乏理想信念、拜金风和攀比风盛行、无视思想道德素养，都需要用属于我们自己的传统文化充实思政教育，提升思政教育的民族特色，突显属于中国人自己的道德要求。所以要重视中国优秀传统文化在思政教育中的运用，不断求索，加快改革思政教育体制，不断提高人才培养质量，更多地培养出有理想、有道德、有文化、有纪律的四有青年。

第六章 传统文化融入教育的原则

第一节 坚持马克思主义的正确指导

一、马克思主义是教育的指导思想

习近平总书记强调:"要坚持马克思主义的方法,采取马克思主义的态度,坚持古为今用、推陈出新,有鉴别地加以对待,有扬弃地予以继承,既不能片面地讲厚古薄今,也不能片面地讲厚今薄古。"因此,我们必须在教育中坚持马克思主义的主体指导思想,将传统文化融入教育时要正确把握中国传统文化与教育的内在关系,正确把握中国传统文化在当代教育中的应有地位。应该说,对中国传统文化的研究"必须坚持以马克思主义为指导,二者之间是支援意识与主导意识的关系",我们在努力挖掘中国传统文化的教育资源时,必须将中国传统文化视为教育理论的支援性资源,而不能本末倒置。

(一) 马克思主义的主要内容

1. 马克思主义基本理论

马克思1847年用法文写成《哲学的贫困》,从而以论战的形式向世人公开了马克思恩格斯的理论。但由于这部著作影响不大,因而真正标志着马克思主义诞生的,是后来的《共产党宣言》。《共产党宣言》以唯物史观为基础,科学论证了社会主义必然会代替资本主义,并着重阐述了社会主义的科学性,奠定了无产阶级政党学说的基础,它的发表是马克思主义问世的标志。

当然,《共产党宣言》的发表,正像它的书名所标示的那样,带有宣示和象征的意义。我们当然可以说它是马克思主义第一次系统的表述,是马克思主义诞生的标志,但这并不意味着马克思主义理论在这时已经很完整了,并不意味着马克思主义的产生过程至此终止。恩格斯说过,马克思有两大发现:一是唯物史观,二是剩余价值学说。这是马克思主义理论体系的两大理论基石。《共产党宣言》中体现了马克思的第一大发现,他的第二大发现则体现于他后来写成的巨著《资本论》。《资本论》第一卷于1867年9月出版。在这一巨著中，马克思深入分析了商品、货币、资本、剩余价值，创立了科学的劳动价值论和剩余价值理论，揭示了资本主义生产方式运作过程和剥削工人的秘密，论述了资本主义积累的一般规律和资本主义生产方式必然灭亡的历史趋势。马克思的政治学说，特别是关于阶级斗争和无产阶级历史使命的学说，确实是马克思主义理论的重要基石。如果说唯物史观代表的是哲学的变革，剩余价值学说代表的是经济学上的变革，那么无产阶级历史使命学说代表的则是社会主义学科，尤其是社会主义政治学说的变革。1936年，美国记者斯诺到延安采访了毛泽东，在这次交流中，毛泽东提到他在1920年冬天组织工人运动的时候，就受到了马克思主义理论的指导和俄国革命经验的帮助。他说："有三本书特别深地铭刻在我的心中，建立起我对马克思主义的信仰。……这三本书是：《共产党宣言》，陈望道译，这是用中文出版的第一本马克思主义的书。"正是通过马克思主义中国化的进程推动，才为中国革命、建设、改革提供了强大思想武器，使中国这个古老的东方大国创造了人类历史上前所未有的发展奇迹。

2. 中国化马克思主义

马克思主义自其诞生之日起，便以不可阻挡之势日新月异地发展起来，指导着世界各地无产阶级的革命斗争与社会主义建设事业。马克思主义之所以成为指导各地无产阶级革命事业的科学理论，就在于其始终能够与各国革命的具体实际相结合，不断形成新的理论成果，保持了其自身的生机与活力，并推进了无产阶级事业的不断向前发展。1938年，毛泽东提出了"马克思主义中国化"这一伟大命题，为当代马克思主义与中国传统文化的相生相成提供了理论基础。正是在马克思主义理论的正确指导之下，近代中国才逐渐摆脱半封建半殖民地的受压迫状态，建立起社会主义新中国，走上独立自主、自力更生的中国特色社会主义发展之路。中华人民共和国成立之前，毛泽东就总结了认识、坚持马克思主义的重要性，他说："自从中国人学会了马克思列宁主义以后，中国人在精神上就由被动转入主动。从这时起，近代世界历史上那种看不起中国人，看不起中国文化的时代应当完结了。"后来我国在改革开放时，总设计师邓小平也说："如果我们不是马克思主义者，没有对马克思主义的充分信仰，或者不是把马克思主义同中国自己的实际相结合，走自己的道路，中国革命就搞不成功，中国现在还会是四分五裂，没有独立，也没有统一。对马克思主义的信仰，是中国革命胜利的一种精神力量。"20世纪90年代以后，江泽民也指出："坚持马克思列宁主义、毛泽东思想的指导地位，是我们立党立国的根本，也是社会主义文化建设的根本，决定着我国文化事业的性质和方向。只有这样，我们的文化建设才能沿着正确的道路健康发展，抵制和消除一切落后的、腐朽的思想文化影响，不断创造出先进的、健康的社会主义新文化，培养出适应社会主义现代化建设需要的有理想、有道德、有文化、有纪律的新人。"进入20世纪后，胡锦涛又进一步提出了"要巩固马克思主义指导地位，坚持不懈地用马克思主义中国化的最新成果武装全党、教育人民……不断赋予当代中国马克思主义鲜明的实践特色、民族特色、时代特色"的要求。在纪念马克思200周年诞辰大会上，习近平总书记强调，"我们要坚持和运用辩证唯物主义和历史唯物主义的世界观和方法论，坚持和运用马克思主义立场、观点、方法，""真正把马克思主义这个看家本领学精悟透用好"。马克思主义是科学的理论，创造性地揭示了人类社会发展规律。中国共产党人在马克思主义的科学世界观和方法论的指导下，紧紧把握中国革命和建设工作的特点，将马克思主义与中国特色相结合，全面推动马克思主义中国化，找到了革命、建设、改革的正确道路，同时发展成为成熟的无产阶级政党。

（二）马克思主义的教育意义

1. 马克思主义能够指导青年树立正确的哲学思维

马克思主义世界观和方法论在教育中有着重要的作用，因为它能帮助青年建立正确的世界观和人生观，培养正确的哲学思维。通过对马克思主义基本原理的学习，青年可以建立起科学的唯物主义思维，并从这个思维出发去探索这个世界和自己的人生，他们会懂得辩证地思考遇到的问题。哲学思维能力与教育密切相连，正确的哲学思维能够使青年通过思考明辨是非，自觉站在正确的政治立场上，形成社会主义社会所需要的思想观念和道德规范。马克思主义的基本原理给人们提供了一个看待事物和问题的新思维。教育也要求学生要辩证地、科学地、尊重事物客观规律地去看待问题，要实事求是，这和马克思主义的基本原理是一致的。因此我们要发挥马克思主义在培养学生正确哲学思维中的指导作用，要求学生看问题不能过于片面，而是必须要实事求是，也不能只将认识停留在表面，而要去进行实践，只有实践得出的知识才是实用的、符合标准的，也就是"实践出真知"，任何真理的检验都必须通过实践得来，在不断的实践中，提高自己解决问题、处理问题的能力。同时，马克思主义的唯物史观也是正确认识社会发展规律的最好思维。现在这个社会复杂多变，中国也正在进行社会转型，这就更要求青年学生们要能正确地看待身边的事情，认识到世界变化的规律和本质，这样才能把握好投身于社会主义建设的方向，而这同样也是当代教育中的中心问题，是任何教育工作者都必须清楚的问题。由此可见，马克思主义与思政教育是高度统一的，马克思主义给思政教育提供了根本的指导原则，而思政教育将马克思主义应用于实践中检验，既发挥了理论对实践的指导作用，又落实了马克思主义中国化、具体化的工作原则。教育的根本目的，就是要传播马克思主义世界观和方法论，在思想方法上培养学生正确的哲学思维能力。要进行正确的哲学思维，就需要以马克思主义为指导，用好马克思主义的基本理论。现在的青年群体中出现了一些不好的思想，看待问题简单肤浅，而且缺乏全面深入的考究，没有能够透过现象看到事物的本质，而且还往往以偏概全。究其原因，主要还是在于青年们没有形成正确的唯物辩证的哲学思维方法，没有掌握好观察、分析、认识社会的科学方法，因而缺少站在正确的立场上明辨是非的能力，自然也就无法把握事情发展的规律，找不到解决问题的正确方式。

2. 马克思主义教育能够指导青年确立正确的人生观和价值观

在教育中坚持马克思主义的指导原则，还能帮助青年树立起爱国主义、集体主义观念。马克思主义十分科学地揭示了人的本质，马克思主义认为，人的本质其实是所有社会关系的总和。马克思主义的这个认识，也就给青年们正确树立价值目标奠定了基础。每个人都不是孤立存在的，都应该作为集体的一员而存在。既然如此，就需要遵守集体的规则，在个人利益与集体利益冲突的时候，要做好自己的选择。要明确个人的发展目标，知道人为什么活着，这就是人生观的大问题，这个问题不解决，人活着也没有意义。马克思主义的人生观、价值观是以辩证唯物主义和历史唯物主义为指导的，是以集体主义为原则的，其核心是为人民服务的思想，这正是马克思主义中国化的重大成果之一。马克思主义认为，一个人的人生价值并不是在生命的长短中体现出来，也不以人在社会中的地位怎样来体现，同样不以人的财富、权力来体现，而主要在于一个人为社会做出了多大的贡献来体现。一个人的个人价值和社会价值是联系在一起的。人类最终的价值目标是共产主义社会的实现，因为只有到了共产主义社会，才能够真正地实现人的自由而全面地发展，也只有共产主义社会才是一个真正公平、公正的社会，人类从古至今对于公平、公正的追求，都是为了这一目标的实现。可见，人类最终的价值目标和共产主义是联系在一起的。共产主义力求建立一个公平公正的社会，应该成为人类社会的最高追求。所以，共产主义社会凝聚了我们全人类共同的追求，承载着我们人类所有的理想与追求，实现这样一个社会，是我们每一个人共同的愿望、共同的梦想。共产主义社会的实现是一个长期的过程，要实现这一崇高目标，需要我们所有人都要努力，都要做出奉献，青年学生作为社会的未来与希望，更是要如此。如果每一代人都不懈努力，共产主义的实现就不会遥远。在这个过程中，个人的价值也会得以充分体现。因此马克思主义的这些思想，对于青年们树立起爱国主义、集体主义观念是非常有指导意义的，它能帮助青年分清是非黑白，看清人们的行为目的，也能对国内国际的形势、变化做出正确的判断，从而让自己有正确的立场，做正确的事，把自己的前途命运同国家和民族的前途命运联系起来，明确当代青年人的责任担当和时代召唤，能够明确自我的发展目标，学好专业知识技能，提升个人综合能力，自发地为国为民贡献自己的力量，同时实现个人价值的最大化。

3. 马克思主义教育能够帮助青年树立正确的理想与信念

教育说到底，就是要让青年们有正确的理想和信念。理想和信念对于青年们来说是很重要的。理想是我们要树立一个远大的目标，要有一个美丽的"中国梦"。而信念则是我们相信这个"梦"不仅仅是梦想,而是通过自身努力能够实现,并坚定不疑的朝着这个目标不懈奋斗的过程。信念能让一个人执着于自己的理想和目标不动摇。我们在现代世界里面临的诱惑太多,很多青年在追梦途中被各种外在诱惑所困扰,蒙蔽了双眼,忘记了初心,出现了理想缺失、信念不坚等情况。这些情况的出现,正是没有习得马克思主义的方法,是思想政治教育工作没有及时跟上,造成了青年发展阶段的教育缺失。而拥有正确的理想和信念就不一样了,它能帮我们抵御外在的诱惑,让我们按正确的心愿,以正确的方式走向未来。这个正确的理想和信念从哪里来,就要从马克思主义中来。马克思主义有着科学的人生观、世界观和价值观,青年学生们如果能对马克思主义真信、真学、真懂、真用,就能确立起共产主义和中国特色社会主义的理想与信念。教育要帮助青年们真正理解马克思主义,让他们产生对共产主义的向往和追求心理,有了这种理想和信念,青年在做人做事时才不会动摇,才会坚持不懈地去行动,遇到错误思想时也能运用马克思主义的批判精神予以反击,对自己的问题进行深刻的反省,以便尽快找到正确的道路,进行调整和选择。

4. 马克思主义教育能够帮助青年树立正确的政治立场

马克思主义世界观和方法论融进教育当中,具有很大意义,特别是在意识形态领域的意义重大。马克思主义世界观和方法论不仅是一种科学的理论体系,而且从一开始就表明了它的阶级属性即为无产阶级的革命和解放服务的科学理论。马克思主义世界观和方法论教育融进教育中,是以真正科学的理论武装青年、教育青年。这种教育,就是帮助青年树立起无产阶级的意识形态。因此,青年教育必须注重马克思主义理论的意识形态教育,不然就会和教育的根本目的和方向背道而驰。就马克思主义的理论品质来说,它是批判的革命的理论,它是无产阶级和所有劳动大众的意志和利益的集中体现,是无产阶级和劳动大众进行阶级斗争的有力思想武器。正是由于马克思主义的阶级属性,使它成了无产阶级及其政党的指导理论,成了社会主义国家的国家意识形态。因此,对青年进行教育,必须以马克思主义世界观和方法论为指导,帮助青年树立正确的政治立场。立场的准确与否,事关重大,必须在马克思主义的指导下,明确个人身份,了解个人任务,选择并坚持正确的政治立场,为之奋斗不已。

总的来说,教育不仅能帮助青年接受马克思主义科学的世界观和方法论,提高他们认识问题和解决问题的能力,而且能使其树立正确的政治立场,提高素养,使其成为社会主义事业的合格建设者和可靠接班人。对于当代青年而言,特别是通过学习中国化的马克思主义,即毛泽东思想、邓小平理论、"三个代表"重要思想、科学发展观、习近平新时代中国特色社会主义思想可以帮助青年们从理论上和实践上正确认识中国特色社会主义革命与建设的经验与教训、中国走社会主义道路的历史必然性、中国社会主义革命的胜利和中国社会主义革命与建设取得的成就,特别是改革开放以来所取得的伟大成就。所有这些成就的取得,都在于以马克思主义世界观和方法论为指导以及中国共产党的正确政治领导。这对于青年自觉抵制资产阶级的"西化"和"分化",树立无产阶级的政治立场,坚持走中国特色社会主义的道路,坚决拥护中国共产党的领导都具有重要的作用。

二、中国传统文化与马克思主义的关系

中国传统文化的思想教育价值,一方面体现在中国传统文化中的许多内容属于科学的世界观、方法论的范畴,可以直接促进受教育者的思想素质提高;另一方面体现在中国传统文化能够促进马克思主义的中国化,促进人民对于马克思主义的理解运用和掌握,从而间接促进受教育者的思想素质提高。

首先来说,马克思主义传播离不开中国传统文化。马克思主义是科学理论,这是毋庸置疑的。但它在中国进行传播和指导,首先要依靠中国传统文化,这是中国思想领域范围里重要的内容,已经深入中国人心目中,无法更改。马克思主义中国化的过程,就是马克思主义与中国传统文化相融合的过程。

(一)马克思主义理论教育是在中国文化的土壤中进行的

教育是一个系统的工程,其中最为重要的就是教育的内容体系。而要达到教育的目的,其中内容的结构体系就一定要是科学的、完整的。其中,马克思主义理论教育就特别重要,直接体现了教育的目的和任务。

所谓教育内容,就是一定社会为了实现其根本任务和目标,在教育活动中,教育工作者(教育主体)通过一定的方式和手段对受教育者(教育客体)传递的思想观念、政治观点、社会道德规范等知识系统。教育的内容必须体现教育的根本任务和目的要求。党的十九大报告强调建设教育强国是中华民族伟大复兴的基础工程,要求全面贯彻党的教育方针,落实立德树人根本任务,发展素质教育,推进教育公平,培养德智体美全面发展的社会主义建设者和接班人。要求以培养担当民族复兴大任的时代新人为着眼点,发挥社会主义核心价值观对国民教育、精神文明创建、精神文化产品创作生产传播的引领作用。要想实现这样的目标,教育工作必须与时俱进,根据不同对象的思想实际情况确定具体内容。

习近平总书记强调,我国有独特的历史、独特的文化、独特的国情,教育必须坚定不移走自己的路,为人民服务、为中国共产党治国理政服务、为巩固和发展中国特色社会主义制度服务、为改革开放和社会主义现代化建设服务。我国是社会主义国家,有着自己的文化土壤,马克思主义理论教育就是以马克思主义为指导,在中国所处的时代和框架下,

在中国传统文化的土壤中进行的。在这个过程中，马克思主义经过实践活动实现中国化的转化，成为中国化的马克思主义；中华传统文化经过创造性的转化，成为社会主义新时代的新文化。通过对青年进行教育，让他们接受马克思主义的思想观念、政治观点和社会道德观。我国教育的具体内容，就是将上述马克思主义的思想观念、政治观点和社会道德观通过这个基础，全面系统地传输给学生。在这个过程中，必须要注意的是我国传统文化内容繁多，涵盖面非常广，其精华和糟粕并存，有时很难进行区分。在此背景下，如果不加区别，很容易将马克思主义与糟粕文化进行相生，从而难以体现其实效性。因此，需要人们理性看待我国的传统文化，将其与时代精神和现代价值观进行结合，明确中国传统文化的精华内容，以实现二者之间的结合。

（二）马克思主义与中国传统文化相契合

马克思主义和中国传统文化具有高度的契合性。一方面马克思主义推动了中国传统文化向现代化方向发展；另一方面中国传统文化不断为马克思主义提供丰富文化内涵，使其具备中国元素和特点，更加符合我国当前发展的实际需求。道德的培养和建设，马克思主义和中国传统文化都有历史传承性，都是在总结前人基础上创造出来的。马克思主义不是一时形成的，而是在很长的时间中逐渐得以形成的，正如恩格斯所说，"这一世界观，首先在马克思的《哲学的贫困》和《共产党宣言》中问世，经过足足20年的潜伏阶段，到《资本论》出版以后，就越来越迅速地为日益广泛的各界人士所接受"。马克思用了20年的时间来对其进行仔细的研究，最终才把唯物史观和剩余价值学说有机地结合了起来，与共产主义理论有机地结合了起来。与此相同的是，中国传统文化也是逐渐完善和发展起来的。从历史上来看，中国传统文化的完善和发展可以分成六个时期：第一，史前文明时期。这个时期从人类起源的传说到夏朝建立，差不多有100余年的时间。这个时期人们在生产和生活中，逐渐学会了基本的农业栽培和家畜饲养技术。第二，文明奠基的时期。从夏朝开始，一直到春秋战国，这个时期我国出现了文字，之后的百家争鸣更是影响深远，也正是在这个时期，古代的哲学家们写出了很多流传久远的经典典籍，例如著名的《诗经》《论语》《春秋》等。第三，统一的帝国文化时期。秦朝的建立代表着我国大一统王朝的开始，之后的汉朝也是，这个时候，中国文化有很多基本的层面都固定了下来。第四，魏晋南北朝至唐代中叶，是汉民族文化与各少数民族文化以及印度文化的融会期。第五，唐代中叶至明代中叶，是我国近古文化定型期。第六，中西文化交会及现代转型期，即明末至五四运动时期。

其次，马克思主义和中国传统文化都具有科学性、革命性和阶级性。马克思主义讲的都是真理，因此具有科学性。人们通过马克思主义推翻了资产阶级的统治，说明它具有革命性；马克思主义又具有阶级性，因为它教育无产阶级只有推动全人类的解放，才能解放自己。同样，中国传统文化也具有科学性、革命性和阶级性。中国的传统文化是在漫长的历史演变中，由中国先民对自然、生活各个方面的研究探索得来的，那些合理的部分自有其科学性。同时，中国传统文化的重要源头是诸子百家，虽然后来有诸如佛教等外来文化的输入，但诸子百家仍然是永远的源头。在诸子百家的典籍中，可以清楚地看到其中的阶级主张，也包含着很多变革主张。

再次，中国传统文化主张学问必须有益于国事，也就是经世致用，这同马克思主义主张的改造世界的观点是一致的。改造世界是马克思主义的实践观，旨在化解现实世界的矛盾，这是从哲学的高度来指导实践了。而中国传统文化也是如此，中国传统文化从来不主张人们只是读死书，而是要学以致用的。

最后，马克思主义和中国传统文化都主张以人为本，与时俱进。在中国早期的典籍《易经》中就提出有"天行健，君子以自强不息"，提出做人就要自强不息，同样，马克思主义也主张人要自强，要用自己强大的力量来改造世界。

（三）马克思主义要与中国传统文化结合才有生命力

首先，近代中国特有的环境决定了马克思主义和中国传统文化结合的可能性。俄国十月革命以后，觉醒起来的中国人在向世界看的过程中，找到了只有马克思主义才能拯救中国人民于水火之中。而在中国引入马克思主义以后，中国也确实发生了翻天覆地的变化。马克思主义给中国人民带来了新的思想、新的思路，这些新思想新思路必须走与中国传统文化相融合的道路，才能适应中国国情，才能够对中国革命工作发挥指导作用。二者相遇后，这种融合是自然地碰撞在一起的，这种自然地发生，有赖于中国共产党人对国情的深刻把握。中国化的马克思主义理论，才能有力地指导中国人民的革命行动。

其次，马克思主义与中国传统文化的互补成了两者结合的必要性。古语有云，"外来的和尚会念经"。五四运动以来，中国出现了一些不利于中国传统文化的声音，这些声音难免比较偏激，存在着使国人全盘西化、崇洋媚外的可能性。这种观念当然是不正确的，但是在当时的环境下，这种情势难免出现。所以要注意把握传统文化的特点，认识到如果不接受任何外来的思想，一味地守旧，只能走入文化发展的死胡同。中国传统文化需要和优秀的外来文化结合才能焕发出生命力。这种情况下，马克思主义融入中国文化就成了最好的注解。马克思主义还在这个过程中发挥了指导性的作用，让大家知道，中国要发展，就需要借鉴和学习中国传统文化中好的有益的东西，去除不好的东西，也要让马克思主义更好地扎根在中国人民中间。

再次，马克思主义和中国传统文化的结合很科学。马克思主义诞生170年来，人类社会发生了翻天覆地的变化，马克思主义在时代变迁中不但没有黯然失色，反而历久弥新，更加散发出真理的光芒，不断焕发出新的生命力，奥妙就在于马克思主义具有与时俱进的理论品质。所以马克思主义能在世界上广泛传播，这就足以证明马克思主义是符合社会发展规律和要求的，能够为我所用。而且那些将马克思主义和自己的传统文化结合得很好的地方，其进行的革命取得了成功。例如俄国共产党人将传统文化和马克思主义结合起来，就创造了列宁主义；中国共产党人将传统文化和马克思主义结合起来，也创造了卓越的毛泽东思想。

  最后，将马克思主义和中国传统文化结合起来是有远大前途的。一些国家以前坚持马克思主义的指导，但是后来并没有利用好马克思主义，或者放弃了马克思主义，结果带来了动荡与灾难，例如20世纪的东欧剧变等。还有的国家不能正确运用马克思主义，不能与时俱进，也阻碍了自己的发展。相反，只有一以贯之地坚持马克思主义的指导，正确对待马克思主义，国家才能走在良性发展的道路上，中国改革开放以来取得的巨大成就就足以说明这一点。因此，我们必须要坚定地坚持马克思主义的指导原则不动摇，并且与时俱进，将其和我们的国情、传统文化紧密结合起来，这样我们才能解决发展过程中遇到的问题，大踏步地前进。可以说，中国共产党的历史，就是一部把马克思主义基本原理同中国具体实际相结合、不断推进马克思主义中国化的历史。马克思主义中国化要求党和人民将马克思主义与中国国情进行结合，指导人们进行实践。同时，将中国传统文化融合到马克思主义当中，可以使其具备中国特色。习近平总书记在纪念马克思200周年诞辰大会上的重要讲话中指出："马克思主义的命运早已同中国共产党的命运、中国人民的命运、中华民族的命运紧紧连在一起，它的科学性和真理性在中国得到了充分检验，它的人民性和实践性在中国得到了充分贯彻，它的开放性和时代性在中国得到了充分彰显！"

第二节 坚持社会主义核心价值观

  中国传统文化是中国人得以发展和壮大的精神根基，其中有很多思想都有巨大的价值，正如习近平在北京大学师生座谈会上的讲话中指出："中华优秀传统文化已经成为中华民族的基因，植根在中国人内心，潜移默化影响着中国人的思想方式和行为方式。今天我们提倡和弘扬社会主义核心价值观，必须从中汲取丰富营养，否则就不会有生命力和影响力。"而我们的社会主义核心价值观，其理论渊源就是中国传统文化。因此将中国传统文化融入教育，就必须要坚持社会主义核心价值观原则。

一、社会主义核心价值观是教育的主要内容

  2006年，中国共产党第一次提出了"社会主义核心价值体系"，后来在十六届六中全会和十七大关于核心价值体系建设的基础上，胡锦涛在十八大报告中提出：要深入开展社

会主义核心价值体系学习教育，用社会主义核心价值体系引领社会思潮、凝聚社会共识。推进马克思主义中国化时代化大众化，坚持不懈用中国特色社会主义理论体系武装全党、教育人民。广泛开展理想信念教育，把广大人民团结凝聚在中国特色社会主义伟大旗帜之下。大力弘扬民族精神和时代精神，深入开展爱国主义、集体主义、社会主义教育。倡导富强、民主、文明、和谐，倡导自由、平等、公正、法治，倡导爱国、敬业、诚信、友善，积极培育社会主义核心价值观。

其中，"富强、民主、文明、和谐"，是我国社会主义现代化国家的建设目标，也是从价值目标层面对社会主义核心价值观基本理念的提炼，在社会主义核心价值观中居于最高层次，对其他层次的价值理念具有统领作用；"自由、平等、公正、法治"，是对美好社会的生动表述，也是从社会层面对社会主义核心价值观基本理念的提炼；"爱国、敬业、诚信、友善"，是公民基本道德规范，是从个人行为层面对社会主义核心价值观基本理念的提炼。24字价值观，是对社会主义本质、中国精神、价值资源、时代精华的高度概括和提炼。

2017年10月18日，习近平在十九大报告中指出："要把社会主义核心价值观融入社会发展各方面，转化为人们的情感认同和行为习惯。社会主义核心价值观是当代中国精神的集中体现，凝结着全体人民共同的价值追求。""深入挖掘中华优秀传统文化蕴含的思想观念、人文精神、道德规范，结合时代要求继承创新，让中华文化展现出永久魅力和时代风采。"这些要求的提出，进一步明确了社会主义核心价值观的重要地位和现实意义，对思政教育全面落实社会主义核心价值观工作提出了明确的要求和具体的举措。

马克思主义指导思想是社会主义核心价值体系的灵魂，是我们立党立国的根本指导思想，是社会主义意识形态的旗帜和灵魂，只有坚持马克思主义指导思想，才能有效引领和整合社会思潮，在尊重差异中扩大社会认同，在包容多样中构成思想共识，团结不一样社会阶层、不一样认识水平的人们共同进步。中国特色社会主义共同理想是社会主义核心价值体系的主题，集中地代表了我国各族工人、农民、知识分子和其他劳动者、爱国者的共同利益和愿望，是保证全体人民在政治上、道义上和精神上团结一致，克服任何困难，争取胜利的强大精神武器。

教育的主要目的是培养人们对社会主义的认同，对此，社会主义核心价值观就具有了指导性意义。因此，当前教育的首要任务之一就是培育和践行社会主义核心价值观。

（一）社会主义核心价值观的重大意义

社会主义核心价值观既是对马克思主义的继承，也是对中国传统文化的继承。马克思主义是社会主义核心价值观的基础，可以说，实现"每个人的自由而全面的发展"是马克思主义的核心价值观，是社会主义价值体系的终极目标。自从我国实行改革开放以来，中国共产党就一直努力把马克思主义的核心价值观和中国特色的社会主义融合起来，不断创新，在此基础上提出了一些科学的新思想和新理念。从邓小平高度重视价值观建设到江泽民对领导干部提出"三观"（事业观、工作观、政绩观）要求、胡锦涛提出以人为本为核心的科学发展观、习近平重提坚持马克思主义群众观，都是社会主义核心价值观的理论依据和现实依据，是对马克思主义核心价值观的有效延伸。马克思主义学说是使无产阶级和全人类摆脱压迫、摆脱剥削和摆脱人的异化，把每个人的全面自由发展作为未来理想社会的基本原则、发展方式和价值目标，表现的是对人们终极的关怀。在马克思看来，社会主义是"以每个人的全面而自由的发展为基本原则的社会形式"，"每个人的自由发展是一切人自由发展的条件"。恩格斯也认为，社会主义"不仅可能保证一切社会成员有富足的和一天比一天充裕的物质生活，而且还可能保证他们的体力和智力获得充分的自由的发展和运用"，"这是人类从必然王国进入自由王国的飞跃"。中国共产党领导的中国特色社会主义建设，讲求的是"以人为本"，这是对马克思主义学说的继承和发扬，以人为本，就是承认人民群众在国家和社会中的主体地位。"为民""务实""清廉"的群众观，将"为民"作为社会主义的终极目标，也是最高价值的实现形式，揭示了社会主义的本质内涵和终极目的。

社会主义核心价值观，既是当代中国社会价值观的现实写照，又表现出未来中国的价值提升。核心价值观是当代思想文化和精神世界的综合反映，同时拥有崇高的精神境界，引领人们净化心灵，追求卓越。中国改革开放以来，被激活的传统价值观与市场经济中产生的新价值观，以及融合部分西方有益的价值观，在中国人的思想解放、打破大锅饭、追求合理的权力和利益等方面发挥了重要的作用，24字价值观对这些因素予以了精确的提炼和恰当的表述。另一方面，改革开放以后，社会转型带来文化样式多样、价值观多元、人们思想多变的特点，这些特点从积极意义上说，增强了人们思想活动的独立性、自主性、选择性和差异性，保持了社会的活力和创造力。但不可避免地也有消极性的存在，那就是：多样、多变、多元在一定程度上侵蚀着主流文化和主流价值观，甚至于原本属于正面的价值也可能变味。例如，据中宣部第四次社会各阶层思想动态调查，"非马克思主义信仰和无信仰占66.6%"，调查还显示，年纪越轻、文化程度越高的人，思想活动越复杂，价值观念越多元。这些五花八门的价值取向，对我们秉持和坚持的中华民族价值观念有了不小的冲击，这种冲击尤其体现在青年群体中，他们社会经验少，价值判断能力不强，但是因为熟悉互联网领域，又有着丰富的信息来源渠道、信息量大和选择力小的矛盾，导致了价值观念多样化、多变化的特征出现。在这种价值观念不牢固的情况下，不要说自己建立价值取向意识，连原本传统的一些正能量信念也被曲解为负面因素，如辛勤劳动＝没本事、团结互助＝别有用意、老实＝窝囊、诚实＝愚蠢、艰苦奋斗＝古董、感情忠贞＝封建、敬业爱岗＝因循守旧、廉洁＝胆小怕事……因此，24字核心价值观的提炼，蕴含着在一些重大问题上价值共识的重提和提升，反映了人们对世界和社会的基本看法，成了人们精神之魂。

中国共产党提炼出社会主义核心价值观，是站在全局的高度上来看的，既符合中国特色，又面向世界社会主义的价值追求。我国社会的价值观建设，不仅是建设中国特色社会主义事业的一个重要组成部分和精神保证，是精神文明建设的重要内涵，而且对于塑造富强、民主、文明的现代化中国的精神形象，以及决定中国在未来世界的文化地位都具有十分重要的意义。从历史上看，无论是封建社会，还是资本主义社会，都提炼过与自己社会制度相符的核心价值观，如中国封建社会的"仁义礼智信"、资本主义社会的"自由、平等、博爱"，有了这些核心价值观，封建社会和资本主义社会才能稳定运转，反过来说，这些价值观也是推动相应社会运转的动力。从马克思提出科学社会主义至今，已经经历了160多年，按照马克思主义学说，社会主义是比封建主义和资本主义更高更好的社会形态，然而，在社会运动进程中还没有形成或者提炼出社会主义的核心价值观，这是不行的。因此，中国共产党从全局的高度出发，深度提炼，从中国人民生活的实际出发，实事求是，在2006年的十六届六中全会上第一次提出了建设社会主义核心价值体系的战略任务。社会主义核心价值体系的提出，标志着我国对中国特色社会主义的认识已从制度层面深入价值观层面。党的十八大首次用24字明确表达了社会主义核心价值观的内容，既不是对计划经济条件下价值观的否定或修补，也不是对西方价值观的依傍或跟从，而是对中国改革开放伟大实践的精确提炼和理论概括，是中国社会现实发展规律和时代要求的主流价值的选择，它符合时代的需要、社会的呼吁、人民的诉求。如此，我们党把对于社会主义价值理论的认识向前推进了一大步，丰富和发展了马克思主义的价值理论，并为世界社会主义价值学说的建立提供了很好的实践案例。

（二）社会主义核心价值观的深刻内涵

1. 富强、民主、文明、和谐是国家层面的价值要求

中国人民一贯追求富强，在漫长的历史上，中国很长时间都居于世界的前列，中国的富强程度也吸引了很多国家的注意和向往，中国的很多物产都成了西方国家梦寐以求的东西。可是，这种情况在西方国家的工业革命之后发生了改变。由于我国的闭关锁国，在西方国家工业革命开展之际，没有抓住这种历史机遇，使中国在很多方面落后于西方，还曾饱受西方的侵略。1840年鸦片战争以后，中国积贫积弱、任人宰割。而在中国共产党人的领导下，中国才重新走上了富强之路。因此，富强是壮大中国国力、提高人民生活质量、扩大中国国际影响力的关键。富强的基础在富，关键在强。没有富为基础就不可能强，没有强的富只是一种虚胖，一种低水平的富裕。富强是一种高水平的富，它要求每个家庭个

人都富，而不是一小部分人的富，也不是国富民弱，而是国富民强。这一目标的设定，是经历了多灾多难的中国要回到世界民族最前列的呼声，是中国共产党人的追求，是全国人民共同的向往。在这个过程里，有多少先烈前赴后继，为这个目标献出了宝贵的生命，它不仅仅是一个发展的目标，更是国家强大的终极追求。在这个过程中，富强不是以牺牲资源环境为代价的片面的经济增长，而是人与自然和谐发展的结果。富强是物质层面的追求，同样也是精神层面的追求。我们说要摆脱弱国心态，就是要树立大国心态，也就是精神上的富强。没有精神层面的富强同样不是完整意义上的富强。富强是一种由里到外的完整状态而非局部的畸形发展。要富强就要坚持以经济建设为中心不动摇，大力发展生产力，同时促进社会公平正义，着力解决收入分配公平问题，让人人获得出彩的机会。

民主是社会主义现代化的关键。对于我国而言，民主就是让人民当家做主，人民民主，一切权力都是人民的。人民决定国家发展的走向，决定民族前进的方向，决定全体中国人的命运。中国共产党从小到大，从弱到强，从无到有，发展到今天成为世界上第一大执政党，靠的就是人民的认可和支持。中国共产党人深刻认识到，人民才是创造历史的力量。中国以前的封建社会不是民主的，因为以前是专制社会，帝王的权力高高在上，人民得不到应有的权力。而在社会主义中国体系下，人民才真正站了起来，成了国家的主人。西方国家也宣称民主，但西方国家的民主较为片面，仅仅认为普选就是民主，这其实只是表面形式的民主，还不是真正的民主。我国的民主则是一种实质性的民主，人民通过人民代表大会来管理国家事务。历史的发展已经证明，西方式的民主正在走向衰落，而中国的民主却展现出勃勃生机，这也说明中国的民主是优于西方国家的民主的。人民民主是真实而广泛存在的民主，资本主义民主是少数人的金钱的民主。在我国，人民通过人民代表大会制度这一根本的制度实现自己的民主权利，人民的意志通过人民代表大会来表达，人民还通过人民代表大会来监督政府的工作。

我国是一个文明古国，当其他大部分地方还处在茹毛饮血的时代时，中国就已经出现了文明形态。文明的另一面是野蛮。在野蛮的世界里，人们崇尚暴力，生活迷信，而在文明的世界里，人们则会理性相待，科学处事。文明世界是不容忍有野蛮存在的。同样，野蛮会扼杀一切向前发展的动力，只有文明世界里，人们、社会才能不断发展，滋生出新的技术、新的思想和观念。我国自古以来的文明化，让我国很少发生暴力恐怖事件。但在全球范围内，野蛮的表现还有很多，暴力恐怖事件时有发生，恐怖分子不会想着用协商和沟通的方法来解决问题，而只是一味地希望用暴力来震慑别人，但事实又证明，他们终究只是一小撮人的行为，在文明世界面前，他们不可能掀起大的波澜。社会主义核心价值观的文明，就是指我国要保持自古以来的文明性，要崇尚文明理性，用文明的方式解决问题，而摒弃崇尚武力的行为，这就要求我们要继承和发扬中华民族传统文化，让民族文明的血脉延续下去，将传统文化与新时代要求相结合，让传统文化在新时代焕发出新光彩，这是民族传承的必须，也是中华文明千年不变的延续。社会主义的文明是物质文明与精神文明的协调发展。建设物质文明，要反对破坏自然的物质主义和使人异化的物化意识、拜金主义。建设精神文明要反对消费主义、享乐主义和虚无主义。

和谐的思想是中国传统文化的灵魂，我国古代无论儒家还是道家，都很强调和谐。西周时期，太史伯在为郑桓公分析天下的形势时，就称西周将会灭亡。因为周王只知道亲近小人，而忽视了人民的意愿，他说"和实生物，同则不济"。万物虽不同，但和谐共生就是事物发展的基础，如果完全相同一致，社会就无法发展和继续。也就是说和谐并不是要万物相同，而是彼此和谐共生，如果大家都相同一致，那是不可能和谐的。我国崇尚天人合一，而西方则强调征服自然，但在这种征服自然的过程中，违背了自然的和谐规律，结果带来了严重的生态问题。我国崇尚人们和谐相处，而西方国家强调个人本位，结果个人主义横行。总的来说，我国所讲的和谐是有积极意义的和谐，在自然界讲究天人合一，人要充分认识和尊重自然规律，要在自然规律规定的范围内活动；在人与人之间讲究互信、和睦，形成良好的人际关系，保持社会秩序的稳定和发展。从社会发展的角度来说，和谐也是社会发展的引擎，在任何时候，混乱都只会带来破坏。在和谐的关系中，国家才会同心同德，才会一切向前，朝更高的梦想努力。从根本上讲，社会主义公平正义的社会制度保证了人与社会、人与自然、人与自身之间的冲突的最终解决。

2. 自由、平等、公正、法治是社会层面的价值要求

自由可以称得上是一个人最根本的需要了，一个做任何事情都要受到约束的国家，是无法激发人们的积极性和创造性，是无法让人全身心投入国家建设的，这就是为什么要把自由列入核心价值观，这是一个人生存最起码的权利。自由可以分为很多种，例如人身自由、思想自由、政治自由、经济自由等。一个人有自由，才会实现自我；一个民族有自由，社会才会充满活力。在我国，法律保障了公民拥有极大的自由，我们可以自由地做事，只要不妨碍别人就行。纵观历史，人类社会一直在为追求自由而奋斗，封建社会体制下的人们是不自由的，专制的体制使得人们思想和行为都受到束缚，资本主义社会打破了这个框架，而社会主义又向前推进了一步。当然，自由不是说可以让人随心所欲，自由是在法律规范下的自由。如果把自由定义为是无所限制的，想做什么就做什么，那这种自由就是扭曲的，最终也会让人付出惨重的代价。而如果是在法典规范之下的自由，才是真实的，自己也才会是安全的。正如恩格斯说："自由不在于幻想中摆脱自然规律而独立，而在于认识这些规律，从而能够有计划地使自然规律为一定的目的服务。"可见自由就是利用自然必然性来服务人类的目的性。社会主义的自由真实存在于经济自由、政治自由、道德自由和表达自由之中。

平等就是让所有人享受一样的权利和义务。封建社会下的人们是不平等的，古代有三

传统历史文化与教育思维

六九等之分，社会阶层明显，例如"刑不上大夫，礼不下庶人"，刑法不加重在大夫身上，礼制不减轻给庶人。资本主义社会下的人们也是不平等的，例如选举，穷人不能进行选举，而有钱人才可以参加选举。相反，社会主义社会赋予了每个公民平等的权利和义务，不依出身、财产而改变。在社会生活中，人人都是平等的个体，虽然社会分工、职业身份、工作内容和形式，甚至收入情况都不相同，但是在个体存在上，是人人生而平等的，这是社会主义国家对个人的保障。平等在现实生活中表现为经济平等、政治平等、文化平等、人格平等等方面。社会主义的平等绝不是像资本主义的平等仅仅停留在宣传语里，而是真实地体现在社会主义建设之中，社会主义发展的目标就是不断消灭不平等，实现共同富裕，让每个人都拥有同样的政治权利、经济权利、文化权利。在经济领域，权利平等、机会平等、规则平等的市场机制不断完善。在政治领域，法律面前人人平等，每个人平等享有选举权与被选举权，社会主义民主法治不断完善。在文化领域，人人享有受教育权和接受文化服务的权利。

公正是社会主义的核心价值追求，是社会主义不同于资本主义的重要特点，也是社会主义比资本主义高明的地方。公正意为要公平正直，不偏不私。公正的社会，就是人们的权利和义务要对等。公正的实现，有赖于国家整体发展，经济水平和观念意识都发展到较高的层次，才会实现真正的公平。这是所有人共同的追求。阶级社会里的人们是不能被公正对待的，下层的人民和上层的人民的权利和义务也不是对等的，上层的人一般拥有过多的权利，而承担的义务却很少，大多义务都被下层人民承担了，同时下层人民的权利却很少。而社会主义国家则不是，所有人的权利和义务都相同，人们享有高度的公正。公正的实现是一个客观的历史过程，不可能一蹴而就，人类发展的历史就是一部不断为实现公正而奋斗的历史。在今天要实现社会的公正就要不断提高生产力发展水平，从而为公正的实现奠定物质基础；深化改革，从而为公正的实现奠定制度基础；完善法治，从而为公正的实现提供法制保障；完善收入分配，从而切实保障公正的实现。

法治就是依法治国，所有活动都要在法律法规允许的范围内进行，不能越过法律底线办事。法律表现的是统治阶级的意志，我国的法律规定，国家的一切权力属于人民，因此法律也是人民意志的表现。法治就是让人民来立法，让人民来做主。法治与人治相对。人治由于依靠人来治理，人的不一致性比较突出，往往依据个人好恶来做出决定，没有一定的规则性。历史上的封建王朝，多是人治，皇帝完全做主，所以即便是有明君贤君称号的帝王们，也不能保证其王朝一直延续下去，最终往往是人存政举、人亡政息，逃不过历史的周期律，国家和民族大起大落。法治是依靠法律来治理国家，不因领导的改变而改变，因此可以保证国家的长治久安。法治与德治相辅相成、相得益彰。对于国家治理而言，法治与德治缺一不可，如鸟之两翼。法治保证了社会的底线不会被突破，对人们的行为提出了最低要求。德治则提升整个社会的文明水平，使人们不断提升自己的道德修养。法治要求树立法治思维，也就是树立法律至上、权力制约、公平正义、人权保障、正当程序的法治理念。

3. 爱国、敬业、诚信、友善是公民层面的价值要求

爱国是我国的一种传统美德，也是人们内心的一种深刻情感，更应该是镌刻在每个人心里最坚定的信念，国家是我们赖以生存的依托，如果没有国，自然也就不会有家，中国的发展历史，已经证明了这一点。爱国主义就是个人或集体对国家有一种积极支持的态度，它是中华民族精神的核心，最突出地显示出中华民族的特点。自古以来，中国传统文化都把爱国看成是至高的德行，不爱国的人是没有脸面存在于天地间的。爱国就要爱祖国的大好河山。领土是每个民族国家生存发展的基本条件。祖国的土地哺育了她的子孙，每一代人生于斯长于斯，与这片土地有着不可分割的血肉联系。爱国首先就是要爱这片土地，珍惜她保护她，不让她受到任何伤害。这样才能保证整个民族的可持续发展。爱国还要求爱自己的民族同胞。中华民族是一个大家庭，兄弟姐妹多，但是大家有着共同的利益。这种共同利益就是中华民族的共同利益。爱自己的同胞就好比爱自己的兄弟姐妹。爱国还要爱祖国文化。文化是民族的精神基因，从深层次规定着民族的发展方向和前途。中华民族的传统文化历经千年始终没有发生断裂，就是中国人的爱国情怀发挥出了巨大的作用，每一个中国人，都把自己的祖国当成内心最深沉的爱，那就能凝聚全体国人的力量，实现全新的发展和突破。爱祖国的文化就是爱惜民族的共同记忆，这样才能不断把民族精神延续下去，让祖国发展壮大。

敬业就是人们在什么样的职位上，就要尽到这个职位的责任。这是个人最基本的素养，人人都热爱自己的工作，社会各个环节各司其职，整体社会发展就会运行良好，就能很好地完成国家发展的目标。如果人人都觉着事不关己，那相应的连锁反应无疑会造成巨大的破坏。孔子曾言"事思敬，执事敬，修己以敬"，就是指我们要尊敬自己的工作，做好自己的工作，慎重地培养自己。如果我们能做到敬业，认真地做好工作中的每一个细节，那无论我们处在什么岗位上都能取得不俗的成就。

诚信是一个人立身处世的根本，是社会存续发展的重要基石。孔子说过："人而无信，正如大车无輗，小车无軏，何以行之？"国无信不宁，人无信不立，事无信不成，商无信不兴。不管我们处在一个什么样的位置，都要把信守承诺作为一件大事来对待，诚信体现的是一种现代契约精神。诚信作为社会主义核心价值观在个人层面的价值准则之一，是构建社会主义和谐社会的重要纽带。在中国传统文化中，不仅形成了诚信的道德观念和行为准则，而且铸就了诚信的心理趋向和道德传统。

友善就是对待他人谦虚有礼貌尊重他人。你友善地对待他人，他人也必然会友善地对待你。善待亲人能够营造和谐的家庭关系，善待朋友能够凝结牢固的友谊，善待他人能够

构建和谐的社会氛围，善待自然能够形成和谐的自然生态。无论身处哪一个阶层、从事哪一个行业，友善都应该是公民最基础性的价值理念。特别是在市场经济发展过程中，来自竞争的压力不可避免的会造成人际关系的紧张，各种社会矛盾凸显，培育和践行社会主义友善价值观，是缓解社会矛盾、维护社会秩序、促进社会和谐的坚实基础。

二、社会主义核心价值观的中国传统文化渊源

我国提出社会主义核心价值观，既是对传统文化中积极精神的高度概括，也是对未来中华民族新的精神力量的铸就。社会主义核心价值，首先是来自传统文化，来自民族历史发展。中国五千年的文化价值是今天价值的深厚资源。"史学者，学问之最博大而最切要者也，国民之明镜也，爱国心之源泉也。"无论是辉煌的古代历史还是屈辱的近代遭遇，都成为中国人民爱国奋发的精神源泉和深层动力。历史上，我们不但拥有四大发明，并且这些发明"已经改变了整个世界的面貌"（培根语），中国还因为其他众多的发明而被称为"发明的国度"。中国人足以为古代的辉煌成果而自豪，这些成就和辉煌，在中国人民心中自然形成自豪感并转化成为一种爱国为国的情感和动力。而近代中国遭到列强分割，丧权辱国，近代史常被史学家称作一部"屈辱史"。1840年，英国发动第一次鸦片战争，开启了近代中国屈辱的历史。以此为起点，先后多个帝国主义国家凭借武力侵入中国，其间，清政府被迫签订各种不平等条约达几百个，包括《南京条约》《虎门条约》《望厦条约》《黄埔条约》等中国近代史上的第一批不平等条约，被迫割地、赔款、开放通商口岸、和外国协定关税。

1856年英法又发动了第二次鸦片战争。历史再次重演，清政府在抵抗失败后被迫和英法俄美四国签订了《天津条约》。此后又陆续有英法俄的《北京条约》、1885年中法的《中法新约》、1894年中日的《马关条约》、1900年八国联军的《辛丑条约》，等等。把中国推向灾难屈辱的深渊，造成了近代中国的贫穷和落后，加重了人民的负担，严重地破坏了中国的主权和领土完整。这是中华民族发展史上最屈辱的一段岁月，为全体中国人留下了不可磨灭的印象。但也可以说，这是一个问题的两个方面，屈辱刺痛了中国人民的自尊心，屈辱激起了中国人民的奋发自强、救亡图存，屈辱也更加成为中国人民爱国为国的动力机制。正如19世纪60年代冯桂芬在《校邠庐抗议》中所说："有天地开辟以来未有之奇愤，凡有心知血气，莫不冲冠发上指者，则今日之以广运万里地球中第一大国而受制于小夷也。人自不如，尤可耻也，然可耻而有可为也。如耻之，莫如自强。"受侵略的历史，使中国人一直围绕器物、制度和观念几个层面的变革上下求索，从洋务运动到维新变法，从辛亥革命到五四运动，从旧民主主义到新民主主义革命，都是对核心价值观的认识和实践的不断演进。

社会主义核心价值观，也来自中华人民共和国建立以来的历史和改革开放的历程，自强不息的民族精神已成为所有中国人民进行社会主义建设的支柱精神。对于中国人所具有的民族精神，毛泽东就说过，中国人有一种同所有敌人血战到底的勇气，有一定要自力更生的坚强品质。在十六大的报告中，中国共产党也全面地指出："在五千多年的发展中，中华民族形成了以爱国主义为核心的团结统一、爱好和平、勤劳勇敢、自强不息的伟大民族精神。"这些民族精神统一地存在于中国人的精神之中。这些精神的不断发扬和深化，逐步演化成适应新时代的中国人的核心价值观。可以说，核心价值观的提炼是对当代中国精神的进一步铸就。

社会主义核心价值观，也具有中国传统优秀文化的价值因素和民族精神。中华优秀传统文化是社会主义核心价值观的营养源泉，社会主义核心价值观是新形势下中华优秀传统文化的时代传承和发展。一方面，所提炼的核心价值观，是中国历史纵向发展中永恒的价值诉求的反映，也是植根于广大民众的价值共识的反映，它揭示并反映着一个民族最深沉的精神世界和价值追求；另一方面，它也是世界横向存在的共通的价值理念，如自由、平等、民主、法制、公正、富强、和谐等日益成为人类共同追求的价值理念。中国传统文化虽屡经冲击，却始终在国民道德观的进程中发生影响。传统伦理观中的仁、义、礼、智、信等核心价值体系的建立和强化细化为中华民族的传统美德，如尊老爱幼、忠君爱国、重义轻利、诚实守信、勤俭节约等。24字的提炼，是对传统价值观包括"仁、义、礼、智、信"、"和为贵"、"和而不同"、爱国主义等优秀传统价值理念和道德规范的概括和提升。同时，改革开放向世界打开了大门，在走向全球化的进程中，世界上的那些可以引起我们共鸣和共识的反映人类文明进步的积极成果，理当成为我们的价值观。如那些激发中国人的自我意识觉醒的价值观、适合市场经济的价值观、促使人自由全面发展的价值观等。24字核心价值观的提炼，兼收并蓄东西方文化价值精髓，是对外来文化与本土文化矛盾的有效解决，而这个矛盾是我们近代以来以至于目前大部分发展中国家都处于困惑之中的问题。对外来文化和价值观的合理汲取，一方面体现了中国学习和尊重世界多样文化的态度，另一方面，通过价值观的吸收与整合，进一步推动了社会主义核心价值体系的构建。并且，通过在此基础上与世界开展广泛的文化对话，这些价值观必将成为人类共创共享共遵守的价值观。

第三节 坚持批判继承

中华民族的历史文化源远流长，这种具有强大传承能力的民族文化，历经儒家、道家、法家甚至佛家思想等多种意识形态的交融、升华后，经过岁月更替的沉淀、时代变迁的冲刷，构成了我们民族的精神内涵和思想核心，其思维方法、行为方式、道德要求等，深深地烙印于中国人的血脉和思想观念之中。其中包含着浓烈的爱国情怀、高尚的道德追求、多样的思想境界、不同的人生设定，既有如何处理物质与精神的关系，也有如何解决个人与他人的关系等准则和要求。这是一种融汇了各民族文化的共同体，是中华民族悠远历史形成的智慧结晶。这种结晶是不以时代变迁而改变的，无论国家民族发展到什么阶段，风云变幻到什么程度，以爱国主义为核心的民族精神都不会过时，以修身齐家为内容的个人修为不会过时，尤其是现在我们身处民族振兴的伟大时代，正是需要全体中国人凝心聚力之时，爱国主义教育更加迫切和重要。从这一点看来，我们发展中国特色社会主义必须要坚持继承传统文化，这既是警示后来人民族振兴的艰苦，也是告诉当代人时不我待、任重道远的担当。无论是大势所趋，还是个人修养，在传统思想中，有着我们祖先积累下来的道德精华，经受了时间的洗礼和历史的检验，是养成个人道德素质、梳理正确价值观的基础，是形成个人核心信念的重要内容，也是维系社会运转的内在力量。由此可见，正是因为这种文化的传承，才有了民族的自尊心和自信心。

中华民族传统文化的形成，是一个漫长而艰辛的历程，饱经磨难，饱受摧残，但因其生生不息的强大动力，使之相对完整地延续到了现在。作为世界上为数不多、始终延续的文明，中华民族的文明延续，保证了民族的延续和发展。应该看到，在这个过程中，中华民族传统文化也不断受到外来文化和外部环境的冲击和影响。但作为极富有包容性和开放性的民族文化，中华民族文化对外来文化和思想的吸收从来没有间断。并且随着社会的不断变迁发展，传统文化在各种不同因素的影响下也不断推陈出新。千百年以来，这个变化是始终发生和存在的。应该确认的是，中华民族传统文化是我们祖先留下的宝贵财富，但也要看到，在传统文化的形成过程中，思想理念千姿百态、准则追求万紫千红，各种内容杂糅其间，其漫长的演变过程，其对不同文化的包含和吸收，决定了其内容并非统一和单纯，这也就意味着中华民族文化内容良莠不齐，对它的接收不能一概而论。在对待传统文化的态度上，一直有着不同的认识和争论，这种争论已经开始了近一个世纪。在此期间，关于如何对待传统文化，一直伴随着社会革命和政治变革的发展而存在，从五四新文化运动，到新民主主义革命，到八九十年代的文化争论热，如何对待传统文化、传统文化现代化的意义和作用，一直是众人关注的焦点。其中，有两种观点颇为引人注目，一种就是认为民族文化无用，是完全的和彻底的糟粕，应该完全抛弃，必须完全向西方文明、文化学习，彻底虚化本民族文化。这种观念认为，西方的文化就等同于现代文化，全面否定中华民族文化的存在意义，认为要想实现文化现代化，只有这条路可走。与之相对的另一种，则认为中华民族传统文化是无可匹敌的，是唯一可取的。只有传统文化，才是真正适合本民族发展的文化，要完全地继承传统文化的内容，要彻底地遵从传统文化的要求，要高度地提升传统文化的地位，要全面地肯定传统文化的作用。这是一种民族本位的思想观念，认为只有自己的才是最好的，完全不需要借鉴西方文化的内容，更不需要进行现代化改革。

　　上述观念，都有其一定的合理意义，但也同时存在更多的不合理方面。历史上任何一个国家和民族，其发展起来的民族文化，都是人类文明的共同成果，都可以为社会发展提供良好的有益借鉴，哪一种文化更适合现代社会发展，能促进现代国力提升，可以提升人民生活水准，哪一个文化就有其可用之处，就需要拓宽眼光、拓展胸怀、拓展思路地去吸收借鉴为我所用。所有国家发展，民族强大，都离不开依靠人类文明的共同成果。从这个意义上来说，盲目推崇西方文明，不分好歹一律接受、彻底放弃本民族文化或者盲目推崇本民族文化，完全地排外否定西方文化，都是不合理的，都不能推动国家的进步与发展，不能让中国文化走上现代之路。传统文化作为中国人秉持千年而不变的思想文化体系，在发展的过程中不断地调整、修改、完善，一直生生不息，已经证明了这是一个充满生命力的动态系统，而绝非僵化不变的。它经过多年的耳濡目染和口耳相传，已经成为中国人历代传承的内在意识，它无影无形而又无处不在，它无法把握却又力量强大，成为影响人们价值观念形成、行动方式指导的重要内核。

　　随着我国经济社会的发展，思想文化日趋多元，历史虚无主义、新自由主义等错误思潮又开始出现，而且借助新媒体平台迅速传播开来，这些错误观念的出现，无疑会对当代青年树立正确的世界观、人生观和价值观造成一定冲击。这就需要我们深入发掘中华优秀传统文化的价值内涵，以传统文化的丰厚底蕴来养成广大青少年的思想素质，不断增强青年的文化自觉与自信，以应对各种不良理念带来的挑战。一个开放、进取，充满生机的文明，总是在开放、包容的同时充满自尊和自信的。要明确了解的是，在中华民族传统文化的发展过程中，我们历经苦难，饱受艰辛，但是从来不惧怕任何外来的挑战。相反，我们往往能同化那些想要压倒和征服我们的文明。想要让中华民族传统文化始终保持生命，我们就要努力继承发扬传统文化，吸收借鉴外来文化，让自我的文化竞争力提升到新的层面，充满新的活力。持有这样的了立场，站在国家、民族发展的高度上，尊重中华民族传统文化的源远流长，在对其进行批判继承、创新发展的基础上，实现其现实意义，才能在中国特色社会主义理论的指导下，创造出有中国特色的社会主义新文化。

　　中国传统文化博大精深，包含着内容丰富、形式多样的人文思想内涵。这种思想，是存在于国人日常生活层面的，每一个中国人，都会生活其中，而不可避免地接受其熏陶和影响，并能按照其内容做出相应的行为。所以从这个意义上来说，学习和利用传统文化进行教育，能更加有利于学生的道德信念养成和理想价值观树立，能够提升学生的个人思维原则性和行为判断力，能够提升其明辨是非的能力，对培养新时代需求的青年力量尤为重要。

　　2014年10月，习近平总书记在文艺工作座谈会上指出："中华优秀传统文化是中华民族的精神命脉，是涵养社会主义核心价值观的重要源泉，也是我们在世界文化激荡中站稳脚跟的坚实根基。"在当代教育工作中，引入传统文化内容，让当代青年成为传统文化的习得者、捍卫者和践行者，是当代教育工作内涵进一步丰富、形式全面创新的必经之路。

在探讨中国传统文化应该如何融入教育这一问题之前，我们有必要了解清楚中国传统文化与现代化之间的关系。现代研究表明，中国传统文化和现代文明之间的关系，可以从四个方面分析：

第一，高度的契合性。中国传统文化中，以儒家思想为主导的中国传统教育重视人文道德教育，如何处理个人与他人的关系、明确个人的社会位置、发挥个人在社会发展的中的积极作用，是人文教育培养的重点，儒家中的"练达人情，洞明世事"更是为培养满足社会需求的人才提供了重要的参考标准。其他内容里，适合现代社会发展的也比比皆是，这对我们培养合格的社会发展力量具有重要的意义。

第二，发展的传承性。传统文化的发展，是一直延续至今的。传统文化为构建现代文化体系提供了思想和精神来源。任何一种文化体系的建立，都不是凭空臆想产生的，尤其是在中国这样的大国，在文化发展上有如此漫长的历史，不可能也不应该进行隔断。要知道中华民族传统文化富有生命力，具有超时空存在的能力和特点，其中优秀的文化内容，在今天依然有非常强的现实意义和作用，所以在今天构建中国特色社会主义文化体系，离不开对传统文化的继承和发展，离不开对传统文化的创新性创造。任何一种民族文化都是在继承前人的基础上不断改进、有所创造的结果。任何人和任何力量也无法割裂新旧文化之间的血肉联系。那种无视传统文化的历史虚无主义的观点显得空阔而不切实际，也根本建构不起来体系化的文化。

第三，必然的冲突性。中国在长期的封建社会中，创造了灿烂的古代文化。但这些文化的产生，与其所在的封建主义社会阶段紧密相连，都不可避免地具有其时代特征和局限，比如传统的等级观念与现代平等理念、人治习惯与法治社会、群体至上与个性发展、中庸之道与社会竞争、伦理中心原则与物质利益原则，都在现代文化发展中存在着矛盾和冲突。毛泽东曾经说过："学习我们的历史遗产，用马克思主义的方法给以批判的总结，是我们学习的另一任务。"

第四，可能的转化性。中国传统文化是各民族文化的集中体现，集中了各民族的智慧结晶。它是今日中国文化的起源所在。在中国传统文化中，既存在着可以直接古为今用的教育资源，也存在着完全不适应当代教育需求的内容，还存在着必须要经过现代转化才可以发挥作用的教育资源。因此，我们在对待中国传统文化时，就要本着"取其精华、去其糟粕、古为今用、推陈出新"的原则，对中国传统文化中的教育价值做出理性的分析，择其优者而用之，比如自强不息的进取精神、诚信为本的价值观念，可以成为社会发展现代化的内在动力。

随着社会的发展和进步，每一个历史阶段对文化的要求有所不同。在建设有中国特色社会主义阶段继承和发扬中华民族传统文化时，首先要考虑现阶段的实际需求，要坚持这种继承和发展能够有利于中国特色社会主义文化的繁荣和发展，能够推动中国文化和整个中国社会的现代化。文化发展离不开继承，无法隔断历史。但是文化发展也不是不加改变地照搬照抄，还是应该基于现实需求进行创新。如何传承文化传统，如何考评其在现代社会实践中发挥积极的作用、作用到什么程度，都是要在传承文化内容时需要考量的。从现实需求出发，不要脱离现实特点继承传统文化，是在使用传统文化内容上首先要考虑的问题。同时我们还要清楚，建设有中国特色社会主义先进文化是目的，因此在文化的传承与发展问题上，还要始终坚持民族特色，确立民族文化的主体性原则。所有的选择、使用、传承和创新，都是为了满足主体的需要。按照这一原则来选择传统文化的传承内容，直观地说就是对中国今天的现代化建设有用、有利的就继承，无用、有害的就不继承。

文化传承不是一味选择，更多是创新和再创造。文化从来都不是僵化不变的内容。所以我们继承传统文化，就要进行中华民族传统文化的创新。这种创新要从现实需要出发。通过对传统文化中积极的形式和内容的系统转换，寻求其中的理论资源、民族智慧、经验教训，为解决当代的重要社会问题，提供思想方法、历史借鉴，用以补充与丰富现实斗争的智慧和经验。党的十九大报告提供了明确的思路，即要"推动中华优秀传统文化创造性转化、创新性发展"。创造性转化、创新性发展是中华优秀传统文化在新时代绽放光彩的正确路径。

继承和发展中华民族传统文化，推动其在现代教育工作中的实际作用，需要坚持以下原则：

第一，坚持批判性原则。批判性原则是指对待文化不应该完全地接受或否定，而应该批判地继承。这也正是我们对待中国传统文化的正确态度。与世界上任何一种文化一样，中国传统文化既存在精华也存在糟粕，中国传统文化中的优秀精华培植了我们的民族精神，而中国传统文化的糟粕也形成了我们的国民劣根性。所以在对传统文化的选用上，既不能直接地完全否定，也不能毫无选择地兼收并蓄，而是应采取科学客观的态度，取其精华，去其糟粕。中国的传统文化历经五千多年才逐渐形成，在此过程中经历了复杂多变的历史阶段和现实情况，有些思想意识受到了历史发展阶段的局限，经过了特定阶段后，就不再适用于现代社会。有的思想观念，如男尊女卑、忠君思想已经被证明阻碍社会进步。对于这类观念应该坚决抛弃，明确提出不能纳入教育体系当中。

因此，在中国传统文化与教育相融合的过程中，我们应该秉承"取其精华，去其糟粕"的批判性原则，对中国传统文化进行理性审视，在吸收、融合其优秀精华的同时，还要对中国传统文化中的糟粕进行认真的批判和清算，以消除其对人们的思想造成的不良影响，使其适用于我国当前的教育；相反，如果我们照搬中国传统文化而不对其进行理性审视，就可能将其中的糟粕内容也一并带入教育中，从而对教育的发展产生阻碍的作用。因此，实现中国传统文化的现代化意义，必须坚持唯物辩证法。毛泽东曾经明确指出："我们这个民族有数千年的历史，有它的特点，有它的许多珍品。我们必须继承一切优秀的文学艺术遗产，批判地吸收其中一切有益的东西。""决不可拒绝继承和借鉴古人和外国人，哪怕是封建阶级和资产阶级的东西。但是继承和借鉴决不可以变成替代自己的创造，这是决不能替代的。"继承传统文化，应是辩证法的批判继承，而不是无选择的全盘继承。

在继承和发扬中华民族传统文化问题上，毛泽东提出要使用"全面的历史的方法"，即"古今中外法"。所谓古今，就是传统文化和现代文明，所谓中外就是中国文化和西方文明。这个方法就是"弄清楚所研究的问题发生的一定时间和一定的空间，把问题当作一定历史条件下的历史过程去研究"。在对待传统文化时，要选择性地使用，创造性地融合，创新性地发展，将其变成富有现代特征、体现时代特点、满足现实需求的新时代文化。就要注意把传统文化和现代需求相结合，通过吸收传统文化的精髓，通过由此及彼、由表及里、去粗取精、去伪存真的具体分析过程，吸收有益的营养，在批判中继承，在继承中发扬，在发扬中创新，在创新中获得新生。

第二，坚持创新性原则。中华文明之所以历经五千余年而绵延不断，正是由于中国传统文化自身所具有的包容与开拓的自我革新精神，才在与各种外来文化的不断冲突与碰撞中，能借鉴、吸收其精华并将其内化于自身，使中国传统文化不断突破自身缺陷，从而完成自身的发展创新。而近代中国之所以走向衰败也正是由于其闭关锁国的自我封闭，使其不能突破自身缺陷，进而被同时期极富开拓扩张精神的西方文明超越。所以我们现在进行教育也要吸引其他文化中丰富的教育资源，才能改变其自中华人民共和国成立以来的重意识形态说教而轻文化教育的缺点，改变其陈旧僵死的内容与模式，不断开拓其发展创新的新视野与新渠道。

一种文化的发展无疑是要依靠代代传承。但是仅仅是无变化的传导，中华民族传统文化就只能停留在原有的简陋水平，就无法适应条件不断变化的历史阶段。无数次历史证明，文明的进步、文化的发展，要靠代代传承者不断地创新，要注意吸收不同历史时期的人类智慧，不断完善丰富母体资源，让代代传承的文化日益丰富。尤其是现阶段，中华民族伟大复兴的目标迎来了前所未有的契机，世界多极化、经济全球化的曲折发展，各种思想文化必然相互激荡和相互影响，中华民族传统文化要与中国现代化建设实施对接，进而走向世界，必须在继承的基础上进行创新，要选择其中历经考验的精髓，对不利于国家民族发展的内容要进行清理。创新和继承是统一的整体，是保证传统文化焕发出新生命力的基础，继承不是最终目的，必须实现创新，超出历史的圈子，实现历史的跨越，让优秀的思想有所发展，推陈出新，才能形成服务于现代社会发展的崭新文化。

中华民族传统文化博大精深，内容丰富，其中虽然有一些因时代进步和社会发展显示出历史局限性或滞后性，甚至是落后性，但是其内核是优秀的，只要我们坚持马克思主义的指导思想，坚持与时俱进，能够融入社会主义精神并且能够根据社会主义发展的需要，对其进行科学梳理、现代发展和必要改造，就能找到传统文化与现代文明接轨的契合点，就能把我们的社会主义思想道德与民族优秀传统文化相融合，使之现代化、民族化，更富有新的生命力。

第三，坚持渗透性原则。与强制灌输原则不同，渗透性原则强调了文化对人的熏陶感染，使人们在潜移默化中主动接受新的知识、技能或思想观念等，它有助于发挥受教育者的积极性和主动性。传统文化不是简单的说教，这样容易让受众拒绝接受，而应该意识到，在传统文化的具体展现形式上，往往有许多可歌可泣的故事，这些故事可以展示传统道德的意义和价值，可以彰显人性之美、人格之美。通过对这些背景的了解，把学习者带入特定的历史时代，让人感同身受，用这样的方式可以使学生更深刻地体会到传统文化的魅力，触摸到文化背后的情感。同时，我们还可以借助现代网络媒体，进行传统文化内容的深层学习，对围绕某一理念的内容，进行全面的教育教学。在学生的日常生活中，学校可以专门组织学生成立宣传小组，通过教学设施设置板块进行文化普及和宣传，将传统文化传播融入日常生活中，创立一个有趣的活动氛围，吸引学生兴趣。通过开设讲授传统文化的课程，注意优化教学方法，丰富教学资源，采用轻松、有趣的方式将传统文化展示出来。在课程中，教师可以运用互动的形式，分小组进行文化知识讲授。每个小组进行一个小专题，结合当今最热话题进行传统文化的解读。通过教师的精心设计和学生的认真配合，让当代青年真心愿意接受中国传统文化的洗礼。因此，在中国传统文化融入教育的过程中，就要注重渗透性原则在教育实践中的运用，让人们在潜移默化中培养良好的思想道德素质。

第四，坚持互补性与互容性原则。长期以来，我国的教育实践往往过分关注其意识形态功能而忽视其文化功能，这就使得教育一直偏重于简单空洞的理论说教和意识形态的直接灌输，进而使其人文精神受到蒙蔽；中国传统文化的教育方式则正好弥补了现代教育模式的不足，二者存在一定的互容性互补性。二者的互容互补，有助于弥补我国现在教育的一些不足，使其向更好的方式发展，进而增强教育的实效性。中国传统文化和教育研究是在诸多学科领域的交叉视野中进行的。我们在研究中一定要融合进其他相关学科的一些新的研究成果，有些其他学科，例如中国德育史中就蕴含有很多中国传统文化和教育研究值得借鉴的地方。但是，应当注意的是，这些学科的研究成果也不是拿来就用的，它们的研究视角和教育研究是有区分的，例如它们在研究中并没有放在教育上来思考，在利用时就应该放在教育的大环境中来看待，这样才能更符合教育及中国传统文化的相关需求。因此，借鉴其他学科的研究成果或研究方法必须是适度的、有条件的，不能原封不动地照搬。在中国传统文化的发展历史中，吸收了多民族的优秀文化，对国外先进文化内容也不断借鉴，在这种强大的包容下，才把各种优秀文化、外来文化等整合为中华民族优秀传统文化，从这一点上来看，包容性始终是中国传统文化的重要特点，也是生命力之所在，这就要求我们客观、科学对待外国思想和文化，能够继承这种优良特质，以中华优秀文化为基础，大胆地引进外来文化，以符合中华民族的价值观为标准，使之组成新的中国文化。

任何一种文化，都具有鲜明的时代特征，在不同的时期有不同的内容、不同的形式、不同的展示，要想使中国传统文化发扬出新的生命力，创造出新的成就，就要密切把握时代特征。尤其是要将中国传统文化应用于当代青年的教育过程中，更需要我们把握传统文化的特质，了解时代发展的需求，达到社会进步的需要，要注意把传统文化和时代精神相结合，在强调时代精神的时候，以发展的眼光和思路，把握传统文化的现代化转变，让传统文化发扬出新的活力。文化是时代的产物，在不同的时期有着不同的诠释。因此，在具体学习时要紧跟时代步伐，将传统文化的教育与时代的精神紧密联为一体，在强调继承精神的同时，更要以发展的眼光来对待，扩大在当今社会形势下的应用。我们需要拿出批判的勇气，坚决抛弃那些陈腐僵化、不合时宜的文化糟粕，深刻探索和发掘中国传统文化中的优秀部分；要用发展的眼光，找寻那些具有现代特性，能够发展成为现代文化的部分，这也是传统文化中的精华所在。中华传统文化如何推陈出新，新文化如何更好地创造发展，是人类历史进程中始终面临的艰巨任务和永恒话题。

第四节 坚持"高、实、严、新"

中华民族的发展过程，是各民族不断分散又不断趋于统一的过程，文化的融合也经历了相同的过程。在这个过程中，各民族文化不断碰撞也不断融合，经过了漫长而又艰辛的交融，最终形成了经受得住历史考验、得到广大人民认可的核心内容。这个核心，包含了以人为本、厚德载物、热爱家国、自强不息等内容，是融汇各民族智慧于一体的、系统而又丰富的文化体系。这是被中华民族广泛认可的价值观念，也是具有强大生命力的意识形态，它超越了地域、时间、民族的限制，成了真正能体现中华民族集体意识的总体信念。并在世代相传中不断补充完善，形成中华民族积极健康、昂扬向上的人生理想和价值追求。正因为如此，中国共产党人领导人民建立中华人民共和国以后，党的历代领导人都注重传统文化的发扬和学习，注重将传统文化应用于青年人的教育工作上。

毛泽东指出："今天的中国是历史的中国的一个发展：我们是马克思主义的历史主义者，我们不应当割断历史。从孔夫子到孙中山，我们应当给以总结，承继这一份珍贵的遗产。这对于指导当前的伟大的运动，是有重要的帮助的。"在他看来，中国共产党是优秀传统文化的继承者和发扬者。必须把传统文化贯彻到革命的实践之中去。

邓小平对于中国传统文化的基本态度与毛泽东一脉相承，主张"实事求是地肯定应当肯定的东西，否定应当否定的东西"。一方面，他对于传统文化中所存在着的封建主义的残余，毫不留情地予以批判。指出"要有实事求是的科学态度，进行具体的准确的如实的分析"，既要"划清社会主义同封建主义的界限"，又要"划清封建主义遗毒同我们工作中由于缺乏经验而产生的某些不科学的办法、不健全的制度的界限"。另一方面，邓小平充分肯定中国传统文化的优秀部分，指出："我国古代曾经创造过辉煌的成就，四大发明对世界文明的进步起了伟大作用。"邓小平明确提出要发扬传统文化中的优秀内容。如"艰苦奋斗""爱国主义"等。他说，"艰苦奋斗是我们的传统，艰苦朴素的教育今后要抓紧，一直要抓六十年至七十年"，"中国人民有自己的民族自尊心和自豪感，以热爱祖国、贡献全部力量建设社会主义祖国为最大光荣。以损害社会主义祖国利益、尊严和荣誉为最大耻辱"。

江泽民提出的"三个代表"重要思想也和中国传统思想相契合，包括通过发展生产力，提高人民生活水平，体现了传统文化中的富民思想。代表人民利益，把人民利益作为出发点和归宿，使百姓众生不断获得切实的经济、政治、文化利益等，继承了传统文化中的民本位思想。

胡锦涛提出："坚持古为今用、推陈出新，大力发扬中华文化的优秀传统，大力弘扬中华民族的伟大精神，使中华民族的优秀文化成为新的历史条件下鼓舞我国各族人民不断前进的精神力量。"社会主义核心价值观、科学发展观、和谐社会等是以胡锦涛为代表提出来的指导思想和理论，具有深厚的传统文化的渊源。社会主义核心价值观中的"八荣八耻"，涉及了爱国、爱民、科学、勤劳、互助、诚信、守法、艰苦奋斗的内容，实质上就是传统文化中给中国人民以极大影响的基本品质。

习近平非常注重发挥传统文化的作用。2014年2月，习近平在中共中央政治局第十三次集体学习时的讲话中指出："继承和发扬中华优秀传统文化和传统美德，广泛开展社会主义核心价值观宣传教育，不断夯实中国特色社会主义的思想道德基础。"中国梦是加快实现中华民族伟大复兴的战略思想，是历代先贤和全国各族人民的共同夙愿。中华优秀传统文化中占据重要地位的自强不息、厚德载物等观念，为中华民族伟大复兴中国梦的建构提供了丰富的基础，使中国梦与中华优秀传统文化血脉相连。

习近平指出："教育是提高人民综合素质、促进人的全面发展的重要途径，是民族振兴、社会进步的重要基石，是对中华民族伟大复兴具有决定性意义的事业。"我们必须从我国社会主义初级阶段基本国情出发，在中国特色社会主义进入新时代的新的历史方位上，从实现"两个一百年"奋斗目标的历史高度，加深对新时代优先发展教育事业重要战略意义的认识。百年大计，教育为本。现在的世界竞争愈发激烈，各个国家之间的竞争从根本上来说，就是教育的竞争。因此教育是能决定一个国家和民族的未来的，是一个国家的根本。在这种情况下，我们就需要更加重视教育，力争把青年们培养成各方面全面发展的合格人才，使其能够更好地为国家的发展做出自己的贡献。对青年进行教育，可以提高青年的道德修养和素质，使他们接近于理想人格的标准，使其德才兼备，全面发展。这样的他们走上工作岗位以后，才能更好地服务于国家和人民，也能确保我国更快更好地向前发展，屹立于世界民族之林。现在社会发展和变革很快，新的时期、新形势下，我们在开展教育工作时就要坚持"高、实、严、新"的几个基本原则。

首先，站位要站得高，要从借助中华民族优秀传统文化进行教育的全局高度来看待问题。纵观历史，人类社会的每次进步都首先是从思想的变革带来的，所以说人类的尊严就是思想。教育有一个重要的功能就是，它向人们灌输正确的思想理念、正确的道德理念，人们接受了这些理念之后，就会运用这些理念来武装自己的头脑，从而指挥自己的实际行动，提高自己改造世界的能力。青年时代，正是人们人生观、价值观形成的关键时期，这个时候进行教育，更有利于学生形成一个良好的人生观和价值观，使他们具有正确的思想理念，正确的道德理念。懂得要积极地报效祖国，才能实现自己的人生抱负。

对中国青年进行教育，是无法离开中华传统文化的，作为当代青年教育内容的重要来源，中华传统文化里饱含着丰富的精神财富。教育是以培养人的价值观、社会观、人生观为目的，要引导和帮助青年人树立正确的个人观念。中华优秀传统文化中蕴含着丰富的思想内涵，儒家的"民为本、和为贵""仁、义、礼、智、信"为代表的伦理观念，道家主张的处理人与自然关系的道法自然思想，墨家的"兼相爱，交相利"思想，等等，这些思想根植于中华优秀传统文化，潜移默化地影响着社会公众的核心价值观。这些丰富的道德养成准则为现代教育提供了方法论。进行符合中国国情的教育，就要深入挖掘和充分依靠中华民族优秀传统文化中的各种思想，将其融入教育工作的方方面面。

中华优秀传统文化可以为教育提供丰富的理论资源。中华民族的思想文化体系丰富多彩，蕴含着多种多样的思想理念。可以为教育开展，提供多元化选择。中华优秀传统文化中的古典哲学理论为教育提供了形而上的方法指导，能够明确教育的发展方向和途径；传统文化中"修身齐家治国平天下"等精神追求，成为教育的重要价值核心，凝聚了中国人道德追求和个人发展的总体准则。这些凝聚了古代先贤个人精神追求和崇高的社会理想的智慧结晶，成了现代教育的价值导向。借助中国传统优秀文化进行教育，是对中华优秀传统文化传承与创新的具体体现，从中华优秀传统文化中挖掘优秀思想教育资源，找寻合理教育方法，实现古今通用，就是对传统文化的再创造，就是对传统文化现代的具体实践。

其次，内容要做实，教育要真正体现中华传统文化的内容，要真正实践传统文化的内容。教育包含有多个方面的内容，例如爱国主义、集体主义，道德修养、人生抱负。因此，教育在内容体系上就要全面，要有体系，也要合理，要把这个"实"的功夫做足。要尽可能地搭建一个实际有效的理论课程体系，在这样的体系下，学生才能获得对自己有益的内容，也才能终身受益。

将中华传统文化引入当代青年的教育，并实现其延续性，需要采用多种学习方法与形式。文化的学习是一个由虚而实的过程，它不是有具体可把握的对象来掌控，而更多的是思想、信念、意识方面的改变。所以学习和习用传统文化内容，很容易流于形式，浮于表面。穿几次汉服，写几笔毛笔字，读几本古籍，当然是学习传统文化的形式，但能否起到真正的作用，实现有益的效果，应该从更深层面予以体现。习近平总书记在提高国家文化软实力讲话中提出："要系统梳理传统文化资源，让收藏在禁宫里的文物、陈列在广阔大地上的遗产、书写在古籍里的文字都活起来。"为我们探索传统文化教学指明了方向。优秀传统文化发生作用，应该深入到人的思想层面，体现在人的行动层面。这对教育工作者提出了新的要求。要实现传统文化与现代教育的结合，需要从实际开始，从发挥实际效果开始，从实践活动开始。就学校而言，可以将优秀传统文化内容列为教育课程体系内容，进入必备教学体系，以中华民族传统文化的传导为主，开设相关的必修课及选修课，要注重优秀师资的选配，要整合相关资源，大力提升教学效果。传统文化流传至今，有以传世典籍等方式保留下来的诸多的经典著作和文字资料，也有以实物方式保留下来的文物，包括古建筑、遗址、金属、陶瓷和书画等。文字资料比较抽象枯燥，文物遗存形象生动。在传统文化教学中，将文字资料学习为基础，同时以形象具体的物质文化作为辅助，激发学生的学习兴趣是有实际意义的选择。同时，还可以聘请国内相关专家学者、文化名家、博物馆研究员等作为学校传统文化教育兼职教师，开展中华优秀传统文化理论与实践问题研究。

传统文化学习是必需的方式，但更重要的还是在社会实践中体验。传统文化的哪些内容能为我所用，也就是哪些内容能作为传承的主题，要看其在实践中发挥的作用来确定，所以传统文化的学习，要在实践活动中进行。只有在实践中，才能发现哪些是无关现实的内容，哪些是与现实脱节、并无可取之处的，然后才能达到存有用去无用、存精去粗的实际效果，所以在传统文化的学习问题上，我们必须要把握实践活动的作用，确保传统文化为我所用、为现实所用。对其有积极意义和作用的部分，要择取，要继承，要创新，要发展。比如可以通过组织参观博物馆（院）、纪念馆、故居旧址、文化馆等；组建传统文化主题的社会实践团队，为学生参与优秀传统文化教育实践活动搭建新的平台，组织学生通过社会活动、志愿服务、公益行为等，增强中华优秀传统文化认同和文化自信，将学习落实在实践活动中，将认知体现在具体行为里，将感受凝聚在亲身体会中。

在建设有中国特色社会主义文化的大背景下，就要对国家、民族发展有益的内容进行选取，有用、有利的就继承，无用、有害的就不继承。要从现实需要出发，对传统文化中积极的部分进行现代性转变，为解决当代的重要社会问题，提供思想方法、历史借鉴，来让其焕发出新的生命力。这就要求我们通过实践活动、通过国家民族建设行为，把经过马克思主义科学理论洗礼的优秀传统文化，作为社会主义先进文化的重要组成部分，变成国人的价值观念和思想意识。

再次，在课程中，一定要对学生们严要求。随着时代的发展，市场经济影响思维方式，很多优秀的思想品德在日常生活中逐渐被人们忽视甚至淡忘，而且在西方世界有意输出思想理念的情况下，部分当代青年人深受其害，似乎更多地体现出我行我素、及时行乐的行为特征。面对这种思想危机，教育必须发挥其应有的作用。对广大的青少年进行思想上的教育，帮助他们建立起文化上的自信，并且坚定他们的理想信念，使得他们的思想能够回归中华民族传统理念范畴，认识并辨析中西方文化存在的差异，在这个过程中，教育课程，教师是施教者，学生们是受教育者，应该通过严格教育形式，确保教育效果的达到。可以说，学生们能够多大程度地接受教育的内容和思想，很大程度上取决于施教者有没有严格要求学生。博大精深的中华优秀传统文化是我们在世界文化激荡中站稳脚跟的根基，积淀着中华民族深层次的人文精神，是富有中华民族精神特质的宝贵财富，是中华民族代代不息、始终前行的精神动力，是千百万炎黄子孙最可珍视的重要遗产。不忘过去才能开辟未来，不忘初心才能始终前行。所以在学习中国传统文化的过程中，要让每一个学习者对这一过程的重要意义有高度严肃的认识，有高度严格的自律，有高度投入的自觉。习近平曾经说过："深入挖掘和阐发中华优秀传统文化讲仁爱、重民本、守诚信、崇正义、尚和合、求大同的时代价值，使中华优秀传统文化成为涵养社会主义核心价值观的重要源泉。"因此，在教育的每一个环节，都要严格要求。作为施教者的教师，也要严格要求自己，要有教育好的责任意识，自己的思想意识做足了，教育也就能取得相应的成效。同时，对于教育的顶层设计也要有一套严格的标准，绝不能马虎了事，要想办法把理论灌输和实践行动结合起来，找到让学生易于接受和理解的方式，这样才能真正地达到教育"立德树人"的本来目的。

最后，教育需要一些新的举措，绝不能原地不动，保守僵化。这个时代每天都处在不断的变革之中，例如现在的"互联网＋"、"微时代"，已经对教育体系产生了深远的影响。教育也应该做到与时俱进，随着时代的变化进行创新。同样的一件事，如果还是按照同样的习惯性思维去做，是肯定不会有改变的。但如果能转换思维，从社会的变化中找到一些新的点子，用不同的方式去开拓，就会结出不同的结果。所以，我们平时在教育工作中要注重创新，不要过于死板，要懂得不停地变换思考的角度，去设计教学方法、教学体系。同时可以通过加强校园文化氛围的营造，起到潜移默化的教育作用，比如设置专题宣传栏，尤其是网络宣传网站等，定期推送相关知识。充分利用学校的网络、广播、社交平台进行中华传统文化的宣传，可以通过校内网发布传统文化宣传的相关报道，可以通过学校官方网络媒体进行传统文化学习的推送。充分调动学校相关团体的力量，可以通过团委和学生会举办相关活动，例如诗词会、朗诵会、故事会，提高传统文化普及度，还可以建立相关社团，如戏曲社、汉学社，丰富传统文化传播渠道。

不管是历史发展的角度，还是现实需求的层面，中华优秀传统文化都是不可忽视的教育资源，其关键性的作用不容小觑。面临经济全球化的大发展时代，面对中华民族伟大复兴的重任，当前的思政教育必须置身于中国传统文化的背景下，通过多种渠道加强传统文化与思政教育的深度融合，利用优秀传统文化的感染力和影响力，不断提高当代青年的思想道德修养。

第七章 传统文化融入教育的途径

第一节 传统文化融入教育的意识

教育的核心是育人，而育人的核心又是对人德育的教育，也就是说教育的根本任务是立德树人。"立德树人"是当今教育共同面对的重大时代命题。在现在这个信息网络发达的时代，新的形势下，对青年的德育也提出了更高的要求，德育的内容包含了更多个方面，例如培养青年的健全人格、提高青年的道德素养、树立正确的价值观等等。将中国传统文化融入教育并不是一个简单的工作，而是一项系统的工程，需要多方人员齐抓共管，因此只有树立全员育人的观念才能使传统文化充分利用各种途径和渠道融入教育。

一、全员育人的内涵解读

我们所说的"育人"，不单单是传授知识，也包含有启迪思想、养成道德、传承文化等方面的内容。而"全员育人"，从字面上就能理解说的是育人要具有全员性。"全员育人"分为狭义和广义的层面，狭义的层面仅指学校内部所有人员参与的育人观念，包括校内的教职工、学生等等，这种"全员性"包括管理育人、思想育人、文化育人、教书育人、服务育人等多个方面。这些方面的展开，需要学校所有人员的共同努力。而从广义上来讲，"全员育人"则从校外延到了学校、家庭、社会以及学生自己等层面，形成了一个更大的育人体系。

其实，育人不只是学校的工作重心，也是整个社会的工作重心。因此，有必要树立广义上的"全员育人"思想，以学校为中心，让整个社会都参与进来，例如家庭、社会机构，等等，大家齐心协办，从各个维度出发进行全员育人，构建科学的学校、家庭、社会一体化的全员育人格局，才能达到更好的效果。

二、全员育人的意义剖析

在这个社会上，一个人的思想和观念并不只是在学校中形成的，家庭和社会的影响也非常大。因此，学校的教育不是单独存在的，而是会受到家庭、社会以及学生自己的制约，单一的学校教育并不能取得很好的效果，因此有必要让家庭、社会以及学生自己都参与到育人过程中来。

（一）全员育人是教育大众化的需要

现在，我国的教育越来越走向了大众化的层面，这就使得教育出现了很多新的动态。例如，学校办学规模的扩大，办学的形式得到了丰富，办学的形式和层次更加多样化，但与之相对的是，学生的道德素质和文化素养也变得参差不齐，由此带来了学校的管理难题。再如，新形势下，学生对于学校各个方面的要求也提高了不少，特别是在教学水平、师资配备与软硬件服务等方面，导致教师队伍和管理水平难以适应，使教育育人面临了很多新情况、新挑战。在教育过程中实行"全员育人"，要对这些新情况和新问题认真对待，因此就要积极探索多条路径形式，形成科学多维的育人体系，开创更好的育人局面。

（二）全员育人是学生社会化的要求

学生毕业以后，就要进入社会，走上工作岗位，开启自己的职业发展生涯，因此在校期间，学生就应该能有一定的适应社会的专业能力和基本素质。这些能力和素质既可以通过在校期间的学习从各类书本资料中习得，也可以从教师的教书育人的言传身教中习得，还可以通过参加各类丰富多彩的专业实习实训、社会实践活动来习得。这就要求学校育人不能只靠学校单方面来完成，而是要结合家庭、社会一起来完成，在学校教育的基础之上，充分挖掘家庭和社会资源的潜力与作用，形成正向合力，推动学校全员育人向社会纵深发展。

（三）全员育人是社会发展的必然趋势

现在，整个社会都处于快速发展之中，让学校的育人环境也处在不断的发展之中。学校育人一定要适应新形势，与全球化、网络化、信息化、数据化的发展一致。这就要求学校要能用开放的眼光去审视全员育人的问题。现在在全球范围内，各个国家都很重视在育人时，强调学校与家庭、社会的共同参与，注重非学校因素对育人工作的影响，鼓励家庭、社区、媒体、社会机构更多地参与到育人工作中来。

三、全员育人的策略构建

（一）学校教育

1. 教书育人

习近平总书记曾指出，"要用好课堂教学这个主渠道，理论课要坚持在改进中加强，提升教育的亲和力和针对性，满足学生成长发展需求和期待"。教学部门是进行学生教育的主体，要提高教育的实效，就要注重改进教学方式方法，增强理论课教学对学生的正向引导与影响。在讲授理论知识时，不要只是呆板地说教，应该采用多种形象生动的方式，例如增加视频讨论、座谈辩论、社会实践分享等内容，这样可以使枯燥的理论更具有感染力，也能增强教育的实效。例如，在讲授毛泽东思想时，教师可以提出让学生们分析一首革命老歌，或是在毛泽东的诗词中领悟毛泽东的人格魅力、革命理想、胆识和追求，还可以让学生找一篇外国人或国外媒体描写毛泽东的文章来进行翻译，通过不同的视角来分析。这些教学方式都能有力地增加学生对于毛泽东思想的认识，也能激发学生的参与热情。其实不只是教师这样，其他专业课的教师也可以这样操作，比如利用课前三分钟时间，与同学们一起了解一下最新国内外时政要闻，将教育融入专业课课堂，同样能取得较好的教学效果。

2. 思想育人

在学校的主题教育中，理想信念教育为其核心，爱国主义教育是重点，基本道德规范是基础。在主题教育中，不仅要坚持活动的规范性，也要保持活动的高质量和实效性。例如可以举办多种形式的主题教育活动，举办形势报告会，唱响主旋律，将学生的现实思想理论问题予以解决。此外，也要鼓励和支持学生组建理论学习社团，给予学生分类指导，将课下与课上结合起来、讨论和阅读结合起来、理论与实践结合起来，多方面开阔学生视野，启发学生思维，澄清学生在思想上的模糊认识，提高学生的理论水平。同时也可以通过专题讲述、情景体验、咨询解惑、节日纪念、经验访谈、专题讨论、实问实答等其他形式让学生们通过调查研究，成为主题教育的设计者、实施者与总结者，在主题教育的推进落实中实现"知行合一"的体验与分享。

3. 文化育人

校园文化活动是学校文化育人的主要形式。我国各个学校都应当引起重视，通过组织各级各类丰富多彩的活动，加强校园文化建设的内涵式发展，陶冶学生的情操，锻炼学生的能力，提升学生的修养。这可以从三个方面进行。第一个方面是学术提升素质。将学生学术科研、创新创业活动与教育结合起来，并且鼓励学生科研立项，参加各种学术科研竞赛，在专业教师的指导下，让科研活动成为提升学生综合素质的重要途径。其次就是可以举办形式多样的文体活动，营造和谐的校园文化，利用文化活动的浸润作用，在潜移默化中引导学生树立正确的人生观、价值观和世界观。营造高雅校园文化，重视校园人文环境和自然环境建设，积极培育优秀原创校园文化品牌，使其成为涵养学生心智和价值观的重要载体。结合学生实际，设计组织一些学生"文化节"、"艺术节"等，打造一批学生们喜闻乐见的文化艺术精品活动，使之成为提炼和展现学校自身文化特色的载体，让学生在参与多彩的校园文化活动中获得深刻的文化洗礼、艺术熏陶和思想教育。另外一个方面就是各个学校要重视学校的社团建设，社团是在校党团组织的直接指导下，学生自己成立的、有着共同的兴趣爱好或是奋斗目标的自治组织。社团开展的活动都能够融趣味性、知识性和思想性为一体，在共同爱好和兴趣的纽带连接下，给学生提供一个充分展示自己才华能力、培养团队精神和协作意识的舞台。这些丰富多彩的社团活动成为提高学生综合素质的桥梁，并以之为载体，为学生提供浓厚的校园文化氛围，从而实现文化育人的目标。

4. 管理育人

学校的管理活动，同样在提高学生的素养方面发挥着重要的作用。学校的各级管理人员和学生都有联系，管理机构的工作情况都会对学生的思想和行为造成影响。所以，学校的管理工作也要符合教育的规律，要公平公正，不能有所偏颇，工作作风要严谨，要做到一丝不苟，要树立起学校的各级管理工作都是为学校服务的工作意识，真正做到廉洁办事，管理育人。另一个方面，各级管理者要认识到自己和学生处于平等的地位，在与学生交流的过程中，不能居高临下，要以平等的身份与学生沟通交流，想学生之所想，急学生之所急。管理人员自己有着良好的素养，便会影响到学生也形成良好的素养。另外，学校管理者也要做好制度建设，制定合理的规章制度，并以此作为考核标准。学校的管理育人工作既要坚持立德树人，也要不断推进依法治校；既要严格落实制度管人，也要切实维护学生的合法权益；既要严明纪律，也要以理服人；坚持法德并举，既要强化法治教育，也要抓好道德教育，尤其是要努力实现法治教育与道德教育的双向融合，引导学生朝着更好的方向发展。

5. 服务育人

学校的服务育人，包括以下四个方面。第一，心理咨询服务。在当前的学校中，心理咨询显得尤为重要。学校在进行心理咨询服务时，要通过多种方式对不同年龄段的学生进行心理健康教育与指导，打造新形式的对学生成长成才起到重要影响意义的心理咨询模式，从而提高学生的心理素质和受挫能力，要最大化地把学生的各种心理问题解决掉或是转介其他机构，在服务中达到教育的目的。第二，就业指导。现在，毕业生逐年增多，就业压力加大，就业指导也就成了校园服务中一个重要的内容，在就业指导时，应该把其与教育结合起来，指导学生认知自我、了解职业世界、了解外部环境，引导学生把自身发展与国家期望和社会需求紧密结合起来，并凭此获得更好的发展。第三，学生资助服务。现在各个学校都有一些对贫困学生的资助服务，在对学生进行资助服务时，要制定出一个完善的制度，不能有偏颇，有失公允，该资助的没有资助到，同时要覆盖广，把需要资助的贫困学生都覆盖到。还有，要将传统文化融入进来，在资助时给予学生相关的诚信教育，让学生提高自己的思想道德意识。第四，后勤服务。学校的后勤部门与学生的生活息息相关，在学生生活的各个方面都应提供细致周到的服务，及时听取学生的意见，并予以改进。在宿舍管理中，也要加强文化建设，让学生切身感受到学校这个大家庭的温暖。

6. 环境育人

环境育人包括三个方面。第一，创造优美的生活环境。学校的环境也是教育的一种体现。现在有很多学校积极改善自己的校园环境，让校园变得美观整洁，加强学校文化景观建设，对于陶冶学生的思想情感都发挥了积极作用。第二，创造浓郁的学习环境。学校应该着力改进自己教室、教学楼、自习室、图书馆等学习场所的环境，精心布置，营造一个强烈的学习和学术氛围，加强学风建设，突出学风引领，选树先优典型，对于激发学生的学习热情很有帮助。在公共场所也可以适当布置一些绿植，可以烘托这种浓郁的学习环境。第三，创造优良的网络环境。现在网络化日趋普遍，网络为世界各地的人们搭建了一个立体化的全球交流平台，网络也成了学生们沟通的主要渠道，加强网络环境建设就是要使学生跳出原来的狭隘的地域，不断扩大思政教育的层面，使学校能够有效地利用网络资源，为学生提供一个优良的网络渠道，将工作融入网络渠道中去，创新开发与学生相关的网络适用板块，达到教育目的。

（二）家庭教育

1. 转变家长对家庭教育文化传承的认识，拓展家长的家庭教育文化传承时空内容观

第一，不要再采用直线式的时间观。有很多家长可能有这样的认识，对于孩子的教育，家长只负责学前阶段就够了，至于之后的教育就交给学校，自己可以不用进行了，这是错误的看法。家庭教育应该贯穿于子女成长的每一个阶段，在中国传统文化中，家庭教育也是全程的，不只是启蒙教育，也包括成人教育、成长教育，是一种终身教育。随着孩子年龄的增大，家庭应该多引导孩子在生活和学习中，自觉反思，提升自身，可谓"每日三省吾身"，在反思总结中，梳理自身的优点和缺点，在成长的过程中补短板、强弱项、快成长。

第二，要改变那种封闭式的空间观。有很多家长也有这样的认识，给孩子的教育只是在家里进行就可以了，在社会上，自己又不陪在孩子身边，就不能说是家庭教育了，这也是不对的。虽然中国传统文化中强调"父母在，不远游"，但实际上，子女在成长过程中，和父母在一起的时间是有限的，父母有时虽与子女不在一起，也可以进行家庭教育。教育方式远不是只有面对面沟通才能达到的，其他如电话、电邮、微信、微博、网络等都可以成为教育的途径，有的途径甚至比当面沟通还要有效。例如长久以来，书信就是很好的一种家庭教育方法，中国历史上的曾国藩家书等都对家庭教育产生了深远的影响。

第三，要转变通才式内容观。同样有很多家长认为，家庭教育就是要教育孩子的各个

方面，而不是只教育某一个方面，要有侧重。这就是一种通才式的内容观。而实际上，在家庭教育时，家长是应该有所侧重的，要将重点放在孩子的行为规范和思想观念上，让孩子从小就有很深刻的思想道德认识，而不应该面面俱到、事无巨细地做孩子保姆，要注意有侧重地引导和教育。

2. 细化家庭教育文化传承内容，锁定传统礼仪礼节及自立能力的养成

第一，要将传统文化中礼仪礼节的方面进行细化。首先是一些基本的礼仪礼节。"人无礼则不和一，事无礼则不成，国无礼则不宁。"对于生活中需要用到的礼仪礼节，家长都应给孩子提出具体要求，并且分类出来，教育孩子在不同的场合要用不同的礼节和礼仪。其次，要教育孩子有孝心，有孝道。家长应该加强对子女进行孝道教育，让子女从小就能尊敬老人，孝敬家长，知道赡养父母是自己应尽的责任，培养孩子感恩尽孝、知恩图报、施恩不图回报的道德观和感恩意识。

第二，要培养子女自食其力的意识和能力。首先是生活自理，要让子女有自己去完成自己力所能及事情的意识，在磨炼中增强孩子的独立意识和社会责任感、义务感。同时培养自理能力，还包括培养孩子的情绪情感控制能力、人际交往能力、目标管理能力和日常管理能力等。其次，要让子女懂得自食其力，不管在哪个方面，理解付出与得到的逻辑关系，不能依靠自恃门第，要尽量靠自己的能力去学习、工作和生活。再次是要培养子女拥有坚韧的品质和受挫能力。要让子女明白生活的艰难。"人生不如意十之八九"是常态，不能遭受挫折就灰心丧气，要理性、从容地对待压力和挫折，要敢于面对挑战，有承担失败的勇气和魄力，而且要从挫折中看到积极的一面，找到自己正确的人生路径。

3. 采用多种家庭教育文化传承方式，突出家长的言传身教和传统节庆日的熏陶

第一，家长要重视言传身教。首先家长要将孩子要遵守的礼仪礼节知识"传递"给孩子，要系统地讲解给子女听，并告诉他们这样做的重要意义，使子女从小就能形成一种知礼守礼的观念。其次是家长要有周期性，要能够反复地传。礼仪礼节的教育不是一次就能达到效果的，孩子也不是一次就能领悟的，只有慢慢地从实践中去习得，才能形成习惯，成为心中固有的意识，因此家长要反复地对子女进行教育，才会培养他们有定型的动力。再次，家长在平时的日常生活中，要给子女起到一个表率的作用。在对子女进行道德素质教育时，家长要以身作则，这样才能潜移默化地影响子女的言行。如果要求子女要做到，家长自己却做不到，子女是不会形成习惯的，反而会产生抵触情绪。

第二，家庭中也要进行各种活动来对子女进行熏陶。首先，是要告诫子女处理好他们和周围人群的关系，要尊敬老师、关爱同学、善对朋友，在走亲访友时，也要对子女现身说法，讲解礼仪礼节的重要性，让子女在真实的情境中得到教育，逐渐将良好的素质内化于心，形成自己的行动准则。其次，家长可以给子女安排一些与道德素质相关的任务。例

如让子女养成储蓄理财的习惯，从中知道勤俭节约的好处，再如给子女安排一些家务劳动，让子女知道为父母分担一些家务劳动是自己的责任，在进行家务劳动时，他们也可以养成自己独立生活的能力，体验到自己是能够自立的。再次，在传统节庆活动中，可以带子女一同感受这些活动的魅力，例如清明节扫墓，可以让子女感受父母对先辈的虔诚和崇敬，从而知道自己也应该这样，重阳节时可以形成孝道和敬宗睦族的观念。

还有是应当建立相应的家庭教育文化传承的机构，制定出合理的标准和方案，教育行政部门也应该引起重视，建立起一套规范制度，从国家到乡村，每个层级都有相应的对应机构，在此基础上，再组织一些专家学者进行取证研究，制定出适合家庭教育的内容规范、方法规范、管理规范，等等，让家庭教育在一定的框架上合理进行。当然，也不能忽视了家庭文化教育教材的编写，在家长进行教育时，这些教材可以成为很好的参考标准。在教材的编写中，需要注意的有两个问题。首先是内容要有依据，要做好分类，要根据子女成长的不同阶段来选择适宜的家庭教育内容。其次，形式最好是白话文对照文言文，让子女看得懂，又能意识到这些都是中国优秀的传统文化，是传承下来的东西。最后，要实施家庭教育文化传承培训计划，周期性地开展家庭教育文化传承培训活动。

为此，各级教育机构要将家庭文化传承纳入考核范畴，要督促所属单位做好相关的工作，有机会也要对家长进行一些培训，最好是有一个周期性的时间安排，而不是随意进行。通过这样的方式，才能让家长熟悉家庭文化传承的相关教育内容。有一些好的家庭文化传承的案例也应进行宣扬，让家长们从中汲取好的方法，学到好的经验，并合理运用在对自己子女的教育中来。

（三）社会教育

"全社会都要关心和支持教育事业"这一口号的提出，催生了教育理念的转变。全社会关心和支持教育事业的内涵不断得到延伸和拓展，社会通过监督、参与和献计献策，向教育倾注了巨大能量，给教育发展注入了新的活力。习近平总书记多次强调，教育是人民群众最关心最直接最现实的利益问题之一，努力办好人民满意的教育，关键需要各级党政部门担负起首要责任，需要社会各界的支持和参与。

第1，要充分利用校友资源。学校的历届校友可以是社会教育的重要组成部分。学校可以举办多种和校友相关的活动形式，将校友的成绩和成长经历展示出来，让校友将对工作岗位、社会分工、职业行业、求职准备、入职培训、职业规划、职业积累与转型决策的认识与体悟与学生分享，让学生与校友一起分享奋斗的经验与启发，让学生在感叹校友的经历时，对自己选择的人生道路、职业生涯有一个清醒的认识，从而潜移默化地起到教育的作用。曾经，清华大学在自校办杂志《清华校友通讯》和《清华人》上，刊登了上百名杰出清华校友的事迹，就受到了学生们的热烈关注。

第 2，第二，可以开展多个层面的社会实践。让学生在实践中体会正确的意识。现在很多学校都开展了这方面的活动，并且也取得了一定的效果。在多层次的社会实践中，学生加强了思想认识，了解了社会分工，形成了工作体验，清楚了学习奋斗目标和职业规划方向，能够更好地实现自我认知和职业发展方向定位。我国的很多地区都可以成为学生实践活动的场所，一些农村、厂矿、军营更是学生社会实践有着重要意义的地方，学生还可以参与支教，参与各种志愿者活动，随着网络媒体的迅速发展，网络招募也成为学生获得实践体验与经历的快捷方式，深受学生的欢迎，网络实践招募把分布在各地有着共同志向或是兴趣爱好的学生聚集起来，在实践中一起经历与成长，走进社会，在这些活动中认识社会现实，体察民情，在实践中增长才干，锻炼能力，培养品格，更能启发他们服务社会的意识。

（四）自我教育

苏联教育家苏霍姆林斯基说过："只有能够激发学生去进行自我教育的教育，才是真正的教育。"自我教育是德育教育的一种方法，教育者应该按照学生个体的发展进行指导，让学生把教育者的要求，变成自己的奋斗目标。在大学阶段，离开了父母的陪伴，相对独立的时空环境，让学生的主体意识空前增强，学生如果能够在这个阶段，自觉主动地投身学习、生活、社会工作和人际交往中，自己行动起来，通过自身对周围环境和事物的独立思考，参与进教育中来，提升自身的自我设计选择的能力和自我负责的精神，才能真的起到教育的作用。学生本人的积极参与也是全员育人的重要方面。学校也可以采用多种方式吸引学生自主地参与到学校和社会的各项活动中来，让学生在这些活动中获得自我教育、自我管理和自我服务的能力，逐步缩小所学知识与社会需求之间的差距，通过自我教育、自我评价、自我鞭策，最大限度地完善自我，提升素质，为将来走出校门、走向社会做好基础能力的储备与积累。

第二节　注重传统文化的现代价值转换

中国传统文化源远流长，在几千年的历史中，对于文化的传承和发展发挥了重要的作用。这些丰富的文化资源，都是我们当代教育不可缺少的内容。随着近几年来国家对传统文化的重视，传统文化的继承取得了很好的成果，文化资源的转换利用也给教育带来了新的活力和促进作用，并且取得了实效。但与此同时，学生及教师中也存在有一些不懂甄别、整合、重铸和创新的情况，因此我们必须要赋予中国优秀传统文化以新的时代特征，重视中国传统文化的现代价值转换。

一、要有世界历史的眼光

所谓世界历史的眼光，是指我们在看待传统文化时眼界要开阔，不应只注重其中的某一个方面，或是只看到中国的方面，要站在一个更高的层次和角度上，不仅看到中国的历史和文化，也要看到世界的历史和文化。不然，我们是不可能理性地看待中国传统文化的，也不能理性地看到传统文化在现在的社会中需要发挥一个怎样的作用。

用世界历史的眼光来看待传统文化，我们就会发现这个世界从18世纪以来发生了巨大的改变。18世纪中叶，英国爆发了工业革命，机器生产取代了手工劳动、工厂制替代了家庭作坊和手工工场，这使得社会生产力出现了一次空前的飞跃。英国工业革命对世界各国经济的发展产生了巨大的影响。英国先进的科学技术迅速地传到欧洲大陆、北美和其他国家，极大地推动了这些国家的工业革命。而且，新的生产方式还促进了奥地利、俄国等国的社会革命，加速了封建主义在欧洲的彻底崩溃。也正是在这个工业革命的带动下，整个世界形成了一个整体，现在，整个世界则形成了一个地球村的全球化时代。

所以，如果我们以世界历史的眼光来审视历史的话就能够看到，世界历史的发展并不以某些人的意志为转移，而是由一些内在的原因触发的，技术的变革、商业资本的发展都会带来世界性的变革。而转过来看中国，在近现代以来，我们就能发现中国的变革，或者说现代化很多是从外来技术或变革的引领下掀起的，有一种被动性的特征。这就决定了中国传统文化在这个过程中会有不适应，会有纠结，也会有紧张关系，但是最重要的是中国传统文化有着强烈的自我革新能力，能够在不断的取精去糟的过程中丰富内涵，传承发展。中国传统文化不仅是中华民族的精神财富，也是世界文明的宝贵财富。

知道了这些，我们就能知道近代以来，中国为什么会出现那么多的中西之争了。世界的发展会影响中国，也会影响人们的选择。而实际上，这些中西之争都忽略了一个事实，中国不是要完全摒弃传统，也不是要完全保留传统，而是应该站在世界发展的角度，把传统和新的外来的技术、变革结合起来，通过传统的调适和价值转换，参与到这个变革中来，以此化解传统和现代间的紧张关系，实现中国传统文化的古今之变。

二、继承什么样的传统

世界上所有的民族在现代化的进程中，都不会完全照搬外来的文化，它必须根据自己固有的文化体系做出调适，中国文化也是一样。但是在中国文化适应现代化的调适中，我们也应该了解，我们该继承什么样的传统。中国传统文化的内容极为丰富，要从这些浩若烟海的文化体系中甄别出来哪些是适合现代社会的，适应当下社会价值体系的，是可以存续发展的。这是一个很大的话题，但是要明白一点，那就是历史上也有过多次对传统文化的反思和批判，我们能够从中找到继承何种传统的基本脉络。

因此有两个方向是值得我们特别加以重视的。其中一个是儒学内部思想的流动，中国历史中，儒学一直以主流的形式存在，在各代的儒学大家对其进行传承的基础上，它也随着时代的发展，演变出了新的话语形态，所以儒学体系是一个极具生命力的开放性体系，在历史发展过程中不断地吐故纳新，自我完善；另外一个是要重视社会上发生过的批判思潮，这些批判思潮绝非由来无因，我们要研究它们发生的具体情景和显现的具体结果，例如道家的冲击、法家的批判等，其他非正统的一些学术思想，如是有益的，也应汲取，并进行现代价值的转换。

如果我们抛开那些正统的思想和理论，就会发现，尽管儒学占据主流，但差不多每个朝代都有人抨击时弊、批评政治，这正是因为他们发现了儒学中一些不符合当下社会发展的情况，并希望改变这种情况，其中必然有很多合理的部分。所以我们在研究传统文化时，着眼点不应只放在正统的思想和理论上，也应看到其他一些有益的成分。同时，也应看到社会在变革的过程中，也有一种对传统自查自纠的力量。

虽然在历史上，不同的时期在批判思潮中都有各自的侧重点，但其中有些思想主线是一样的。例如很多批判都围绕权力集中、腐败的官僚体制展开，批判思潮的背后是哲学家们对国计民生的关心，希望社会变得更好。明末清初时，一些批判思潮的代表哲学家，例如顾炎武、黄宗羲等，更是把矛头直接指向了统治阶级的最高权力人，即皇帝。他们说"为天下之大害者，君而已矣"，天下之所以出现了这么危险的局面，根本还是这种君主专制制度造成的，因此"天下为主，君为客"，人民应该当家做主，而不应该是皇帝，这些都是早期的比较典型的民主思想。

在几千年的人类历史发展过程中，世界上很多的国家和民族都消失了，很多文化和语言也消失了，但是我们中国传统文化却依然屹立不倒，经受住了各类严苛的时间考验，承受住了各类压力打击，体现了其独特的强大生命力。从这里我们就可以看出，在中国古代出现的一些批判思潮，其本质是想要解决出现的社会矛盾，是对社会痼疾的把脉，是想要推动社会前进。从这个意义上来讲，研究这些批判思潮也是非常有价值的，在今天，也是需要我们继承的一个传统。

三、寻找传统文化的生长点

当然，每一个具有悠久历史和文化的国家，在现代化的过程中都会打上自身烙印，也就是一种"身份认同"。但是，在现代化的过程中，传统文化发挥出来的作用，在于它能在多大程度上和现代化结合，并在结合的过程中满足现代化的需要。在一个国家的现代化过程中，传统文化相当于一幅图画的底色，它发挥的作用取决于现代化对它的调动。也就是说，传统文化是要被选择和被创造的，不能离开现代化的范畴。

举个例子，现在我们讲的"天人合一"，很多人的理解在于人类要和自然维持一种和谐的状态。但在传统文化中，"天人合一"的思想范围并不仅在于人类要和自然维持一种和谐的状态，还在于人要遵从天道，遵从自然界的普遍规律。从这里可以看出，"天人合一"的思想其实跟着时代的发展也产生了一些变化，它的表达方式还是传统的，但内涵却又与传统有了区别，是一种现代化的理解。我们开始从人类中心主义问题的角度来反思"天人合一"这个概念，在现代生态文明的大背景下，人类的生存环境日趋恶劣，气候变暖、空气和水资源污染、土地退化、森林资源缺失、物种多样性锐减等生态问题日益突出。习近平在十九大报告中指出，加快生态文明体制改革，建设美丽中国，认为人与自然是生命共同体，人类必须尊重自然、顺应自然、保护自然。当前我们要通过推进绿色发展、着力解决突出环保问题、加大生态保护系统力度、改革生态环境监管体制等途径，牢固树立社会主义生态文明观，推动形成人与自然和谐发展现代化建设新格局，为保护生态环境做出我们这代人的努力。十九大报告中提出的，我国将积极参与全球环境治理，落实减排承诺，为全球生态安全做出贡献，这无疑是置身当今环境问题迭起的新时代，我们中国的声音和中国的承诺，我们不仅不把解决贫穷、发展经济同生态环境保护对立起来，更不会以牺牲生态环境来换取经济的发展。而且，作为世界上最大的发展中国家，我们还要为全球生态问题的解决做出中国特有的贡献。在生态文明背景下，"天人合一"被赋予了更多的人与自然和谐相处，保护环境，加强生态文明建设，建设美丽新中国的重要途径的内涵和意义，这就是传统文化在当代社会中的新生长点的积极呈现。

所以，我们在看待传统文化时，不能只看它的表面和形式，也要放在现代的大环境下、现代的人类思想中去理解，这样才更有利于传统文化的复兴。

类似于"天人合一"的思想还有很多。另外如我们要怎样对待"三纲五常"。三纲五常是儒学的基本道德规范，给我国传统社会提供了一套相对完备的行为规范和价值导向。"三纲"出于《白虎通·三纲六纪》："三纲者，何谓也？谓君臣、父子、夫妇也。……故《含文嘉》曰：'君为臣纲，父为子纲，夫为妻纲。'""五常"出于汉·王充《论衡·问孔》："五常之道，仁、义、礼、智、信也。"儒学认为，这五条原则是永恒不变的，所以它们是常。以上是传统文化中对"三纲五常"的理解，但是在现代社会，我们就不能还依照传统的观点来看待它们，我们要对其细分，比如"三纲"体现的是封建专制制度中的要求，在社会主义社会则是不符合的。"五常"中的"仁"很好，但对"仁"也要做出符合现代价值的界定。"仁"，我们可以从人类的普遍主义原则背景下，结合现代社社会公民的视野和立场，将之阐释为当今社会"大爱"的价值原则和标准，体现了我们对人性、对人类的终极关怀。"义"让人们在当今市场经济社会中，要把住社会主义的"义利观"，在追求个人自由和利益最大化的过程中要树立道德正义感，要坚守道德底线。"礼"是一个社会的道德文明程度的外在表现，结合社会主义核心价值观，我们可以借助"礼"的形式，赋予"礼"新的关于公民道德素质的内容，倡导新的礼仪文化、礼仪规范、社会习俗和现代文明，引导不同角色的社会成员和谐相处，维持相对稳定的社会秩序，促进社会的和谐安定。"智"引导人们在认识世界、探索自我、掌握规律、创造文明的过程中崇尚知识，善于思考，注重学习与教育的关系，在与客观世界的和谐相处过程中，实现对更高的文明和更先进知识的探索、追求与应用。"信"让人们在社会主义市场经济深入蓬勃发展的社会中，能够在诚信道德原则的基础上，重视企业和个人的社会信用和个人信用维护，将诚信作为立身、立业之本。可见，对"五常"在当今社会的生长点的内涵式发展和多维度阐发，赋予其新的时代精神与意义，对于社会的道德文明建设和教育的深入推进有着重要的现实意义。

传统文化是具有现代价值和意义的。在保护民众特别是弱势群体的利益时，儒家的民本思想就会发挥作用；做一个自觉维护群体权益的现代公民可以使用孟子的独立人格和舍我其谁的担当精神；道家的清静无为、尚俭理念，可以去遏制弥漫于世的腐败之风；同时提倡墨家的科学精神、法家的法治精神、名家注重名实之辨的分析方法，那我们的传统文化就一定能在现代化过程中发挥正面作用，真正成为经济和社会发展的文化助力。

基于上述，如果我们的传统文化在现代生活中能提供这样的资源，就是把传统文化和现代需求相结合了，会重新焕发传统文化的生命力，其中所使用的传统文化内容如儒家的民本、明公私之分、推己及人、内外兼修、知行合一等，都是具有现代价值和意义的精神财物，能够为现代化建设提供哲学和思想理念上的支撑。这就需要结合现实需求，深入挖掘传统文化的意义，提升传统文化的现代价值。

第三节 加强对学习传统文化的引导

在中国传统文化与教育的融合上，教育工作者应该加强对学生学习传统文化的正确引导，以让学生树立起正确的科学的文化观念。同时要发挥中国传统文化在教育中的重要作用，并达到引导学生主动自觉学习中国传统文化的效果。

一、培养青年的文化自信

习近平总书记在十九大上指出，没有高度的文化自信，没有文化的繁荣兴盛，就没有中华民族的伟大复兴。青年学生作为未来国家建设和发展的中坚力量，承托着国家和民族的希望。在人生旅途中，青年时期也是思维最活跃、受教育影响最大的时代。因此，在学校教育中，就要着力用传统文化来影响学生，培养他们高度的文化自信，增强他们的民族自豪感。

  作为社会上的知识群体，学生的文化自信如何，对中国传统文化的接受和理解如何，也可以说一定程度上影响着整个社会对国家和民族的自尊心和自豪感，影响着社会大众对中国传统文化的关注情况。以前，我国因为应试教育和功利性学习，曾经使中国传统文化的重要性被忽视。但现在，我们需要大力拾起中国传统文化，为中华民族文化复兴打好基础。现在，全球化的浪潮使青年学生更容易受到各种思潮的影响，因此做好中国传统文化与学校教育的融合不能有丝毫的松懈，要着力防止世界上其他强势文化在学生意识中产生的对中国传统文化的冲击和占领，提高学生对于中国民族和文化的认同感，能够自动地鉴别中国传统文化与外来文化的优劣，好的要吸收，但是中国传统文化和民族精神的本质不能变，做到不夜郎自大、故步自封，也不妄自菲薄、盲目仿效。总之，"文化自信"是国家和民族对于青年学生的一个要求，他们有理由走在社会大众的前面。

（一）引导和鼓励青年学习优秀的传统文化，大力弘扬革命文化，重视马克思主义信仰教育

  在将中国传统文化融入教育的过程中，各个学校应该根据自己的特点，挖掘中国传统文化中优秀的资源和宝贵的精神财富，并且在实践过程中予以创造性地转化，尤其是中国传统文化中的仁爱、诚信、正义、爱国，这些思想，千百年来都有着重要的价值，而且在未来也会产生重要的价值，是一定要继承和发扬的。在教育的过程中，也要引导学生在实际的生活和学习中去践行这些理念，做到中国传统文化优秀精神与现代社会的契合发展。同时，马克思主义已经被证明是中国社会发展最有力的保障，因此，学生也必须要在马克思主义的指引下，树立自己的人生观和世界观，要坚定地信仰马克思主义，并且将马克思主义与中国传统文化的优秀思想结合起来，创新性地发展。

  在这个过程中，学校要做的工作有很多。例如要努力营造中国传统文化的氛围，提供更好地传播中国传统文化和马克思主义的平台。在互联网大发展的前提下，可以多设计一些微课堂，通过快速便捷、短小精悍的形式把学生的注意力吸引过来，加深他们对于传统文化知识的学习和体悟。学校也可以组织一些有意义的传统文化活动，例如聘请知名传统文化专家来校进行讲座，如孔子学堂、孝文化讲座、家风讲座、茶文化讲座，在各种纪念日中进行纪念活动，让学生形成强烈的爱国主义思想、爱护大众思想、为国出力的责任感和使命感。现在，我们欣喜地看到国家和政府也加强了对于传统节庆的保护，重大的传统节日都有假期安排，另外一些节日也重点营造了相应的氛围。各学校也应该抓住传统节日这一平台，在传统节日中，设计一些与之相关的文化教育活动，让学生充分认识到相应传统节日背后的思想和内涵。甚至有条件的，在活动的组织和策划过程中，也可以让学生参与进来，一起动手完成，学生亲身体验得来的认识将比原来那种被动的认识过程的效果要

好得多。以此让更多人能深入了解中华优秀的传统文化，增强他们对传统文化的自信。

（二）培养青年"明辨"的能力

青年学生的"明辨"能力，在习近平总书记的讲话中曾重点提到过。"明辨"对于青年来讲极其重要，它的强弱，直接关系到一个人的思想境界高低。学生在生活和学习中，都要善于思考和分析，并在思考和分析的基础上做出对的选择，处事做人要稳重、踏实，要谦虚又要自信，要有做学问做事业坚持不懈的意志和品格。当前，我国学生的文化自信还需要加强，这就少不了锻炼他们的明辨能力，如果没有好的明辨能力，学生就不会意识到中国传统文化的重要性，反而不加甄别地吸收崇拜外来的文化。

培养学生明辨的能力，学校首先要改革传统的满堂灌的教学方法，老师应该组织和引导学生自我学习和相互讨论，要更多地采用讨论式和启发式的教学方法。真理是辩出来的，不是死记硬背地"学"出来的。其次，学校要高度重视"论辩"氛围的建设，给学生创造充分的"论辩"环境。例如，学校可以组织各种和"论辩"相关的比赛，也可以利用现在互联网互动性强的特点，在线上开展一些相关的辩论和探讨，班级也可以定期举行一些讨论交流活动，通过各种途径让学生积极加入进来。在这样的"论辩"氛围中，学生的思维和观点在和别人的思维和观点的碰撞中，会得到极大程度的开拓，自己辨析是非的能力也就会得到提升。

二、将传统文化教育纳入学校教育理论课体系

将传统文化教育纳入学校教育理论课体系，教育工作者是最主要的力量。教育工作者本身就应该有高度的文化自觉和文化自信，要大力推进二者的融合。在新的形势和时代要求下，教育工作者更要做出大量的工作，确保传授给学生的中国传统文化知识都是符合当前社会发展要求的，要真正做到古为今用，使中国传统文化中优秀的资源和宝贵的财富被学生吸收和利用。

（一）要改进学校的课程体系

中国传统文化已经成为学校教育的重要内容之一，因此，中国传统文化的内容亦应该系统地体现在理论课程的设置中。然而审视我国学校教育尤其是大学的课程设置发现，目前我国的理论包含必修和选修课，但是并没有相应的中国传统文化必修课程。在由各校做出选择和安排的选修课中，中国传统文化的课程也并非每个学校都有设置，中国传统文化的课程多见于中国语言文学、外国语言文学专业，而理科、工科的专业最多是有大学语文课程的设计，中国传统文化的课程基本上没有设计在专业课程和人才培养方案之内。可

见，虽然中国传统文化与教育已成为我国教育学科的重要方向之一，但其相关内容并没有系统地体现在课程设置中，课程设置落后于学科方向的建设。比较客观地来看，中国传统文化作为通识教育内容和中国公民应了解的基本文化素质内容，没有在教育教学和国民素质提升工程中严谨落地落实。因此，在学校教育中，除了原来的课程，还应增加相应的中国传统文化必修课程，将其作为学校教育的必要补充。

（二）要在教材中增加中国传统文化内容

现在我国很多学校的教育教材还没有过多将中国传统文化内容列入其中，更多的是政治理论知识的阐释和讲解，这是不利于传统文化与教育相融合的。虽然现在的教育理论课教材在统编时因其概论和纲要性决定了它很少有中国传统文化的内容，但教师在教学过程中应该根据学生的专业背景、文化素质背景和相应的切入点，将一些中国传统文化的内容作为素材添加到教学中去，这样的教学才会有血有肉和丰富多彩，学生也易于接受。在课程内容设计上，要加强教育与中华传统文化之间的交融性与一致性研究。一方面来说，中华民族优秀传统文化是马克思主义中国化的基础，只有将马克思主义扎根于中华优秀传统文化的沃土上，才能实现其中国化进程，才能符合民族发展的需要，才具有了更强的生命力和传承性。另一方面，中国化的马克思主义内在地包含着中华优秀传统文化的精神财富。这才能让中国化的马克思主义融入中华民族发展的现实需要，才能把中华优秀传统文化和马克思主义进行全面的结合。因此，理论课教师应该全面推动和加强马克思主义理论与中华优秀传统文化的融合，为中华优秀传统文化有效融入理论课教学提供理论支撑和实践经验。同时，我们也要加强中华优秀传统文化的理论研究与价值挖掘，不断增强将中华优秀传统文化有效融入理论课教学的文化自觉和自信。

（三）要将中国传统文化引入教育的课堂教学中

无论从哪个方面来讲，课堂还是学生接受教育的主要地方。在课堂上进行好的教学，才能收到好的效果。在课堂教学中，教师不能纯粹地利用书本教学，也可以多利用其他一些好的教学手段，教师要能够深刻地洞悉学生的学习需求和接受能力，驾驭庞杂而深邃的优秀传统文化内涵，并且合理设计教学内容、创新改进教学方法和切实提升教学效果，例如相应的视频播放、文化专题的讨论。将中国传统文化引入教育的课堂教学中，结合理论课的教学，围绕普及和弘扬中国传统文化知识，培养学生对中国传统文化的兴趣与爱好。教师也要做好观察和记录，对课堂运行情况进行数据采集，为数据分析和研究提供材料。并基于课堂教学的大数据研究，不断提升教师教育水平，改善学生课堂学习质量，全面推动课堂教学工作的有序开展。作为学生来看，他们对传统文化已具备一定的自学能力和理性认识，在课堂教学中就不能仅仅停留在浅层次的知识灌输或貌似高深的理论讲解，这样不会达到增强文化自觉和文化自信的实际效果，更多的可能是会导致课堂教学的枯燥乏味。很多课堂教学中存在着"重知识讲授、轻精神内涵阐释的现象"，完全侧重考核评价为导向，只向学生进行知识点的灌输，单纯地让学生记忆一定的传统文化知识，相对缺少对传统文化蕴含的民族精神、道德情操、人文涵养的深入挖掘。教师应该创造条件，对课堂教学效果进行提升，对课堂学习潜力进行挖掘，可以通过启发式教学增进学生理解认同，以平等中肯的说理为学生答疑解惑，鼓励、组织和指导学生进行学习讨论，培养学生跨文化理解能力等。

（四）学校要多举办一些和中国传统文化相关的讲座

学校可以从学生的实际出发，找到他们在中国传统文化中关心的重点难点，以及相应的热点，在此基础上邀请社会上一些有名望的专家学者，或者模范榜样来给学生们做相应的讲座。讲座可以说是教育课程教学的一种有益补充，举办好了讲座，将是一个中国传统文化和教育双赢的局面。此外，学校也不能忽视了相关中国传统文化实践活动的设置。实践活动称得上是在课堂教学之外的第二课堂。例如举办一些和中国传统文化相关的知识竞赛、板报比赛，或是带领学生参观文物古迹、瞻仰英雄人物都是有益的实践活动，这些活动对于提升学生的传统文化知识、增强他们对传统文化的保护和传承感都有着重要的意义。

三、综合运用多种教育载体

教育载体有很多，不只是文化载体，它也包括活动载体、管理载体以及大众传媒载体，这些载体之间是可以并行共生、相互交叉和融合的。因此，在将中国传统文化融入教育的过程中，各学校也应综合利用这多种载体，以期达到更好的效果。

（一）中国传统文化与活动载体

所谓活动载体，也就是以活动来作为载体的意思。教育者为了达到教育目的，可以举行各种形式的活动，将想要传授的教育思想融于这些活动之中，受教育者在活动的过程中，不知不觉地受到教育，提高自己的和道德素养。活动载体在中国传统文化融入学校的过程中能发挥很重要的作用，因此举办活动的形式需要引起各学校的重视。

首先，是以校园文化作为载体。学校要有意识地营造一个良好的学习中国优秀传统文化的氛围，以此作为教育课堂的有效补充。好的校园文化对学生的影响力是显而易见的。从传统文化和教育的融合来说，校园文化是传统文化融入学校的重要介体。学校可以努力兴办一些和中国传统文化相关的以分享与交流为目的的文化沙龙，甚至是相关的知识竞赛或演讲比赛等，这些活动学生的参与积极性很高，因为有一定的娱乐性，学生接受起来也比较快，可以达到寓教于乐的目的。此外，学校也可以多利用校内的一些传媒手段，例如校园网、学校的广播站、校报和学生社团的刊物等，开发相关的手机用户的 App 等，通过多种方式、多渠道全方位地向学生介绍中国的优秀传统文化知识，加强对青年学生的家国情怀、社会关爱、人格修养等方面的教育引导，扩大中国优秀传统文化在学生群体中的影响。可以说，如果能将传统文化的气息融入学校的各个角落，不断增强学生对中国传统文化认知的主动性和践行的自觉性，这对于学生开展教育是十分有利的。

其次，以社会实践为平台，积极开展社会教育实践活动。对学生进行中国传统文化教育，社会实践也是一个非常重要的组成部分。社会实践可以帮助学生提升自己的人文素养，增强他们将学到的知识和实际联系起来的能力。因此，在教育工作中，要有意识地开展各类社会教育实践活动。学校可以把一些社会实践活动也纳入到教学计划中来，并规定出学时和学分，使学生不至于对其表现出忽视的态度，能够认真对待传统文化实践的内容。同时，如果有条件，还应该适时地带领学生们走出课堂，参加社会上各种有意义的实践活动，例如支教、植树等，激发学生们的学习热情。也可以充分利用我国丰富的各类资源，举办各种参观或缅怀活动，将爱国主义与民族精神教育有效地融入学生们的思想意识中去，能够让学生更加生动深入地感受、体验和汲取中国传统文化中的养分与精髓，做到知与行的统一。

（二）中国传统文化与大众传媒载体

所谓的大众传媒载体，也就是以大众传播为教育载体的意思，它指的是教育主体通过各种大众传播工具向广大群众传递教育内容。其具体表现形式有报纸、期刊、广播、电视、网络等。教育工作者要利用大众传媒载体，借助网络扩大中国传统文化的覆盖面和影响力，进而提高教育的时效性和科学性，发挥对学生学习传统文化的引导功能。

1. 传统文化的通俗化

中国传统文化是几千年来中国人的精神基因，也是中华民族生生不息的力量之源。在传统文化融入教育时，教育工作者要做到古为今用，要积极创新。虽然传统文化大多来源于历史，来源于古代人们凝结的思想知识，但在进行教育时，也要注意将这些知识进行通俗化的解读，这样才能更容易被学生们所接受，也才更利于中国传统文化的传播，让传统变得易流行，也传承得更久更远。

传统文化的通俗化，很好的一个例子是将它和一些有趣味的节目结合起来。现在，有很多类似的电视节目就比较火，例如《中国诗词大会》、《中国成语大会》等，这些节目火起来以后，也一定程度地带动了诗词、成语等传统文化内容的传播。这样的节目形式学校也可以作为参考，在校园中打造更有深度、更具广度、更能触动人心的传统文化活动或节目，如主题演讲、中国故事大家讲、中秋节诗词赏析大会、传统故事话剧比赛、经典诵读比赛等，将这些节目做到融知识性、趣味性、互动性于一体，这样可以让一些经典的传统文化变得活化，当一档节目极有观赏性又有趣味性，还兼具文化性时，它一定会受到学生们的热爱。

传统文化的通俗化，还可以将中国传统文化和一些文化创意产品结合起来。现在我们在市面上能看到一些标上康熙微服私访或是故宫标记，或是兵马俑的仿古产品或文化衫等，这些产品颇受人们喜欢。先不说这些文创产品的好坏，单从传统文化和文创产品的结合来说却是一个很好的创意。因为这样一来，传统文化就不是只存在于字里行间的东西了，而是借助一些产品活化了起来，不仅增加了产品的观赏性、传播性、可视性，也展示了它的文化性和创新性。学校也可以借鉴这样的思路，在一些有校园特色的产品、海报、标识标牌上展示相应的传统文化内容，也可以鼓励学生根据自身对中国传统文化的了解与认识，组建团队，通过学生创新创业项目的申请，开发更多的深受学生喜爱和使用的校园传统文化创意产品，让校园文化活动拥有更多的传统文化的因素呈现和内涵解读，可以算得上是一种别开生面的做法，学生接受起来也非常容易，记忆也会更加深刻，运用起来也会更加自如。

2. 传统文化的网络化应用

中国优秀的传统文化并不只是用于放在书斋中的，而是应该更大程度、更广范围地进行普及，网络作为新型的传播渠道，各个学校就应该充分地将其利用起来，拓宽网络教育的方式方法，充分发挥网络文化的教育引导作用。这是一种传统文化与现代手段结合的重要方式。要在传统媒体和网络新媒体的互动中，注重网络技术应用和文化传播融合过程中的趣味性挖掘，不断地推进传统文化的传承、发展与创新。举例来说，有名的中国孔子网，就是借助网络资源，把孔子和他的儒学思想传向了整个世界。因为互联网有着很强的互动性，在传播中国优秀传统文化时，传播者和接受者还可以适时地进行互动，就双方感兴趣的地方进行探讨，又或者是大家一起在网络中吟风弄月、吟诗作赋，共同感受古人那种生活方式，这些都是非常有意义的途径，可以提高人们对中国优秀传统文化的认识。其次，学校中国传统文化网络课程的开发也是很有效的传播传统文化的快速通道，各学校可以结合学生专业课程设计的实际，通过线上网络课程，打破教室、图书馆的空间限制，在手机或电脑端实现传统文化课程的教学、考核与反馈，使传统文化的教与学更快捷更方便，也能够让优秀传统文化的教育拓展更多的网络育人阵地。

第四节　加强科研与教学能力

中国传统文化与教育这一研究方向，要求教师与相关研究者必须至少具备两方面的专业学术能力：一是必须具备深厚的中国传统文化功底，能够恰当运用中国哲学的研究方法诠释传统典籍，并能够呈现中国古代文化思想的真实面目，避免当前的泛泛而论与牵强附会的现象；二是必须对教育原理有深入的了解，同时能够正确、及时地把握党的方针、政策与路线，坚持以马克思主义立场作为传统文化研究的指导。研究者只有同时具备这两个方面的素养，才有可能取得高质量的成果。然而目前在中国传统文化融入教育中，真正能同时达到这两方面要求的学者少之又少，这也是目前相关研究领域存在的一个重要问题。因此，我们必须加强这一研究领域的科研与教师队伍建设。

一、理论课教师在优秀传统文化教育活动中的作用

教育的实践活动和实施过程中，理论课教师发挥着不可取代的作用。

（一）理论课教师是优秀传统文化课堂教学活动的实施者

对于课堂教学在优秀传统文化教育中的作用，中发［2004］16号文件指出：在课堂教学中，"以爱国主义教育为重点，深入进行弘扬和培育民族精神教育。深入开展中华民族优良传统和中国革命传统教育"，是帮助学生树立正确的世界观、人生观、价值观的主阵地。当然，在这样的一个过程里，学生并不是孤立的个体，毕竟就教育而言，是需要教师和学生一起来努力完成的，在师生协同作战下，才能建构起知识体系，形成良好的品德，教师在其中是主导者，是中国传统文化的梳理和传授者。

关于教师在教学活动中的重要作用，联合国教科文组织提出过一个影响教学质量的公式：即教学质量＝（学生＋教材＋环境＋教学方法）×教师。从这个公式中我们可以看出来，如果教师有好的能力和水平，他的教学效果也会很高。中共中央、国务院印发的《全面深化新时代教师队伍建设改革的意见》中提出，"大力振兴教师教育，不断提升教师专业素质能力"。教师要成为"先进思想文化的传播者、党执政的坚定支持者、学生健康成长的指导者"。由此可见，正确的知行合一是教育和优秀传统文化所追求的理想目标，在此过程中，教师要充分体现出发展较成熟主体的主导和示范作用，以自身的言传身教来影响和教育学生，切忌照本宣科、循规蹈矩、僵化保守，最终影响到课堂教育教学的效果。

（二）理论课教师是优秀传统文化教育方向的引领者

思想政治教育的主要任务，是帮助学生树立正确的世界观、人生观、价值观。因此，

在教学过程中，开展优秀传统文化教育就有着它自己的特有使命，这是社会主义现代化建设的需要。在建设有中国特色社会主义事业的过程中，如果没有对优秀传统文化的继承和弘扬，中国的社会主义现代化建设就会因失去历史的基础而难以更好地推进。有了教师对教学内容的选择和把握，中国传统文化教育的内容和方向才不会偏离教育的目标，才不会违背党和国家的教育方针和政策。优秀传统文化教育在方向性、思想性、政治性上的特定规定性，要求教师在进行优秀传统文化教育时，要对学生进行思想上的倡导与指引，让学生明白哪些是符合时代需要的部分，哪些是需要淘汰的部分，例如崇德利用思想，一方面，它非常重个人的道德修养、重视社会的道德教化、以德治国以及崇尚道义节操等，在崇德利用思想的塑造下，人有可能成为一个全面发展的人，可能处理好各种人际关系，这也是它对个人全面发展的重大贡献；另一方面，崇德利用思想有着明显的缺陷和片面性，它夸大了个人的道德修养在社会发展中的作用，将德治和道德教化在治理国家和维持社会运转中的作用理想化，甚至把修身当作治理国家的首要原则，把治理国家和维持社会稳定的希望寄托在个人的道德修养上，这样，其消极性就暴露无遗。因此，在教育课进行优秀传统文化教育时，教师应让学生明白，进行优秀传统文化教育是培养学生民族意识的需要，是学生全面发展的需要。中国传统文化既是中华民族的根，又是每一个炎黄子孙的根，对学生进行优秀传统文化教育，一方面，可以强化学生的中华民族身份认同，这对于学生抵制西方资产阶级文化中的消极影响有着非常重要的意义；另一方面，教师也要结合当今社会的特点，对优秀传统文化做出合乎社会需要的新的诠释，确保优秀传统文化教育的社会主义方向。

（三）理论课教师是校园优秀传统文化建设的引导者

如果说中国传统文化的教学是一座冰山，那课堂教学只是这个冰山的一部分。对于学生而言，大部分优秀的中国传统文化知识还是要通过课外的途径来获得。刚开始的时候，中国传统文化的相关知识或是其他知识都只是信息形式，还没有对学生的思想过程产生实质性的影响。但是，如果这些传统文化知识或其他知识与一定形式的背景结合起来，例如学校开展的各类讲座、实践活动，就能让参与的学生接受，在这种接受的过程中，学生的认知就可能得到重新构建。也就是在这样的构建之后，原本那些以信息形式出现的知识才会内化为学生自己脑海中的知识图像。这些知识图像一旦建立起来，就可能真正作用于每个学生个体，对他们的思想、品德、意识形成影响。在这样的一个过程中，我们可以看到，原始的一些有用的信息，以及与之有联系的背景活动是让学生认知图像形成的关键因素。所以，在校园内外开展传统文化活动是传统文化普及的重要途径，各个学校应该引起必要的重视，并形成新的教育方向。理论课教师更是其中的重要设计者，各种学术、科技体育、辩论赛都可以进行，将德智体各项教育有机地结合起来，将教育寓于活动之中，主旨是让学生们接受并热爱中国传统文化，形成符合中国社会主义建设的思想品德修养。

二、理论课教师应具备的基本素质与能力

（一）提高对教育的认识

教育肩负的任务就是树立学生正确的人生观、思想观和价值观，提高学生们的道德修养、文化素养。它对于学生将来走上工作岗位，成为国家和社会需要的人才极为重要。特别值得指出的是，由于我国当前中小学普遍存在的重智育、轻德育的特殊情况，因此，教育尤其是大学教育更加突出的应该是对学生正确的人生观、思想观和价值观的培养。而通过调查发现，我国现在的各个高校，存在比较突出的更重视理工科而轻视文科的现象，教育课也在很多学校中并不受到重视。在教育中，也存在有重视马克思主义理论，而忽视思想品德修养的课程。在有些学校中，不仅是学校不重视这种情况，就是担任课的教师也不重视，只将其作为一般的教学任务来看待。

以上这些问题显然是各学校和课教师的认识不足造成的。更有甚者，甚至有体系的课程也没有，没有专门的教室，配置的教师也特别少。有的学校由于找不到合适的教师，课不得不以大课的形式来上，一堂课中几个专业的学生坐在一起，甚至几个系的学生坐在一起，在这样的课堂中，一来学生不能有效地理解课的知识，二来也影响了教师和学生之间的互动交流，教师根本不可能了解到学生个体的需求，不能准确地制定授课策略，只能用大而全的方式进行授课，学生能不能接受基本不知道。同时，这样的大课形式，课堂秩序也很差，不愿意听讲的学生会通过各种小动作的方式排斥听课，教师也不能有效维持秩序。种种情况下，课就达不到本身的教育目的，而且它的威信也会受到很大的影响。还有的学校，在没有专门的课教师的情况下，仅用学校党委成员或各系总书记来授课，这是很难做到理论联系实际的，效果自然就会大打折扣了。

（二）增强理论课程的实效性和针对性

新课程方案的实施效果如此，关键在于教师。因此教育工作者要努力提高自己的思想认识，要以高尚的职业素养和人格精神，全心全意地投入到教育工作中去，并结合学生的实际情况，进行有针对性的改善和创新，积极增强教育对学生的影响力。

1. 要以高度的责任感、紧迫感和使命感，把加强和改进理论课作为一项重大而紧迫的政治任务，切实抓紧抓好

思政课的教师一定要有高度的责任意识，要把中央精神很好地贯彻下去，体现在自己的责任意识和职业素养上来，要和中央部署的思政课程设置新方案接轨，要认真研读中共

中央对于教材编写和审定的精神,尽快熟悉和掌握新课程的教学目的和基本要求,在各方面让自己保证授课的质量,要有一种全身心投入的精神,绝不能马虎应对。思政课的教师要认识到,做好教育不仅是对学生负责,对自己负责,也是对整个国家和民族的负责。

2. 要切实提高自身素质,真正成为学生健康成长的指导者和引路人

思政课是为了提高学生的思想素质和道德修养而开发的,教师要让学生有一定的道德素养,那自己首先就必须成为一个有着高尚道德素养的人。思政教师本身的言行、思想对学生是有着很大影响的,本人有着高尚的道德素养,学生才可能产生同样高尚的道德素养。反之,授课教师道德修养上的缺陷,可能会给学生造成不可估量的影响。因此,思政课教师一定要努力提高自己的思想道德素质,平时的实践活动要符合教育的精神和主旨,只要是要求学生要做到的,自己就要首先做到。"喊破嗓子,不如做出样子",榜样的力量是无穷的。教师以身作则,自己带好头,对学生中间形成良好的风气,才会起到决定性的作用。课教师要知道,自己的一言一行、一举一动,都有着重要的示范和引导作用,因此必须做到真正有修养、讲道德,并且把这当成是一种责任,绝不违反。这在中国传统文化中的体现也颇深,早在西汉时期,思想家扬雄就说过:"师者,人之模范也。模不模,范不范,为不少矣。"《后汉书》中也说:"盖闻经师易遇,人师难遭。"清代著名思想家顾炎武也慨叹"海内人师少,中原世运屯"(《赠孙征君奇逢》诗)。顾炎武认为,国家之所以出现了危难,同注重"言传身教"的教师很稀少是有直接关系的。所有这些都说明教师的"言传身教"、教师的"带头垂范"的重要性。思政课教师是学生的领路人,只有自己的功夫做扎实了,才能真的在方面教育好学生。为此,我总结了思政课教师应该具备的几项素质。

1. 要有过硬的素质

思政课教师自己的政治素质要是过硬的,自己认真研读马克思主义、毛泽东思想、邓小平理论和"三个代表"重要思想,要坚持党的基本路线和方针政策,自己要在言行和精神上同党中央的精神保持一致。教师还要经常关心国内国际的形势,并且知道运用马克思主义去对变化的形势做出分析和判断。教师只有自己具备过硬的政治素质,才能真正承担起学生领路人的角色,帮助学生从不正确的思想认识中解放出来,树立起正确的人生观、世界观和价值观。

2. 要有良好的职业道德素质

职业都需要一种态度,而态度端不端正是能直接影响一份职业能不能顺利完成的。思政课教师在任何时候,都要想到,做好工作是你的责任,做不好工作是你的失职。同时,教师也要对工作充满信心,满怀激情地投入到教育中去,用自己的激情去感染学生,让学生能够脚踏实地地做人做事。思政课教师除了是教师的身份以外,还应该和学生打成一片，成为学生的"益友"，在学生有困难时能够帮助学生，在学生迷茫时能够指导学生，在学生有疑惑时及时给予学生解答，成为学生成才的真正指路者。

3. 要有丰厚的理论业务素质

现在是一个知识经济的时代，思政课教师要教好学生，就要懂得"打铁还需自身硬"的道理，自己要做到与时俱进，紧跟这个时代，思维不能过于保守僵化，要随着事物的变化更新自己的观念。现在的学生有很多都是90后、00后，他们的思想比以往任何时候都要开放，这就需要思政课教师更加注重对自己思想的解放，不能囿于传统的一些观念，要积极地去了解学生的新思维、新方法，并进行积极的应对，这样才能寻得和学生们交流的共同语言，也才能更好地进行教学和实践活动的开展。同时，教师也必须学习新的思想理论、教育理念，用新的理论和理念来提高自己的教育功底，从而探索出新形势下适合的教育途径或方法，为开拓思政课的新局面打下基础。

4. 要有与时俱进的创新素质

现在的社会发展很快，有些课的教师总是固守着传统的观念、传统的打法，而不知道创新，这是不行的。在实际的工作中，我们可以发现，平时我们不能创新、不敢创新，多半是因为我们从惯性思维出发，结果让自己顾虑重重。但如果我们把同样的问题换一个方向来考虑，就会发现有很多新的机会在等着我们去大显身手。所以爱因斯坦说："把一个旧的问题从新的角度来看，这完全是成就科学进步的主因。"所以，我们平时在教育中要注重创新，不要死板地去看一个问题，要懂得不停地变换思考的角度。在教育的创新中，我认为首先是要深入研究马克思主义的原理，要认真领会马克思主义的基本立场、观点和方法，同时又要结合当前我国发展的基本情况，两相结合，做出教育最新的阐释。遇到问题时，要经常问自己"为什么"，并且梳理出之前出问题的原因。这样做，不仅是给旧有的想法一个机会，也是一种重新思考、重新整理的过程。在这个过程中，你就可能勾勒出创造性的教育方法。

第五节 建设传统文化教育保障制度

《完善中华优秀传统文化教育指导纲要》指出，各级党委教育工作部门和教育行政部门要把加强对学生中华优秀传统文化教育作为一项战略任务，加强对中华优秀传统文化教育的组织领导、完善中华优秀传统文化教育的评价和督导机制、加强中华优秀传统文化教育教学研究等措施为中华优秀传统文化教育的组织实施提供保障。就目前的情况来看，将传统文化融入教育工作还并没有落地，只是停留在思想的范畴，而要推进其落地实施，我们可以依托教育的领导组织体系构建有效的保障机制。可以从组织领导工作队伍、经济物质、环境支持、法规制度等几个方面来构建一套高效的保障机制。

一、组织领导保障

教育组织领导直接关系到教育目标和任务的实现，关系到教育工作的开展。所以，必须建立一套有效的组织领导保障制度。

（一）坚持党组织在学校教育中的核心地位

学校教育在组织领导保障上，首先是要坚持党的领导。学校要将教育相关的各级领导的职责划分清楚，党委要发挥实质性的作用，教育过程中的所有事情都要有党委参与。此外，党委也要给学校的教育工作提供正确的方向指导、决策指导，要做好各级部门的协调和监督工作，要随时听取各方面的反馈，并从中找到现实中的问题，并在此基础上解决好问题，切不能不闻不问，一意孤行。其次，坚持党委的统一领导，也要明确党委书记的责任。党委的领导是集体领导，在党委中，党委书记是核心，对整个党委的影响是巨大的。党委书记自己也要有强烈的责任意识，要知道哪些是自己应该做的，哪些是别人应该做的，这一点要区分清楚。党委书记要带好头，切实将学校教育的各项工作做好。党委书记要尽心尽力地去保障学校工作的建设。尽心要求把自己的全部身心都投入到工作中去；尽力是要在工作中竭尽全力，发挥出自己的全部才能，就算是遇到困难挫折也绝不放弃。

（二）建立和完善学校教育行政运行系统

在学校教育的组织领导保障中，党委的工作主要是做好总体规划，提供方向性的指导，决策的执行则是校长及其领导下的行政系统。校长作为一校之长，自己也应该是一个坚定的马克思主义信仰者，有着崇高的职业素养和道德修养，要全身心地投入于教育事业，当然也要对学生的思想道德素质负责。因此学校的行政运行系统要能够把学校的教育同其他工作结合起来，一同开展，一同评估。只有这样，学校的教育工作才能落到实处，才能实现全员育人的良性循环模式。现在，随着国家对教育体制的不断深化，学校的行政运行系统的作用越来越明显，教育的诸多决策都有行政运行系统的影子，因此必须建立和完善学校教育的行政运行系统，把教育渗透在行政业务工作和行政管理之中，强化行政管理部门的功能。

二、工作队伍保障

（一）建设结构合理、专兼配合的教育工作队伍

教育工作队伍的结构主要包括年龄结构、学历结构、职称结构等。从年龄结构来看，

思想组织教育工作队伍老中青三代年龄结构有三种模式，一是老中青三代呈正三角模式，即青年人多于中年人，中年人多于老年人，这种结构有利于队伍的传、帮、带，有利于队伍稳定和持续发展，被称为"前进型"结构；二是呈纺锤形模式，两头小，中间大，虽有利于眼前工作开展，却后继乏人，不利于队伍的发展，被称为"静止型"结构；三是呈倒三角形模式，老年人多于中年人，中年人多于青年人，因老年人太多，难以胜任工作，被称为"衰退型"结构。显然，学校教育工作队伍应建立"前进型"年龄结构，避免或改造"静止型"、"衰退型"年龄结构。在学历结构方面，教育工作队伍学历普遍偏低，目前仍然是专科占一定比例，本科学历占大多数，研究生学历占比例较少，主要集中在高校领域。在职称结构方面，教育工作队伍中低级职称比例大，高级职称比例小，这些状况显然不利于教育工作者全面、高效地开展教育。在学生教育工作队伍建设过程中，应尽量将以上三种结构调整到最佳状态。

教育工作队伍中的党政干部、共青团干部、理论和哲学社会科学课教师、辅导员和班主任是专职从事教育的人员。兼职人员的来源主要是退休教师、党务管理干部等。聘用兼职人员从事教育工作，可以有效缓解当前教育资源的有限性和需求的迅速扩大性的矛盾，可以调动更多的人参与、从事思想教育活动，扩大教育的覆盖面和影响力，为教育工作队伍注入新鲜血液，当然，专职人员和兼职人员也应该结构合理，做到专职人员为主、兼职人员为辅，兼职人员与专职人员相配合，群策群力。

（二）全面提升教育工作者的素质

学校教育的工作者，无论是专职还是兼职，都必须具有较高的素质，基本的素质应是政治强、业务精、作风正。

政治强是对教育工作者的政治要求，教育工作者必须具有坚定的政治方向，坚定不移地走中国特色社会主义道路，坚决贯彻党的路线方针政策，在事关政治立场的问题上，与党中央保持高度的一致，坚决维护党和国家的利益以及学校的稳定，努力践行"三个代表"重要思想。业务精是对工作者业务素质的要求，教育的实践性和应用性都特别强，教育工作者要按照"专业化"、"职业化"的要求提高自己的业务素质，要具备教育专业知识以及相关的哲学、社会学、法学、青年学等专业知识，要有从事教育工作的相关能力，要熟悉这项工作的规律，对于这项工作有着极大的信心，坚信自己能做好这项工作，要有高度的职业道德和修养。如果教育工作者缺乏正直的道德，那么无论他多么有学识、有才华、有成就，也会造成重大的损失。当前，伴随着知识经济和信息网络的发展，社会信息化、法治化、多元化、全球化的趋势不断加强，教育面临着更多的挑战，因此教育工作者也要不断学习新的理论和知识，让自己成为教育的专业人才，这样才能科学引导学生成长成才。作风正是对思想教育工作者人格素质的要求，俄国教育家乌申斯基曾指出："教师的人格，就是教育工作的一切。任何规章、任何教育大纲、任何人为的机构，不论设计得如何奥妙，都不能在教育工作中替代人格的作用。"教育工作者的人格魅力可以给学生以强烈的感染力和示范性，做出榜样，做出表率，成为学生的标杆，才能促进学生形成良好的素质。作风正要求教育工作者要具备良好的人格魅力，工作中脚踏实地、公正严明，生活中谦虚得体、大方有礼，对学生谆谆教导、循循善诱、无私奉献。总之，教育工作者必须提高自身素质，做学生的知心朋友、人生导师，用崇高的人格力量感染学生、教育学生。

（三）建立健全教育工作者"乐教"机制

教育工作者还必须对教育工作真心喜欢、真心热爱，真正"乐教"，才能以高度的激情投入工作，不断创新教学方式，取得更好的教育效果。

学校应该提供给教育工作者一套合适的"乐教"机制：（1）配备足够的教育工作者，适当减轻现有工作者的工作量。目前，教育工作者的总量严重不足，例如，教育部门的文件规定，高校理论课专任教师总体上按不低于师生1∶350～1∶400的比例配备，专职辅导员总体上按1∶200的比例匹配，事实上各高校远未达到上述规定。各学校应根据工作需要，通过设立教育工作者准入资格、提高待遇等措施将优秀的专家学者扩充到教育工作队伍，提高教育工作队伍的战斗力。（2）建立人才培养计划。要有计划地培养工作方面的专家、学者、学科带头人、学术骨干，使他们成为教育工作的核心力量；要对青年教育工作者实行导师制，帮助他们尽快熟悉业务、提高能力；要创造条件，支持广大教育工作者读硕读博，提高学历层次；要制订继续教育计划，鼓励教育工作者在职培训、脱产进修、交流考察，实现思想教育工作者的可持续发展，切实提高教育工作者队伍的总体水平。（3）建立健全激励体制。针对教育工作的特殊性，设立专项课题，鼓励广大教育工作者申报，提高教育工作者的科研能力；加强舆论宣传，在全校营造尊重教育工作者的氛围，提高教育工作者的地位、待遇和职业自豪感；在评估考核、职称晋升等方面结合教育的特殊性制定科学合理的依据，使教育工作者能够解决后顾之忧，全身心投入到工作中，以从事教育为荣，以从事教育为乐。

三、经济物质保障

传统文化融入教育工作必须保证必要的投入。总体来讲，我国目前的教育投入相对较少，教育活动常因缺少经费和物质保障而难以展开。对此，学校有自己的难处，客观原因是大众化进程中的教育规模处于不断地膨胀之中，不少学校财政告急，日常运作尚且捉襟见肘，哪里还谈得上增强教育经费投入。此外，学校各方面的认识也不统一，部分同志认为，增加教育支出不一定能提升学校的知名度和办学水平，对学生个人才能的增长也并非切实可见；还有的同志认为，教育在学生学习中已经占了很多学时，投入了较大的人力物力，对此他们已经颇有微词，更不用说增加投入了。然而，没有基本的经费和物质保障，增强教育实效就只能是一句空话。目前综合性大学、人文类大学因其人文学科的优势，教育基础相对较好，而理、工、农、医、林等单科院校，教育投入本来就少，人文资源储量相对又少，迫切需要加大经费投入来保障教育资源的开发。

（一）确保传统文化教育基本设施、设备建设

传统文化教育基本设施、设备建设是确保学生接受良好中国传统文化教育基本的物质保障，学校应该积极进行合理的创造。例如可以提供一些供进行教育的活动场地，配备相应的物质设施，例如有足够的图书资料和教学资料，有相应的网络设备，有为教育开发的软件或网页。这是一个互联网大发展的时代，将教育应用到新型的互联网中，对于教学是一个很好的途径。当然，物质设备的建设离不开足够的经费支撑，学校也应该予以经费上的支持。

（二）确保传统文化教育各项实践活动有序开展

我们已经提到过，传统文化教育的各项实践活动是学生接受和认知传统文化的强有力的途径，学校应该对这一点引起足够的重视，不仅要实时地、周期性地举办各类活动，也要在经费上予以大力支持，确保和传统文化有关的各项活动能够平稳有序地展开，让学生们能够更好地认识国情，增强自己的思想道德修养。同时，也要大力支持学生自己开展各项实践活动，例如挂职锻炼、助研助管、科技发明创业等，增强他们的社会能力和工作能力，提高他们的创新意识。

（三）确保传统文化教育工作的专项经费

教育各项行动的展开都需要经费的支撑，学校应该确保这些经费落实到位。对于教育工作者，也要提高他们的待遇，确保他们能够参加各种学术探讨、进修等活动，切实提高教育工作者的专业能力。也应聘请一些有名望的专家学者来校举办讲座和报告等。

四、环境支持保障

学生品德是在一定的环境中形成和发展的，传统文化教育也是在一定的环境下进行的。环境在传统文化教育中不仅是"教育的条件"，也是"条件的教育"，当社会环境、学校环境与教育相协调时，环境就会对学生教育起到支持、促进作用；反之，则会阻碍和

削弱教育效果。

（一）创造良好的校园物质环境

创建良好的校园物质环境主要是根据校园建设规划，改善设施，美化环境，建设能够体现当代青年精神的优美校园。我国的每所学校都有一些有特点的建筑，这些建筑体现着学校的风格，当然它也传达着一定的文化色彩，这些建筑可以说就是学校无声音的教师，给学生施加着某种程度的影响。因此学校要突出这些特色建筑的作用，大力宣传它们的文化色彩，也要以它们为烘托，做好校园的环境建设，优美的校园环境是能起到"化人"的作用的。创造良好的校园物质环境，需要整体设计和规划，如根据学校的特色设计既体现民族特色又具有现代风格的教室、图书馆、体育场等设施，根据学校的传统、培养目标设计不同的雕塑、景观等。良好的校园物质环境建设还需要加强管理和维护。要对师生尤其是学生进行环境意识教育，提高学校师生员工的环保意识，要设计各类活动，让学生通过义务植树、义务劳动等形式参与到环境建设当中来。

（二）建设良好的校园文化环境

广义的文化包括物质文化和精神文化。这里所指的是狭义的文化，即精神文化。它是学校所具有的特定精神环境和文化气氛，主要包括校园历史传统和被全体师生员工认同的共同文化观念、生活观念等意识形态，是一个学校本质、个性、精神面貌的集中反映。加强校园文化环境建设，应着重加强校风、教风、学风、班风在内的校园风气建设。要提高学校的办学风格，打造迥异的校园生活理念，设计独具特色的校训、校徽与校歌，增强全校的凝聚力、荣誉感、自豪感，要抓好教风和学风建设，在全校形成干部职工实事求是、艰苦奋斗、勤政廉政、团结合作、高效严格、服务周到，广大教师认真负责、耐心细致、治学严谨、开拓进取、为人师表、教书育人，全体学生勤奋学习、积极向上、严谨求实、自强不息、尊师重教、遵纪守法、举止文明、行为高雅的良好局面，要充分发挥学生的个性特长，开展学生喜闻乐见的丰富多彩的学术、科技、体育、娱乐等活动，弘扬主旋律，培养学生对社会主义文化和民族文化的认同感，自觉抵制消极、落后的思想侵蚀和渗透。要从实际出发，引导学生成立各类兴趣小组、社会团体，开展形式活泼、多姿多彩的社会活动和实践活动，开阔视野，提高能力，陶冶情操，还要在全体师生员工中营造尊重、平等、诚信、宽容、互助的和谐人际关系，促进广大师生员工的密切合作，形成团结统一的集体，更好地发挥整体效应。

（三）营造良好的校园网络环境

近年来，互联网快速兴起和蓬勃发展，对当代青年学生学习、生活、人际交往以及思维方式等都产生了广泛而深刻的影响。互联网是一把"双刃剑",它在给青少年带来方便的同时也带来了诸多负面影响。网络信息良莠不齐,特别是一些网站为了追求轰动效应,赚取经济利益,大量制作黄色、凶杀、警匪枪战等视频,给一些青年学生带来了不好的影响,有的学生还会有意地模仿视频中的内容。在这种传媒营造的环境中,有些学生的意识和现实世界脱节,思想道德修养也走向了教育的反面。因此,恶劣的网络环境绝不允许出现在校园中,为学生营造健康、良好的网络环境刻不容缓,学校应该做好以下工作:第一,帮助学生认识网络的本质,学会科学地利用网络获取知识与信息,培养基本的网络素质;第二,开展网络道德教育,引导学生自觉避免沉迷网络,倡导网络文明,养成网络自律精神;第三,制作网络道德标准和法律规范,如《网络道德规范》、《互联网安全规定》等准则,规范学生的网络行为,避免网络犯罪、网络侵权;第四,加强监控和管理,学校应成立专门的网络管理机构,依靠技术手段,对不良信息进行拦截、过滤和清洗;第五,积极创办理论网站,如红色网站、学理论网站等,以科学的理论武装人,以正确的舆论引导人,以高尚的精神塑造人,以优秀的作品鼓舞人,坚持正面宣传,弘扬主旋律,抵制打击歪风邪气,从而营造良好的网络舆论环境。

(四)优化校园周边环境

校园周边环境对学生素质也会产生特定的影响,近年来,各学校周边的环境较以前发生了显著的变化。有很多社会人员进入校园经商或进行工地建设,学校周边的各类商店也是百花齐放,有很多酒吧、发廊等。这虽然一定程度上活跃了气氛,但也带来了一些不好的影响。例如有报道称,武汉的一所学校外面,一段长仅200米的路段就有几十家发廊、歌厅和按摩厅。校园周边环境的混乱既对学生的生活、学习、健康成长带来不利,也影响学生以此为窗口来评价社会、形成正确的价值观。优化校园周边环境,各学校应与工商、公安、社区等部门联合,综合整治校园及周边治安秩序,打击违法犯罪,维护学校师生人身和财产安全,坚决取缔校园周边游戏厅、录像厅、歌舞厅、网吧、酒吧等娱乐场所以及无照经营的小食部、书摊等,集中排查校园周边存在的占道经营、私搭乱建、安全隐患等问题,努力营造文明、健康、和谐的校园周边环境。

五、法规制度保障

法规制度为人们的行为提供了依据和标准,具有全局性、根本性、规范性。它可以避免教育中的局限性、片面性和随意性。因此,构建教育保障机制,法规制度保障是重点,只有建立健全各项法规制度,才能确保教育工作持久地开展、健康地运行。

（一）加强法律法规建设

党中央一直以来都很重视教育工作，颁布了一系列法规文件。首先是在有关教育立法中如《教育法》、《教师法》等法律中，从教育的全局、教师的义务等角度对教育做出了规定和说明，作为教育领域的基本法律，其涉及的教育内容规定具有较高的法律效力，为法规、制度的制定提供了依据；其次是党和国家专门颁发的规范性文件，如《中国普通高等学校德育大纲》、《关于整体规划大中小学德育体系的意见》、《中共中央国务院关于进一步加强和改进大学生教育的意见》、《完善中华优秀传统文化教育指导纲要》等，这些文件对学生教育、传统文化教育的地位、作用、任务、方针、原则等都做了具体规定，具有权威性、严肃性和稳定性，为教育的开展提供了全面的指导。当前，在法律法规建设方面，应重点抓两个方面：一是制定实施细则，确保教育法律文件得到具体实施。因为许多文件相对来说都具有一定的概括性、抽象性，是针对全国学校做出的一般规定，各省教育主管部门结合本省实际制定相关的实施细则并督促实施，唯有如此，教育、传统文化教育的规定才能落到实处；二是随着社会的发展、形势的不断变化，有关部门还要根据客观环境和现实要求，及时制定和颁布传统文化教育方面的法律法规，并努力做到教育立法的完整、系统、全面和整体协调。

（二）加强学校各项制度建设

制度化管理具有规范明确、原则性强、操作性强、体系健全、机制协调、运行有序等基本特性，可以将教育的各项要求落到实处，使教育有章可循、科学化、规范化。学校在制定教育各项制度时，应遵循下列原则：第一，合法原则。制度的制定要以法律为准绳，既要与法律法规一致，又要遵循党和国家专门下发的有关教育的文件精神。第二，合理原则。制度的制定要为师生服务，实现管理育人。因此，在制定各项制度时，要体现以人为本，这里的"人"，既包括学校的学生，也包括广大的教育工作者，要有利于广大师生的协调发展。第三，及时、全面、可执行原则。教育、传统文化教育中存在的问题如果久拖不决或者头痛医头、脚痛医脚，必然影响广大师生的积极性和教育的有效性，因此，学校制度的制定要及时、全面，并且具有可执行性。第四，符合程序要求。制度制定的过程要符合程序，从草案的出台、讨论、公布都要民主决策，要反复听取相关人员的意见，必要时甚至召开民主听证；制度执行的过程也要符合程序，对于相对人要尊重并给予其声辩、申诉的权利。

当前，学校应着重健全以下教育制度：第一，岗位职责制度。主要是教育机构和专职人员所负担的教育、传统文化教育责任，包括工作任务、工作要求、工作职责、工作方式等。第二，学生教育、传统文化教育制度。主要是指学生教育和传统文化教育的内容规定、形式规定。第三，管理制度。学生教育和传统文化教育离不开管理，既包括领导和组织的管理，也包括队伍的管理，还包括对学生的管理，如学生生活园区的管理、日常行为管理、学籍管理、奖学金管理、纪律管理、奖惩管理等。第四，考核评估制度。科学的考核评估，是推动学生教育和传统文化教育不断反省和改进，实现针对性和实效性的重要手段。

第六节　打造传统文化与社会实践融合平台

一、在全社会营造良好的中国传统文化氛围

从几千年的历史发展过程中来看，我们可以总结出一条，那就是无论哪个国家和民族在无论哪个时代的文化发展，都要建立在重视和弘扬自己传统文化的基础上。不重视和弘扬自己的传统文化，就等于丢掉自己的根、自己的魂，变得像无头苍蝇一样，找不到发展的方向。我们党的几代领导人都高度重视中华优秀传统文化的继承，特别是十八大以来以习近平为核心的党中央，不仅多层次、多角度表达了对中华优秀传统文化历史地位、核心价值体系的尊崇与认同，将文化自信作为"四个自信"的基础，更是将优秀传统文化的传承与发展提升到治国理政的高度。党的十八大报告明确提出要树立高度的文化自觉和文化自信，建设优秀传统文化传播体系，弘扬中华优秀传统文化。2017年1月中共中央办公厅、国务院办公厅印发《关于实施中华优秀传统文化传承发展工程的意见》，提出迫切需要深入挖掘中华优秀传统文化价值内涵，进一步激发中华优秀传统文化的生机与活力；迫切需要加强政策支持，着力构建中华优秀传统文化传承发展体系。十九大报告指出，坚定文化自信，推动社会主义文化繁荣兴盛。可见，社会文化环境通过融合在人们周围的各种教育因素，间接地潜移默化地影响着教育的内容和方式；同时，教育也需要社会大环境的支持和帮助，传统文化才能更好地融入学校教育中去。

首先，作为中国传统文化教育的领导者和推动者，国家和政府要在思想上高度重视中国传统文化教育在全社会的推广工作，要重视对中国传统文化资源的挖掘和运用，在全社会开展丰富多样的中国传统文化活动，并配合以相应的制度建设，通过起草出台加强传统文化教育的文件，从领导体制、规章制度、经费投入等方面提供制度保障，确保中国传统文化教育活动能够在全社会持续稳定地开展下去。中共中央办公厅、国务院办公厅印发《关于实施中华优秀传统文化传承发展工程的意见》，开始实施中华优秀传统文化传承发展工程，这对于建设社会主义文化强国、延续中华文脉、全面提升人民群众文化素养、维护国家文化安全、增强国家文化软实力、推进国家治理体系和治理能力现代化都具有重要意

义。《意见》对实施中华优秀传统文化传承发展工程进行了全面部署，操作性极强，可谓是接地气、通民心。尤其是第 9 条"贯穿国民教育始终"、第 10 条"保护传承文化遗产"、第 11 条"滋养文艺创作"、第 12 条"融入生产生活"、第 13 条"加大宣传教育力度"、第 17 条"加强文化法治环境建设"和第 18 条"充分调动全社会积极性创造性"，相当周全地从各方面为营造传承发展中华优秀传统文化浓郁的社会氛围做出了部署。譬如，《意见》强调：要围绕立德树人的根本任务，"把中华优秀传统文化全方位融入思想道德教育、文化知识教育、艺术体育教育、社会实践教育各环节，贯穿于启蒙教育、基础教育、职业教育、高等教育、继续教育各领域"，要"以幼儿、小学、中学教材为重点，构建中华文化课程和教材体系"，"推动高校开设中华优秀传统文化必修课"。《意见》对保护传承文化遗产、滋养文艺创作、融入生产生活，都与时俱进、联系实际做出了周密的创新性部署。可以预见，只要认真贯彻执行好《意见》，运用报纸、书刊、电台、电视台、互联网站等各类载体，融通多媒体资源，统筹宣传、文化、文物等各方力量，充分调动全社会的积极性创造性，努力净化环境氛围，创新表达方式，大力彰显中华文化的独特魅力和当代价值，我们就一定能开创亿万人民共同传承发展中华优秀传统文化的崭新生动局面。就具体实施层面，比如可以通过加强对我国非物质文化遗产的保护和宣传，完善法规、制度措施，强化全民保护意识，培养弘扬传统文化的社会风气和良好习惯；可以通过拓展传统文化的舆论空间，在学校、工厂、军营、车站、机场、码头等各种公共场所，设置标语、图片、宣传画等载体，展示中国传统文化，让人们生活在中国传统文化的氛围中，时时处处接受传统文化的教育，感受传统文化的魅力；可以通过新闻媒体设专栏、办专刊，介绍中国传统文化，开展传统文化研讨活动，加大宣传力度，展示传统文化之美，形成舆论环境；可以开展以弘扬传统文化为题材的创作演出活动，让传统文化走上艺术舞台，进入影视节目和文学作品，在潜移默化中培养人们对中国传统文化的兴趣与爱好，让人们接受传统文化知识；可以引导和支持广大社会团体、公共部门最大可能地开放相关资源，让越来越多的人走进历史文化场所、走向文化舞台、亲近传统文化等。只有全社会都形成了正视、重视中国传统文化的良好氛围，才能使其更好地融入教育，中国传统文化与教育的相融合，就不仅是应然之态，更是实然之举。

二、开展社会实践教学

理论课教学要达到实效，就理应将课堂教育和社会实践教学结合起来，在实践中，让学生们能够主动去认知、主动去践行中国传统文化中的思想美德和优良道德。传统文化的实践体验或是教学活动的优势就是能从根本上改变人们对教学教育的认识，因为教育本质上是一种文化现象，脱离了文化的教育只能是苍白的、乏力的，或者对人格的培养是单薄的。开展传统文化教育，立足于传统文化，有利于改变思想品德教育脱离传统、脱离生活的这种弊端，它能够为思想品德教育提供丰富的资源。传统文化体验或实践教育，实际上是使学生和社会生活衔接在一起的教育，在参与中容易产生情感上的认同和精神上的升华，让学生在体验中学习，对学生人格的塑造起到其他形式起不到的作用。是从时代文化生态、传统文化生态和个体需求生态的视界重新界定传统文化教育过程中的关系，重新厘定传统文化教育课程和教材的价值及功能定位，强调传统文化教育回归生活世界，在现实体验的场域中深度领悟文化精神和生活实践的关系，开启文化智慧，升华日常生活。具体实践落地的形式也是丰富多样的，例如，清明假期时，可以将学生们组织起来，共同到烈士陵园为烈士扫墓，在这个活动中，缅怀革命先烈，铭记历史，了解革命烈士英雄事迹，教师有针对性地对学生进行感恩教育和爱国主义教育，让学生们产生对烈士的敬仰之情。端午节时，通过组织学生包粽子、佩戴香包、折纸龙舟、编五色线，分享端午节典故和习俗，缅怀屈原忧国忧民的爱国精神和伟大的家国情怀，感受传统节日的文化魅力。其他的传统节日，例如中秋节、重阳节等，教师也可以给学生讲一讲这些节日背后的内涵和意义，让学生们加深对中国传统文化的认识，并由此形成他们正确的思想观念，融合为一种感恩思想。此外，各个学校也应鼓励学生自己参加一些社会实践，从教育的被动接受者变为主动参与者，甚至是主动传播者，让他们懂得践行优秀思想道德观念的美好，对社会、对国家、对人民的有益之处。各学校每年暑期都会结合全国大中专学生志愿者暑期文化科技卫生"三下乡"社会实践活动开展大规模的送文化知识下乡的社会实践活动，其中送中国传统文化下乡是重要内容，这是很好地传播传统文化的途径和渠道，让学生们不仅"知其然"，还要"知其所以然"，不仅要知道，还要将我们的传统文化讲出来，甚至是画出来、演出来，让学生们通过这种特殊的"教学"方式，进一步理解传统文化，结合当下社会需要和人民群众的期待，用各种喜闻乐见的方式传播传统文化，有的学生成立了宣讲团、合唱团、舞蹈队、相声组、壁画组，团队分工，协同作战，在团队协作中体验传统文化带给他们和人民群众的快乐与反思。同时，很多学校还以此为契机，与实践地区的政府、企业或乡村建立实践基地，将传统文化传播活动日常化，在当地建立文化讲堂，鼓励教师带领学生团队将"文化下乡"常态化，将团队成员梯队递补化，让学生在体系化的讲述与传播中，深刻领会传统文化的魅力与内涵。在实践的过程中，学校也可以积极引导学生进行关于中国传统文化或是各地区非物质文化遗产的搜集整理和调研工作，通过实地的社会调研，了解当代中国对中华传统文化的传承、保护和宣传工作，通过调研提升学生对传统文化学习与继承的现状，挖掘优秀传统文化的价值与意义所在，并根据实际提出合理化的建议或策略，为传统文化的传承与传播做出当代青年应有的贡献。

总的来说，将中国传统文化融入现代教育中，各学校要充分利用各种传统文化的资源，对接社会传统用文化传播的需求，搭建各级各类社会实践平台，让学生们在教师的指导下，将优秀传统文化学习和实践入脑、入心，同时结合传统文化彰显的积极向上内容，全方位地引导学生，在学习传统文化知识、体验传统文化仪式、分享传统文化精髓、认同传统文化魅力、提高传统文化自信、传承传统文化正能量等方面，有所习，有所悟，有所思，有所得，有所鉴，从而让传播传统文化的实践活动体验帮助他们在赏析和实践中提高对中国传统文化的认识，从而能够形成正确的思想道德观念、世界观、人生观和价值观，进一步提升学生们的人文素养和文化领悟感知能力，让他们成为中华优秀传统文化的忠实传承者和弘扬者。

第七节　让媒体联动成为传统文化融入教育的有效手段

　　随着互联网的快速发展，我们被卷入全民移动互联时代，网络已经成了人们生活中不可缺少的重要内容，甚至可以说是赖以生存的重要依靠了。随着智能手机的普及，手机应用功能越来越强大，丰富的各种应用程序走进人们的生活。这些种类繁多，功能超强，简单易用的应用软件，对现代人的生活学习需求进行了全方位多层次的覆盖。这种几乎无所不包的覆盖，对传统生活模式有着颠覆性的改变。在这样一个时代，人人都可以成为网络的主人，人人都可以成为世界的焦点，人人都能掀起一场影响全社会的变革。网络已经把这种可能性放在了每个人手里，成为个人展示自我的新型媒体。在这种新媒体盛行的时代，传统媒体的影响力正在逐渐减弱，其传播力度、广度、深度，难以与新媒体相匹敌。尤为突出的是，由于对碎片时间的高利用率这一优势，移动互联网的新媒体技术已经成了许多人获取资讯的唯一选择。在这样的环境下，将传统文化融入现代教育，既无法离开新媒体的支持，也不能脱离对新媒体的依靠。党的十八大上提出了"建设优秀传统文化传承体系"的伟大任务，让新媒体在这一过程中扮演的角色，更加明显和突出。新媒体的很多特性，都为我们推进传统文化的普及和传播，提供了全新的思路。

一、新媒体的特征和作用

　　"媒体"这一名词最早出现于19世纪末20世纪初，起源于拉丁语"Medium"，音译为媒介的意思。媒体和媒介这两个词，究其差别，媒介是整体的抽象名词，而媒体则是个体的具象名词。这里讨论的媒体有两种意思，其一是能够储存信息的实体设备，例如我们常用的光盘、计算机的硬盘，另外一种是传播信息的载体，例如表现信息的文字、视频。媒体不仅是直接向接受者传递和携带通信符号的物理实体，也包含了它传递给接受者的所有内容。

　　新媒体的快速发展，改变了人们的生活、交流方式。

与传统媒体相比，新型的网络媒体具有整合性和立体性特征。在传播形式上，传统媒体只能把信息进行平面化处理，或者只能进行某一种形式的展示，比如书法作品，纸质媒体只能以文字介绍作品内容、背景以及相关知识等，电视媒体可以更丰富一点，但也只是看起来更直观罢了。而在网络媒体上，既可以整合上述两类形式，同时还可以围绕核心，增加无数链接，发散无数知识脉络，能够将不同形式的媒介信息整合在一起，满足受众多样化的需求，带给受众前所未有的感官体验。这种多形式信息的融合，让原本单一的内容，形成了多维度的展示空间，这就为传统文化的创新发展提供了有利条件。

就个人使用而言，新型的网络媒体提供了展示个性的空间和载体。从微博、微信公众号、手机App等平台出发，每个人都可以进行富有个人特色的展示，这种展示简单易行，而且传播广泛，甚至可以在受众群体中产生深切的影响。现在活跃在微博上的"网络大V"，就是这一点的最好例证。所谓"网络大V"，V是指经微博个人认证获得的身份标识。在微博名后有个英语字母"V"的图标。网络大V是指拥有粉丝在50万以上的微博用户。这些大V，有的是业界有影响力的学者，有的是行业里的翘楚，当然也有普通人，因为在某一方面有突出特色，为受众接受认可，逐渐发展成为大V。这部分人的影响力非常广泛，他们所发布的信息，往往有几十万上百万的传播量，这种影响的广度是惊人的，而且这种影响力的传播速度更是惊人，往往在瞬间就已经四散而去，短时间内就成为被社会广泛关注的内容。这就是新型网络媒体的力量。2013年举行的"网络名人社会责任论坛"上，与会人员达成了基本共识。那就是网络名人必须承担社会责任，以传播正能量为己任。会上提出了共守"七条底线"的共识。这七条底线分别是："法律法规底线、社会主义制度底线、国家利益底线、公民合法权益底线、社会公共秩序底线、道德风尚底线和信息真实性底线。要自觉弘扬我国优秀的传统文化。"

具体到学校工作领域，网络媒体的力量更加突出。作为青年人聚集区，学校是网络媒体使用最广泛的领域。青年学生是最容易和最投入使用网络媒体的群体，尤其是随着智能手机的发展，移动网络的普及，更是将这一特点凸显得淋漓尽致。课堂上放不下的手机，就是这种情况的反面例证，也证明网络对青年人的吸引力是何等惊人。在学生群体中，如果不使用网络，不进行网络购物，不进行网络信息获取，简直是难以想象的。有这样的现实情况，也对学校进行教育提出了新的要求，如何抢占网络教育阵地，成了所有学校共同面临和高度重视的问题，这也是一个难以回避和不可绕过的问题，各学校应该抓住这一难得的历史时机，把握住技术发展给文化传播带来的机遇，同时也迎接技术时代带来的挑战，要勇于转换思路，善于把握时机，敢于开拓创新，充分借助网络媒体的传播力量和多面形式，将中华传统文化的传播推向一个全新的高度，成为青年喜闻乐见、触手可及的生活学习内容。使用新媒体推动传统文化的发展，就要把握新媒体在传统文化发展中的实际作用。

（一）新媒体为传统文化的传播提供了难得的历史机遇

中华民族传统文化内容丰富，博大精深，是中国人民最宝贵的精神财富。一代又一代的中国人民在传统文化的影响下，创造了我国灿烂的历史。但是随着社会的发展、生活节奏的不断加快，经济追求成为主流内容，许多传统文化内容逐渐被人淡忘，传统道德价值观念被当成过时的内容而摈弃，社会风气越来越浮躁，价值标准越来越模糊，个体行为越来越缺乏内在指导，生活中出现了越来越多令人唏嘘的"缺德"事件。这种情况的出现，是时代发展带来的必然现象。从整个历史发展进程来看，每个不同的历史阶段，都有不同的特点特性。中国传统文化发展的过程，也体现了这种情况，在不同的时代，其发挥作用、存在地位、具体影响不一而同。在现代社会里，我们重视传统文化的传播，就要把握时代特点，就要与现实情况相结合。在以电视媒体、纸质媒体为主流的时代，进行传统文化宣传和传播，有其相应的方式。那么，到了新媒体时代，传播和宣传传统文化，难道不应该有新的特点吗？事实已经证明，新媒体的传播速度和广度，其影响力之快之广，绝非传统媒体所能比拟。我们在现代进行传统文化的传播，就要借助新媒体的力量。要在把握传统文化特质的前提下，坚持文化传承，积极运用新媒体对传统文化进行内涵意蕴和价值取向的创新传播，要充分展示中华民族传统文化的自尊、自信，要充分体现传统文化历经千年而不改其内心的生命力，要明确表达传统文化包容开放、与时俱进的发展力，要积极挖掘符合时代特点、推动社会发展的新动力。要善于抓住新媒体发展的黄金期，把传统文化的主要宣传阵地由传统媒体转向新媒体，使更多的群众看到国家弘扬中华传统文化的决心，将会让更多的群众接受中华传统文化的洗礼，将会对和谐社会的建设产生巨大的推进力，将会更好地帮助我国安稳地度过社会转型期。

（二）新媒体提升了传统文化传播的准确性

从媒体的运作形式来看，传统媒体形式相对单一，而且因为行业规范建设的要求，在内容设定上由特定的规则约束，不能随意更改变化。这种特点，在赋予了传统媒体相对权威性的同时，也带来了形式的单一和相对呆板。在传统文化传播中，传统媒体设置了如公益广告、文化宣传类节目等，有很好的效果，但也缺乏目标的准确性，只能是无差别覆盖式传播，无法做到分类覆盖。这是由于传统媒体相对于新媒体的先天劣势造成的。循环播放的公益广告并不能抓住主流观众的内心诉求，反而由于其频繁的播放次数会引起观众的反感以及逆反心理，最终造成了宣传效果不佳、出力不讨好的尴尬局面。而新媒体的一大优势正是内容投放的准确性。基于对大数据的分析，新媒体可以精确地将目标对象按照职业、年龄、性别进行分类，并制作适合其特征的宣传内容，将恰当的宣传内容投放至正确的观众眼前，最大限度提升了受众的接受程度。同时，制作精良的精确投放内容可以激起目标对象的共鸣，让文化传播不只是流于表面，而是切实地影响到每一个人。应该说明的是，这种传播方式的创新，是传播手段的创新，目的是进行创造性的转化，让传统文化在新时代展现出新的生命力，体现传统文化的传承、发展与超越，这不是内容和原则的改变，不能以彻底地颠覆传统文化趋向为目标。要对传统文化进行辩证分析和科学扬弃，注重挖掘传统文化中的现代启蒙意义，探寻传统文化与现代文化的结合点。

（三）新媒体为传统文化传播提供了多样的形式

表现形式相对单一是传统媒体在中华传统文化的传播上遏阻的原因之一。自从广播、电视代替报纸成为主要媒体形式走进千家万户之后，传统文化的传播经历了短暂的蜜月期，人们的资讯获取方式便从传统的文字媒体进入了影像时代。当人们沉醉于广播电视技术带来的视听盛宴时，传统文化的宣传形式也适时地进行了升级，越来越多的公益广告、文化类节目、公益晚会进入了人们的视线。在这个阶段，传统文化推广的转型是十分恰当的，取得的成效也十分显著。20世纪八九十年代，一批又一批的先进人物涌现出来，广播电视很好地发挥了自身的优点，将这些积极的事例宣传了出去。随着时间的推移，广播电视的新鲜期已经慢慢过去，当年新鲜的内容表现形式也成了人们司空见惯的东西。电视机渐渐地成了广大群众家中无人问津的电器。各种媒体的调查报告都显示，广播电视等传统媒体的观众数量正逐年降低。对于致力于传播中华传统文化的工作者来说，我们应该清楚地认识到技术更迭的历史必然性。现在已经到了改变传统文化传播形式的关键时间点。新媒体不仅可以提供传统媒体所能提供的一切表现形式，还能提供互动App、资源点播等，使传统文化传播的质量上升了一个台阶。新媒体自身就具有极大的自由度，可以提供多种展示形式。它结合自身灵活传播的优势，正不断进行创新性发展，源源不断地为受众提供符合使用习惯和现实需求的表现形式，充分展示了互联网传播"快速、直接、新颖、创意"这几点特性，有效地打破了传统媒体单一的"文+图"模式，将传播效果更为立体直观地展示出来，用新颖的传播方式为传播效果带来更广的辐射范围。

（四）新媒体提升了传统文化传播的交互性

媒体具有交互性的特点，在传统媒体时代，这种交互性就已经存在了。如报刊的群众来信、编辑人员与读者的交流就是二者的互动；电视、广播中的观众或听众连线，也使受众与主持人、与电视台或电台能够进行互动。但是由于受到时间、空间、技术等各方面因素的制约，传统技术条件下的交互性不能得到充分发挥。编读来信往往时间较长，时效性不高。观众连线往往有人为参与的情况，真实性不高。这些交互行为不能起到很好的效果，更不用说有益的作用了。而在新媒体时代，这种情况就得到了有效的改观。曾经，具有中华民族传统美德的先进人物是不少年轻人的偶像。而当前，且不说体育娱乐明星在年轻人心中的地位，就连网上一些或是有趣、或是富有创造力的草根也成了许多年轻人追捧的对象。究其原因，正是新媒体突出的交互特性造就了这一现象。从前的青年偶像、先进人物，只能通过报纸、广播等平台发声，内容是单向的。群众几乎不可能和这些先进人物进行交流，这也就造成了传统偶像的形象往往比较刻板，缺乏生命力。而在新媒体时代，公众人物可以随时通过网络和群众进行交流，同时群众也可以快速了解到他们的最新动态。自媒体时代的到来，更是将公众人物的影响力推向了顶峰。公众人物不再是高高在上、不可触及的了，而成了走下神坛的身边人物，这种变化将公众人物的魅力提升到了前所未有的高度，其对他人的感染力也有了更大的提升。比如，有些活动仅仅通过微博这一媒体，每日的评论和转发量就数以亿计，这种影响是难以估量的。通过这种交互性带来的惊人影响力，已经体现在了社会生活的方方面面。这对传统文化传播，是极大的提升和推动。

二、新媒体时代思政教育的新特征

用观念影响他人并指挥其行动，不是简单地将观念的内容传达或者告知就能实现的。甚至并不是让这种观念进入对方脑海所能实现的。要激发起对方的能动作用，让其在脑海中对这种观念进行加工创造，才能实现最终的接受效果。唯物史观强调"始终站在现实历史的基础上，不是从观念出发来解释实践，而是从物质实践出发来解释各种观念形态"。在信息时代，由于学校教育内外的技术基础和生态变化，教育实践正在发生重大变化。网络媒体的出现、信息传播和交互使用的便捷，能够为教育工作提供新的工作方式和形式，这无疑是思政教育工作面临的新的历史条件和环境情况。但是也要充分意识到，这种新情况务必带来新的变化，需要从事思政教育的人员在新媒体环境下进一步认识教育的新特点，以培养人才为根本目的，准确把握新时期教育的发展趋势，明确信息化条件下教育中存在的各种矛盾和关系，提出有针对性的对策和措施，是保证教育取得实效的必然要求。

信息网络既是一种载体，也是一种环境，是人类现实外延的虚拟存在和生活方式。交往活动是教育关系的根源。从信息交流角度看，教育活动是教育者与受教育者之间的互动。在教育活动过程中，两者由教育介体联系起来，形成"主体—客体—主体"的人际关系。与传统意义的将教育视教育者为主体、受教育者为客体不同，信息交往实践视域下的主体间性教育把受教育者看成是与教育者一样平等的主体，是主体—主体的关系。信息交流的变革与转型，是教育发展变化的真正生态。教育主体间性转型的前提是教育内外生态环境的转变。随着信息技术的飞速发展和广泛应用，教育中的主体与客体的交流已经从虚拟互动转变为社会互动。"身份符号"的中介传播已经成为教育中主体与客体交流的重要方式。新媒体环境下教育要以特殊存在方式为基础。在信息交换实践创造的新的内外部教育环境的基础上，教育应以虚拟哲学与现实哲学相结合为指导，以促进教育的发展教育实践。从信息交流与实践的角度看，要充分运用新的技术手段，营造良好的教育环境，充分发挥信息技术优势，更广泛、更快、更多大力推进教育手段和方法的改革和发展。要准确把握新媒体时代学校的主客体动态，及时客观、认真评估教育主体和客体的思想和行为，适时调整教育观念、教育内容、教育方法，不断增强教育的亲和力、吸引力和凝聚力。

新媒体环境下的教育是伴随着信息技术的发展和应用而形成的教育的新概念和新模式。它不仅是一种基于信息网络技术的教育，更重要的是帮助人们通过教育正确认识、宣传和创造信息，充分利用信息技术发展带来的优势，力求使每个学生都成为具体信息人的过程。教育的发展，是以学校内外生态环境变化和教育内容、体制和机制都适应了信息社会发展需要的教育的模式，提高了教育实效性，回归到教育的价值本质。

（一）主体之新

教育的主体，即教育者，是指按照一定的社会要求，有目的、有系统、有组织地对教育对象产生教育影响的个人或团体。新媒体环境下教育的主体是指利用信息技术灌输和引导受教育者或教育对象的人或群体，因为每个使用信息技术的个人或团体传播、制造信息和与人交谈都可能成为教育的主体，新媒体环境下教育的主体趋于扩大和延伸。在交往的角度上，教育的主体是传播教育信息的"守门人"。他们创造、监督和控制网络信息，是信息传播者和教育者的双重叠加。但是，由于信息社会的多样化和自由化，教育的主体是处在"新媒体环境下"，这是与传统教育形式的最大不同，而且很有可能是差异产生的决定性因素。在新媒体环境下，教育的主体往往没有具体的身份，甚至不被称为"教育者"，而且他们自己也有非主观的特征。他们在教育过程中往往不靠"说服"，而是提供"选择"和"引导"，这是与以往传统教育形式的区别，没有了面对面的交流，没有了口耳相传的认同，没有了直面彼此的密切，要想使对方认同自己，仅仅靠道理的阐释无法做到，只能设法通过展示形式，取得对方的认同，能够通过自我的审定，引导对方选择自己想要传达的内涵。在新媒体环境下，教育中主体间不仅仅是具有同样的地位，没有了等级关系，而且，教育主客体之间的地位也是平等的。因此，教育主体要更具亲和力和人情味，不能再有高高在上的姿态，更不能简单以说教形式，只有把自己置于和受教对象同等的地位，体味对方的感受，获取对方的取向，了解对方的需求，才可以提高学校教育的有效性，达到双方认同的效果。

（二）客体之新

教育的受教育者，是指接受教育的对象。原来进行教育，对象是明确的、易于把握的，就是参加教育活动的青年人。但到了新媒体时代，教育工作的环境发生了很大的改变，这种客体组织，比原来的组织边缘模糊了。也就是说现代青年参加教育工作，不再是单纯的被动听取，因为新媒体时代信息手段的发展和进步，人人都可以作为信息的使用者和发布者，在互联网环境中，青年人更熟悉网络运行，更了解网络规则，更能使用新媒体时代的需求。在网络上，他们根据自己的喜好来选择想要的信息，没有人和力量能强迫他做出选择。从这个意义上来说，教育客体不是一直是客体，在某种情境下，客体会发生变化，变成了信息的发布者，变成了教育实行者。这种发布和实行，很有可能对主体施加了影响。最终导致主体地位变化。这为新时代教育工作提出了新要求，也增加了工作难度。新媒体环境下教育中主体与客体的关系呈现出以下明显的特点和趋势：一方面受教育者或教育客体通过信息网络积极发挥其主体性，表达自己的主体性意见和建议，从而成为教育的主体。另一方面，教育者或教育主体发挥其客体性，利用信息网络寻找自己的知识和信息需求，理解和接受有关的理论和思想。在新媒体视野下的教育主客体，立足于信息交流的实践，发掘信息价值，通过及时的交流与互动，通过主客体之间的对话实现双方的沟通、交流和发展的目的，教育主客体的地位变得更为平等，沟通变得更加及时、快捷。

（三）环体之新

教育整个环境就是教育环体，是影响教育进程的一切内外因素和条件的总和。现在的教育环境和以前的教育环境有着诸多不同，现在是一个新媒体的时代，信息繁杂，信息传播速度快，传播时间短，信息共享度高，互动明显，能做到实时沟通。原有的传播方式受到很大的冲击，在这种环境下，教育环体呈现出新特点，具有共享性强、互动性强、沟通便捷、信息海量等特点和特征。信息交换实践中教育内外生态环境的新特点与新形势下，教育有效性的利弊共生。整个环境成为一个相对透明的公众信息交换平台，所有置身其中的人，都可以按照自我的需求，进行信息传播和交换，没有人能够完全掌控整体情况，这也是新媒体时代特点的集中反映，人人都成了媒体的主人，都可以通过自媒体进行信息发布、转换和传导。学校只能就发展趋势进行引导和把握，不能通过行政手段进行直接的管理。这就要求我们把握新形势下的教育新特点、教育主体和教育客体的新特点，注重系统整合教育资源，全面把握和形成教育的合力，加大对主流价值观的传播力度，提高学生的思想道德素质，增强教育的实效性。

（四）介体之新

教育介体即教育内容和教育方法，指的是在一定的教育环体中，教育主体用来影响教育客体、对教育客体进行主流价值观念灌输与引导中所使用的各种方式和手段的总和。信息化使教育传播速度更快，范围更广，教育介体也应该随之呈现新的特征。互联网的广泛使用，使交互式远程教育成为常态，不再受到空间和时间的局限，成为更大空间更广范围的存在，为新时期教育提供了广泛的传播渠道。在信息时代的大背景下，教育空间已经成为一个开放的、全民教育的新区域。在海量信息充分交换的视角下，教育呈现出新的特点：更多样化的新媒体技术使教育的内容从平面到立体，从静态到动态，从单向到多向，成为教育主客体之间相互转化、共同发展的包容性空间，空间内容和形式都有了极大的变化，能够承载更多样化的需求。这种多维度的传播方式，使教育的内容更加丰富和全面，让参与双方都有了更多的选择性。这也给新时期思政教育提出了新的要求，要在教育过程中注重信息技术的科技价值属性与人文价值属性的融合会通，要把教育内容不断更新调整、教育形式不断与时俱进，使教育根据实际需求，充分演绎内容，不断更新形式，多面深化影响，更加生动活泼，更加有利于教育的改进，从而提高教育的针对性和有效性。

参考文献

[1] 中共中央宣传部. 习近平系列重要讲话读本［C］. 学习出版社，人民出版社，2014

[2] 郑金洲. 教育文化学［M］. 北京：人民教育出版社，2000

[3] 郭齐勇. 20年中国大陆学人有关当代新儒学研究之述评［M］. 武汉：武汉大学出版社，2002

[4] 田正平. 中国教育思想通史［M］. 长沙：湖南教育出版社，1994

[5] 贺麟. 文化与人生［M］. 北京：中国社会科学出版社，1995

[6] 方克立. 现代新儒学与中国现代化［M］. 天津：天津人民出版社，1997

[7] 钱穆. 文化与教育［M］. 桂林：广西师范大学出版社，2004

[8] 郜培炎. "思接千载"和"与时俱进"——中共对中国传统文化认识的历史考察［M］，华东师范大学出版社，2007

[9] 李方祥. 中国共产党的传统文化观研究［M］，中共党史出版社，2008

[10] 张良驯，周雄，刘胡权等. 当代青少年中华优秀传统文化教育研究［M］. 北京：北京理工大学出版社，2015

[11] 张立文. 传统文化与现代化［M］. 中国人民大学出版社，1987

[12] 顾明远. 中国教育的文化基础［M］. 山西教育出版社，2004

[13] 耿洪涛. 在青少年中加强中华优秀传统文化教育研究［D］. 长春理工大学，2011

[14] 李慧民. 新儒家教育思想对现代学校教育的影响研究［D］. 兰州商学院. 2014.

[15] 盛亚丹. 中学中华优秀传统文化教育中存在的问题及对策研究［D］. 华中师范大学. 2017.

[16] 胡丽华. 中华优秀传统文化教育常态化研究［D］. 江西师范大学. 2016

[17] 庞伊璇. 建国以来中华传统文化教育的沿革与变迁研究［D］. 江西师范大学. 2016

[18] 习近平. 习近平论中国传统文化——十八大以来重要论述选编［J］. 党建，2014（3）

[19] 杨凤城. 中国共产党对待传统文化的历史考察［J］. 教育与研究，2014（9）

[20] 徐永新，赵传海. 八十年来中国共产党对传统文化的理论与实践［J］. 江南社会学院学报，2002（S1）

[21] 李贵忠. 中国特色社会主义理论体系与中华优秀传统文化的关系 [J]. 内蒙古师范大学学报（哲学社会科学版），2011（5）.

[22] 马宝娟. 新中国成立以来党的教育方针的价值取向历史演进分析 [J]. 南京工业大学学报（社会科学版），2015，14（4）.

[23] 金锐. 试论中国传统文化与当代青年发展 [J]. 北京教育. 2011（10）.

[24] 唐智. 思政教育教学对校园文化建设的作用机理分析 [J]. 牡丹江教育学院学报. 2013（03）.

[25] 陈利灯. 发现中国教育的根——刍议完善中华优秀传统文化教育 [J]. 福建基础教育. 2014（10）.

[26] 张一山. 用传统文化课程渗透浸染—关于开展中华优秀传统文化教育的思考 [J]. 新课程研究. 2014（1）.

[27] 张应强，张乐农. 大中小学中华优秀传统文化教育衔接初论 [J]. 高等教育研究. 2019（2）.

[28] 李元莉. 党建创新工作机制对高校思政教育的影响研究 [J]. 湖北农机化. 2019（21）.

[29] 刘进田. 习近平总书记的传统文化观及其时代价值 [J]. 2014-10（12）.

[30] 赵丹. 浅谈思修课堂上融入中华优秀传统文化的方法和手段 [J]. 江西电力职业技术学院学报. 2018（10）.

[31] 胡宇南. 新时代条件下"四维"视域的思政课教学改革——以四川警察学院为例 [J]. 四川警察学院学报. 2019（05）.

[32] 刘国普，杨水连. 广西地方历史文化资源融入高校思政课教学的价值与路径探析 [J]. 高教论坛. 2019（10）.

[33] 高国希. 中华优秀传统文化的现代阐释与教育路径 [J]. 思想理论教育. 2014（5）

[34] 李嘉曾. 中华优秀传统文化的弘扬与教育 [J]. 学者视觉. 2014（8）

[35] 罗华文. 关于开展传统文化教育的几点思考 [J]. 科学咨询. 2006（11）

[36] 陈先达. 中国传统文化的当代价值 [J]. 中国社会科学. 1997（2）

[37] 陈丛耘，孙汝建. 中华优秀传统文化教育体系重建十策 [J]. 特别策划. 2014（1）

[38] 陈晓梅，刘林. 翻转课堂：走出高校思政课教学困境的一种尝试 [J]. 滁州学院学报. 2019（01）.

[39] 曹倩琴. 习近平新时代中国特色社会主义思想指导下的高校思政教育改革探析——在网络信息环境下不断提升思政课教学亲和力、针对性和有效性 [J]. 景德镇学院学报. 2018（6）.

[40] 于春海，杨昊. 中华优秀传统文化教育的主要内容与体系构建 [J]. 重庆社会科学. 2014（10）

[41] 张英. 中华优秀传统文化与师范生师德养成教育研究 [J]. 六盘水师范学院学

报．2019（3）

[42] 何爱霞，王晨倩．中华优秀传统文化取向下的干部教育培训［J］．河北大学成人教育学院学报．2017（1）

[43] 曾祥明，曹海月．思政教育中"微平台"的使用及其优化思考［J］．知识经济．2019（03）．

[44] 胡宇南．新时代条件下"四维"视域的思政课教学改革——以四川警察学院为例［J］．四川警察学院学报．2019（05）

[45] 刘国普，杨水连．广西地方历史文化资源融入高校思政课教学的价值与路径探析［J］．高教论坛．2019（10）

[46] 杨永志．高校思政课教学如何贯彻"重点透彻"方针［J］．人民论坛．2019（30）

[47] 计毅波，马保青．让党的十九大精神融入高校思政课教学体系［J］．文教资料．2019（28）

[48] 邱双成．高校思政课教学现状、问题及对策探析［J］．高教学刊．2019（24）

[49] 吉铠东．航天文化资源在高校思政课教学中的运用——以桂林航天工业学院为例［J］．西安航空学院学报．2018（06）

[50] 王晨，刘家汇．"互联网+"背景下提升高校思政课教学实效路径研究［J］．齐齐哈尔大学学报（哲学社会科学版）．2019（01）

[51] 黄山．论中国优秀传统文化与高校思政课教学的融合［J］．现代交际．2019（04）

[52] 陈晓梅，刘林．翻转课堂：走出高校思政课教学困境的一种尝试［J］．滁州学院学报．2019（01）

[53] 雷元媛．改革思政课教学培养大学生的守法精神实践研究［J］．教育现代化．2019（34）

[54] 姚凤．中华优秀传统文化融入高校思想政治教育的路径［J］．新疆职业大学学报．2016（01）

[55] 杜鹏．中华优秀传统文化融入高校思想政治教育研究［J］．河南工业大学学报（社会科学版）．2017（02）

[56] 陈小环．中华优秀传统文化融入大学生思想政治教育的途径［J］．河北农业大学学报（农林教育版）．2015（06）

[57] 吴妍．高校中华优秀传统文化传播教育活动载体研究［J］．求知导刊．2016（13）

[58] 顾慧慧．浅析中华优秀传统文化融入高校思想政治教育［J］．法制与社会．2019（31）

[59] 余成武．新时代中华优秀传统文化融入高等学校心理育人研究［J］．沈阳农业大学学报（社会科学版）．2019（04）

[60] 刘海燕．新时代高校传播中华优秀传统文化略论［J］．学校党建与思想教育．

2019（02）

[61] 赵丹. 浅谈思修课堂上融入中华优秀传统文化的方法和手段［J］. 江西电力职业技术学院学报. 2018（10）

[62] 孙正林. 将高校真正建设成为弘扬中华优秀传统文化的重镇［J］. 中国高等教育. 2018（23）

[63] 杨宁宁，李倩. 当代大学生对中华优秀传统文化需求研究——以湖南工业大学为例［J］. 淮南职业技术学院学报. 2019（01）

[64] 刘霞，吴旭东，张振山，等. 传统文化在高校思政教育中的渗透价值及融合思路探索［J］. 教育现代化. 2019（81）

[65] 魏萍萍，王雪兰. 思政教育融合视野下大学生职业生涯规划探讨［J］. 人才资源开发. 2019（06）

[66] 曾祥明，曹海月. 思政教育中"微平台"的使用及其优化思考［J］. 知识经济. 2019（03）

[67] 唐智. 思政教育教学对校园文化建设的作用机理分析［J］. 牡丹江教育学院学报. 2013（03）

[68] 魏芳. 大思政视角下高校思政课教学改革方法及路径［J］. 现代交际. 2016（21）

[69] 刘丽军. 思政教育融入计算机专业课课堂的思考［J］. 教育现代化. 2019（73）

[70] 王森浩. 浅谈大数据时代下大学生思政教育面临的问题与对策［J］. 中国多媒体与网络教学学报（上旬刊）. 2019（11）

[71] 李元莉. 党建创新工作机制对高校思政教育的影响研究［J］. 湖北农机化. 2019（21）

[72] 冯治. 新媒体环境下的高校思政教育手段探析［J］. 才智. 2019（33）

[73] 周司群. 高校电商专业思政教育的设计与实践［J］. 法制与社会. 2019（32）